华中科技大学自主创新研究基金项目（项目批号：

"三言"中的法律

郭义贵　著

知识产权出版社

全国百佳图书出版单位

图书在版编目（CIP）数据

"三言"中的法律/郭义贵著. —北京：知识产权出版社，2018.2

ISBN 978 - 7 - 5130 - 5424 - 9

Ⅰ.①三… Ⅱ.①郭… Ⅲ.①话本小说—小说研究—中国—明代②明律—研究 Ⅳ.①I207.419②D929.48

中国版本图书馆 CIP 数据核字（2018）第 030371 号

内容提要

毋庸置疑，从文学的角度研究"三言"的论著可谓汗牛充栋、不胜枚举。本书的意趣则有所不同，即试图从一个法律人的角度来解读这一文学经典。或曰，借用传自于域外的法律与文学的方法来讨论蕴含于冯梦龙的这一得意之作中的法律问题。

责任编辑：石红华　　　　　　　　责任校对：王　岩

封面设计：刘　伟　　　　　　　　责任出版：刘译文

"三言"中的法律

郭义贵　著

出版发行　知识产权出版社 有限责任公司　　　网　　址：http：//www.ipph.cn

社　　址：北京市海淀区气象路 50 号院　　　邮　　编：100081

责编电话：010 - 82000860 转 8130　　　　　责编邮箱：shihonghua@ sina.com

发行电话：010 - 82000860 转 8101/8102　　　发行传真：010 - 82000893/82005070/82000270

印　　刷：北京科信印刷有限公司　　　　　　经　　销：各大网上书店、新华书店及相关专业书店

开　　本：787mm×1092mm　1/16　　　　印　　张：14.5

版　　次：2018 年 2 月第 1 版　　　　　　　印　　次：2018 年 2 月第 1 次印刷

字　　数：270 千字　　　　　　　　　　　　定　　价：58.00 元

ISBN 978 -7 -5130 -5424 -9

自 序

在中国古代的文学作品中，明代著名文学家冯梦龙（1574—1646）的"三言"有着颇为重要的地位。其问世以来的数百年间，深受一代又一代的读者喜爱，影响之深远自不待言。

从文学的角度研究"三言"的论著可谓汗牛充栋、不胜枚举。❶本书的意趣则有所不同：试图从一个法律人的角度来解读这一文学经典。或者，借用传自域外的法律与文学的方法来讨论蕴含于冯梦龙这一得意之作中的法律问题。

冯梦龙的"三言"展现给广大读者的是一幅幅信息量极为丰富的画卷，举凡政治、经济、法律、军事、文化、民俗、神话与民间传说无所不包。同时，这部文学巨著也包含了作者的理想、信念与追求。❷此外，"三言"涉及的时间跨度之大也是中外许多名著难以比拟的。因此，在某种意义上，笔者认为，它是解读古代中国社会的一部百科全书。

因思想观念与个人情感等因素，对于冯梦龙在书中表现出来的倾向性等，作为今人的我们也未必尽皆赞同。但是，不管怎么说，我们都应该承认这是一部颇有价值的文学作品或文化遗产，值得我们深入研究与探讨。

文学作品对于一个国家、一个民族的意义是无论如何强调均不为过的。早年，列宁曾经称赞列夫·托尔斯泰是俄国革命的镜子。从某种意义上，我们也

---

❶ 在文学领域，近年来对于"三言"（包括凌濛初的"二拍"）的研究论著即十分可观。譬如，孙一珍的著作《明代小说史》（中国社会科学出版社，2012 年版）专门在第十六、第十七章探讨冯梦龙与他的"三言"；党同异、张廷兴合著的《明清小说研究概论》（中央编译出版社，2011 年版）讨论了三言二拍的成书与传播等；韩田鹿的著作《三言二拍看明朝》（中华书局，2011 年版）一共十二讲，从较为全面的视野研究了冯梦龙、凌濛初二人的相关作品，并表达了颇为独特的见解；朱全福的著作《"三言"、"二拍"研究》（暨南大学出版社，2012 年版）分为人物形象篇、思想内涵篇两大部分七章，较为细致、深入地讨论了冯梦龙、凌濛初二人的相关作品，是一部特别值得关注的学术专著。当然，限于篇幅和主题，此处恕不一一列举。

❷ 例如，"三言"分别为《喻世明言》《警世通言》《醒世恒言》，仅从书名来看，即可明了冯梦龙对于时势、人心等的关切以及深刻的喻世、警世、醒世情怀。

可以说冯梦龙（至少就其"三言"来说）是古代中国社会的镜子。

当代知名专栏作家十年砍柴的一段文字可以清楚地反映出文艺作品对于普通底层民众的深刻影响：……中国从古到今，真正的历史文本影响的是占社会少数的精英人士，即士大夫，而对多数老百姓来说，他们的价值观，是由寄生在历史中的文艺作品塑造的，如白话小说、评书、戏曲。❶

法律与文学作为一种所谓的运动或曰研究方法或较为独特的视野，滥觞于20世纪70年代之初的美国，至今已经走过40多年的历程。当然，自觉或者不自觉地运用这一交叉研究的方法来分析文学作品中的法律的历史则要早很多。例如，1928年，英国著名法律史学家威廉·S. 霍尔兹沃思（1871—1944）的著作《作为法律史学家的狄更斯》就是此方面较早的有益尝试。❷ 就当今中国的法学界而言，有不少学者对此亦有一定的研究兴趣。比如，北京大学的朱苏力教授、清华大学的冯象教授、中南财经政法大学的余宗其教授、中山大学的徐忠明教授、复旦大学的郭建教授、北京理工大学的徐昕教授、西北大学的柯岚教授等于此着力甚多。❸

对于生活、写作于19世纪的英国维多利亚时期的著名作家狄更斯，笔者也十分崇敬，其作品《雾都孤儿》（或译《奥利弗·崔斯特》）、《匹克威克外传》《荒凉山庄》等也是笔者多年来的钟爱之物。所以，在拜读了前述著名英国法律史学家威廉·S. 霍尔兹沃思的著作《作为法律史学家的狄更斯》的英文原文以及后来的中译本、当代英国著名法官丹宁勋爵对于狄更斯《匹克威克外传》的点评❹以及当代美国著名法学家波斯纳的《法律与文学》对于狄更斯的《荒凉山庄》的评述之后，❺ 笔者更有理由觉得自己的工作有意义和必要性。

笔者以为，如果说狄更斯是19世纪英国伟大的法律史学家，则冯梦龙无愧于17世纪中国伟大的法律史学家这一称号。笔者于此无意将上述两位对于时人与后人影响极为深远的文学家做一比较，而是认为他们的作品蕴含的巨大

---

❶ 请参见十年砍柴著《历史的倒影》，广东人民出版社，2015年版。

❷ 请参见［英］威廉·S. 霍尔兹沃思著《作为法律史学家的狄更斯》，何帆译，上海三联书店，2009年5月版。

❸ 中南财经政法大学的余宗其教授的学术路径则是由文学转入法律与文学的交叉研究，并取得了颇为丰硕的成果。

❹ 丹宁勋爵可能更多地将狄更斯的这本小说视为解读英国普通法的较好的教材。详情请参见［英］丹宁勋爵著《法律的界碑》，刘庸安、张弘译，法律出版社，1999年版。

❺ 请参见［美］理查德·A. 波斯纳著《法律与文学》，李国庆译，中国政法大学出版社，2002年版。

信息量和超越时空的价值使得他们均在有意或无意之间，给我们留下了一笔巨大的精神财富。

对于本书的作者而言，"三言"（包括"二拍"）不仅是自己青年时代较为喜爱的古典文学作品之一，也是人到中年之后重读该书感悟顿生且颇多的一本经典之作。或许是有所感悟，或者是出于对原作者的经典之作的致敬，又或是近年来一直希望在法律与文学（或者文学与法学）之间做一种看似意义不大的尝试，于是有了推出一本专门从法律人的角度探讨冯梦龙巨著的想法。

当然，冯梦龙算不上是一位法学家，他留给我们的"三言"也绝非是一部严格意义上的法学作品。故而，本文作者关注和选择的重点自然是"三言"中涉法程度较深的章节。

"三言"是一部成就非凡的古代文学巨著，其思想十分丰富、深刻甚或复杂，对它的理解与评价也是多元的。因此，按照本书作者的理解，选择这样一部为众多读者喜爱的经典作品进行法律与文学的交叉研究，实际上至少需要文学与法律两个专业领域的知识与才华，其难度可想而知。❶

另外，这里需要稍作解释的是：本书题名为《"三言"中的法律》，自然是以探讨法律为主，但无论在法律之外或在法律之内，所谓社会问题是无论如何难以回避的。当然，本书所谓的"社会"主要是指除了法律之外的政治制度及风俗习惯等。之所以连带探讨"社会"问题，是因其与法律有密切联系。

---

❶ 对于这种交叉研究方面的困难，近年来已有学者给予关注。请参见董燕：《新时期以来中国文学与法学的交叉研究》，载《中国社会科学》，2015 年第 8 期。

目　录

中国古代刑事审判的独特性

郭义贵　张名锋[*]

故事梗概

蒋兴哥的父亲多年来"走熟广东做客买卖",妻罗氏早逝,有一子名兴哥,聪明伶俐,与同县(枣阳)王公结为儿女亲家。

蒋兴哥 17 岁时丧父,一年后,迎娶王公三女儿三巧儿,小夫妻十分恩爱。但因为养家糊口,数年后,兴哥只得辞别妻子,前往广东。临行前,留下家人(管家)、厨娘二人、丫环二名服侍三巧儿。不料,兴哥在广东生病,大半年后方才痊愈,不但生意耽搁,而且不便回家过年。

三巧儿在家"一心只想丈夫回来",不意某日被安徽行商陈商(外号陈大郎)在楼下见到,使得对方顿生邪念。陈不惜重金买通蒋家的邻居薛婆,让后者从中相助。在薛婆的设计下,寂寞的三巧儿终于落入陈大郎之手。急欲还乡的陈大郎与三巧儿离别,后者将蒋门祖传宝物"珍珠衫"送给陈,权作纪念,并希望继续保持这种不正当的关系。

在苏州枫桥,陈大郎偶遇在此做生意的罗小官人(蒋兴哥),二人相谈甚欢,乖巧的兴哥由此知道陈与自己妻子的奸情。

回到家乡,蒋兴哥一封休书休弃了三巧儿(其陪嫁的十六个箱笼全数

---

* 张名锋,华中科技大学法学院 2016 届硕士。说明:本文被收录于 2013 年湖北省法律文化年会论文集,后有幸被《湖北法治》2013 年第 6 期采纳,后又被《湖北法治论丛·文化底蕴与传统法律》(主编:陈景良,副主编:陈晓枫、俞江,湖北人民出版社,2014 年版)收录,在此一并表示感谢。收录于本书时有所改动。"蒋兴哥重会珍珠衫"是冯梦龙《喻世名言》的第一卷。

准其带走），后者不久改嫁给路过襄阳、即将上任的广东潮阳知县吴杰为妾。

陈大郎第二次来枣阳的路上被一伙大盗抢劫，随行小郎被杀，本钱尽皆劫去。惊魂未定的陈大郎从枣阳城外的吕公那里得知三巧儿改嫁、薛婆被兴哥带人打得个片瓦不留、只得迁居到邻县的情况，惊惧之下，生了重病，捎信一封，指望亲人来看望。等到其妻平氏赶到时，陈大郎已经去世。平氏打算扶柩而回，吕公则希望她改嫁给自己的二儿子，平氏极为反感。家人陈旺夫妇将平氏携带的银两首饰尽数偷走，并不知所终，穷困之下的平氏只得另租房屋。

在邻居张七嫂的撮合下，平氏同意卖身葬夫，改嫁给蒋兴哥。婚后，二人才知道其间的曲折和巧合。

一年之后，蒋兴哥再次前往广东做买卖。一日在合浦（当时归广东管辖）贩珠，价钱商定，因主人家老头偷取其中一颗巨珠，兴哥与之发生争执，致使后者倒地气绝。死者亲属将兴哥痛打一顿后，关在空房，"连夜写了状词，只等天明，县主早堂，连人进状。……县主准了，分付把凶身锁押，次日候审"。

幸运的是，县主就是三巧儿现任老公吴杰。在三巧儿的一再哀求下（三巧儿假称兴哥为自己的亲哥），经过县主的处理，在法律程序等均无明显不当的情况下，死者家属最终同意蒋兴哥"披麻戴孝，与亲儿一般行礼，一应殡殓之费，都要他支持"。

发现兴哥与三巧儿原来是夫妻，且感情深厚不舍，县主着人将二人连同三巧儿原先的陪嫁（十六个箱笼）一并护送出境。

县主后来在京纳妾，连生三子，科第不绝，"人都说阴德之报"。

兴哥、三巧儿回到家中，与平氏相见。平氏为妻，三巧儿为妾（偏房）"从此一夫二妇，团圆到老"。

点 评

这是一篇长期以来被认为是冯梦龙的小说《三言·喻世明言》[❶]中编写得较为生动、曲折的故事，其显示出来的社会、民俗乃至法律与当时普通民众的思想观念等方面的信息量无疑较为丰富。

就社会环境而言，该故事主要发生在明代成化年间（1465—1487）。国内

---

❶ 也有学者称之为《古今小说》卷一。请参见谭正璧著《三言两拍源流考》（上），上海古籍出版社，2012年12月第1版，第13—18页。

学者的研究表明，在农业和手工业发展的基础上，明代中叶城镇经济获得了空前的繁荣和发展。其中，商人在当时崛起的一个突出特点是，他们以乡缘为联结纽带，从事全国性的商业活动。❶ 小说中的蒋兴哥、陈大郎等人就是行走在异地他乡的行商。而且，从经商的历史来看，蒋兴哥子承父业，已是第二代商人。如果从其母亲家（罗家）来看，则已是第三代。只不过"因罗家近来屡次遭了屈官司，家道消乏，好几年不曾走动"。❷

关于罗家的官司详情，冯梦龙的这篇小说并未提及。但我们可以猜测，因为是所谓"屈官司"，估计应为受到不公正的判决所致，且因此而"家道消乏"。其实，在小说的后面，主人公蒋兴哥在合浦贩珠引发的争执案，若非机缘巧合，遇到前妻的现任老公吴县主巧为处置，则兴哥不但会"家道消乏"，恐还会有性命之虞。不经意间，在小说的寥寥数语中，我们即可窥见当时的司法弊端以及普通民众在遭遇强大的司法权力之后的无奈与无助。

在一个重农抑商传统颇为深厚的古代中国社会，统治者对待商业尤其是商人的态度和政策可谓较为矛盾。当然，这篇小说并未有对于商人的明显歧视，或许反映出当时的商业以及商人阶层的兴起，业已成为社会中一个比较重要的组成部分。显然，蒋兴哥并非十分富有的商人，但其经济水准远非一般市民可比，一家中有丫环两个、厨娘两个、家人两个，有临街的"前后通联的两带楼房"，妻子三巧儿用今天的话来说，是一个"全职太太"。而且，这个全职太太是不用干什么家务活的。再看三巧儿在不知情的情况下，招待居心不良的薛婆的素菜水果及荤菜等计十六碗之多，这一信息可以告知读者的是这一家庭的富裕程度。

如果说唐代大诗人白居易（772—846）的长诗《琵琶行》中的一句"商人重利轻别离"描写的是一个不够正面的、模糊的商人形象，❸ 那么，至少在冯梦龙的这篇小说里，商人的形象不再模糊，而是多元、立体、丰满有形的。

小说中另外一位不大光彩的商人陈商（陈大郎）的家庭经济状况似乎与蒋家不相上下。这位好色之徒为了达到自己的卑劣目的，不惜重金收买薛婆（白银百两、黄金十两。事成之后，又送一百两银子给薛婆，又替三巧儿偿还购买薛婆首饰的钱）。为了讨好三巧儿，还不时为她置办好衣服、好首饰。而

❶ 请参见郭成康、王天有、成崇德主编《中国历史·元明清卷》，高等教育出版社，2001 年 7 月第 1 版，第 154—157 页。

❷ 参见冯梦龙、凌濛初《三言二拍》（3），线装书局，2007 年 8 月第 1 版，第 7—8 页。注：本书研究主要依据的《三言二拍》文本即上述线装书局的版本，下同。

❸ 请参见（清）蘅塘退士选编《唐诗三百首》，湖北人民出版社，1993 年 8 月第 1 版，第 52 页。

且，陈大郎再度来枣阳还有经商的本钱。这些信息说明，作为行商的陈大郎的经济状况是不错的。

对于珠宝、首饰等的需求说明，此时的社会相对稳定，一部分人有钱收藏、把玩这些奢侈品。此外，小说中写到三巧儿留薛婆在家住宿所用的"青纱帐"，虽然我们不知道其具体材料和制作工艺等，但足可想象其精致的程度和当时手工业发展的水平。

小说对于当时生活、人物等的描述可谓细致入微。比如，薛婆（做牙行者，类似《水浒》中的王婆）与陈大郎、三巧儿的（假意）珠宝买卖，蒋家房屋等格局，薛婆与三巧儿的饮酒、吃饭等，展现出十分丰富的生活图景。

小说中的某些称谓，同样也可以反映出一些值得研究和注意的信息，展现出时人的生活样貌。例如，所谓"三朝"，小说中当指结婚后第三日。又如，客家牙行，反映出当时的商业生活。❶再如，"承差"，吏名，明制，罢闲官、生员、监生得承差充吏，各部院衙门知印有缺，于役满承差内引奏选用，三年满日考中，以从八品、正九品用，不中与不愿考者以杂职用。❷

白银在小说中是一种十分重要的流通货币，多次出现。例如，小说里说到蒋兴哥在成婚后数年，打算下广东打理生意，临行前"……自己只带得本钱银两、账目底本及随身衣服、铺陈之类……"❸又如，陈大郎为了达到自己的卑劣目的，不惜以白银一百两、黄金十两来送与薛婆。"往来半年有余，这汉子约有千金之费。"❹有学者认为，随着商品经济的发展，作为交换媒介的货币在明代中期发生了一个重要变化，即白银成为主要货币，取代了明朝政府法定的钞币。❺

如果说蒋兴哥惯走广东这一线，那么，作为徽商之一的陈商则主要行走在皖、鄂之间。当然，他们经商的范围并不限于上述地方。按照小说的安排，陈大郎在苏州枫桥赴同乡人的酒席时，席上"遇个襄阳客人"。这一信息至少说

---

❶ 根据宁夏大学人文学院历史系副教授胡铁球的研究，在中国古代贸易领域中，"客店""歇家""牙家""牙歇"等，都是采取"客店"与"牙行"相结合的经营方式，且都有"开肆"的功能，它们在贸易领域经营方式的内涵，实际上是名异而实同。因在文献中见之最多的是"歇家"，故将这类模式称为"歇家牙行"模式。由于"客店""牙家""园亭""歇店""牙歇"等都有称为"歇家"的记载，故可把它们称为"歇家"之异名。http://www.qikan.com.cn/Article/sheh/sheh201009/sheh20100916.html，访问日期：2013－05－02。

❷ 吏名，明制。详见《中华古文明史辞典》，第 87 页。

❸ 参见《三言二拍》（3），第 9 页。

❹ 参见《三言二拍》（3），第 12—20 页。

❺ 请参见郭成康、王天有、成崇德主编《中国历史·元明清卷》，高等教育出版社，2001 年 7 月第 1 版，第 157 页。

明：商人们之间有某种联系；经商的范围相对固定，但也不完全，谋求利益是商人的共同追求。按照学者的专题研究，明代的江南市镇颇为繁荣，不仅是财赋重地，而且是农工商各业发达的经济中心。其中，最发达的是苏州府。❶ 小说对于苏州的繁华并没有太多的渲染，只是蒋兴哥从广东购到珍珠、沉香、玳瑁、苏木之类，与其他一些商人一起，"都要到苏州发卖"。而且，"上有天堂，下有苏杭"之说对于我们的主人公兴哥来说并不陌生。❷

当然，作为行商的蒋兴哥和陈大郎等人，在赚取商业利润的同时，也会有自身的寂寞和缺憾。例如，蒋兴哥没有赚到钱而有家难回（不愿就此回家），旅途中生病等无家人的照料，等等。因为当时的社会允许一夫一妻多妾制的存在，所以，薛婆口中所说的她的第四个女儿就嫁给徽州的商人"朱八朝奉"做偏房。本来，陈商也可以如此生活，但因贪恋他人之妻的美色，放任自己的情欲，游移于道德与法律的底线之外，最终走上不归路。值得称道的只有蒋兴哥，虽然也是在异地他乡，却并未做出有违道德和法律的行为。

在经商途中，当时的社会也会有不安全的因素。陈大郎第二次来枣阳本钱全数被劫，随行的小郎被杀，他自己因此陷入困顿。以上情况只能说明经商途中并不全然太平。事发后，陈大郎未报官，估计也是当时官府破案不力所致。❸ 蒋兴哥在合浦贩珠的经历也不乏艰险，所幸的是，他遇到吴县主和暗中极力相助的前妻。否则，其命运如何殊难预料。

小说反映出来的涉法因素自然是笔者颇为关注的部分。之所以说是"涉法因素"，是因为其与当时的社会、相关制度等密切联系在一起，难以清楚地分割。

就法律制度而言，小说首先表现的是蒋、王两家婚姻关系的缔结。古代中国社会讲究的是"父母之命，媒妁之言"。蒋、王二人的婚姻恰好与之相合，"蒋世泽闻知王公惯生得好女儿，从小便送过财礼，定下他幼女与儿子为婚"。❹

中国自西周以来，讲究所谓六礼，即古代婚俗的六种礼节，一纳采、二问名、三纳吉、四纳征、五请期、六亲迎。❺ 从小说来看，蒋兴哥的婚姻也属于

---

❶ 樊树志著《明史讲稿》，中华书局，2012 年 11 月北京第 1 版，第 298 页。

❷ 参见《三言二拍》（3），第 20—21 页。

❸ 关于"强盗"："凡强盗已行，而不得财者，皆杖一百，流三千里。但得财者，不分首从，皆斩。"请参见（明）雷梦麟撰《读律琐言》，怀效锋、李俊点校，法律出版社，2000 年 1 月第 1 版，第 316 页。另，对于此罪，大明律还有"盗贼捕限"，主要是针对捕盗官兵等的严厉规定。见《读律琐言》，第 472 页。

❹ 参见《三言二拍》（3），第 7—8 页。

❺ 参见王忠范、谢天佑主编《中华古文明史辞典》，浙江古籍出版社，1999 年 12 月第 1 版，第 369—370 页。

传统的父母之命，媒妁之言。❶

小说中，蒋兴哥 17 岁丧父，亲戚"撺掇"其与王家三巧儿"乘凶完婚"，原因是后者王家"令爱也长成了"（小说后面通过三巧儿与薛婆的对话注明其 17 岁时出嫁，应在当时合法婚龄内）。

关于明代结婚年龄，❷ 我们知道的是，应为男十六，女十四。

王公推辞的理由：我家也要备些薄薄妆奁（嫁妆。奁，读 lián（连），古代妇女梳妆用的镜匣）；况且孝未满期年，于理有碍，便要成亲，且待小祥之后再议。❸ 本人以为，王公（估计应有一定的见识）所言不虚。但小说下面称兴哥周年之后不久即迎娶，恐有违礼制（法律规定）。蒋兴哥的行为恐怕属于居丧嫁娶，对此，当时的法律是有严格限制的。❹

当然，我们不必也不可能苛求古人都具有如此之高的法律意识。在官方严厉的法律框架内，总会存在着对于法律有意或无意的规避，或者是无意识的触犯。而且，在一个所谓小政府、大社会的格局之下，古代官府对于此类并不十分重要的平民之间的违法行为，似乎不会总是过度干预。所以，至少从这篇小说来看，作为当时的蒋兴哥等人，并未因此受到法律的任何惩处。

而且，我们不难发现，冯梦龙在小说中，不止一次地强调因果报应，而非强调所谓法律的治理作用。

纳妾在小说中出现了三次：薛婆自称其第四个女儿嫁给徽州商人朱八朝奉

---

❶ 参见《三言二拍》，线装书局版（3），第 8—9 页。

❷ 从古代墓志等资料总结，古代女子在 15～19 岁结婚为多。古代平均寿命短，夭折率高（需要生育六七个孩子才能防止人口减少），要珍惜生育时间，所以提倡早婚。

另外，中国历代的法定婚龄的统计是这样的：战国齐桓公令：男三十，女十五。战国越王勾践令：男二十，女十七。汉惠帝令：女十五。晋武帝令：女十七。北周武帝令：男十五，女十三。唐太宗贞观令：男二十，女十五。唐玄宗开元令：男十五，女十三。宋仁宗天圣令：男十五，女十三。宋宁宗嘉定令：男十六，女十四。宋司马光《书仪》：男十六，女十四。宋朱熹《家礼》：男十六，女十四。明太祖洪武令：男十六，女十四。清《大清通礼》：男十六，女十四。http://zhidao.baidu.com/question/512999479.html，访问日期：2013－05－02。

❸ 古代为父亲守孝，应满 3 年，称为大祥祭。参见董原主编《尚书·礼记》，远方出版社，2008 年 10 月第 1 版，第 369 页。丧期三年，并非三整年，而是首尾跨三年，一般实为二十七个月。小祥：古丧祭之一，人死后一周年举行。古人以为一周年四季更替，天道已变，丧事由凶化吉，亲属哀恻之情也已减弱，故称祥祭。参见王忠范、谢天佑主编《中华古文明史辞典》，浙江古籍出版社，1999 年版，第 379 页。

❹ 凡居父母夫丧，而自嫁娶者，杖一百。参见（明）雷梦麟撰《读律琐言》，怀效锋、李俊点校，法律出版社，2000 年 1 月第 1 版，第 150 页。

（朝奉❶：这篇小说中的朝奉当指明清时代对于盐店、典当店员的称呼）、路过襄阳并前往广东潮阳县任职的知县吴杰以及后来蒋兴哥将自己早先休弃的前妻三巧儿纳为妾。同样，如果严格依照当时的法律，吴杰和蒋兴哥二人的纳妾行为均极有可能触犯法律的相关规定。大明律对此有严格限定——在"妻妾失序"中，"其民年四十以上无子者，方许娶妾。违者，笞四十"。明人雷梦麟的解释是："……律不言离异，仍听为妾，重无后也。"❷ 至于那位徽州商人朱八朝奉娶妾的行为，因为信息量小，无从知道其是否触犯了当时法律的相关规定。

在试图以一个生活在 21 世纪的法律人的眼光去阅读这篇小说的时候，我们或许会产生诸多疑问。

例如，小说中讲到三巧儿得知陈大郎急于回乡时的心理活动："妇人倒情愿收拾了些细软，跟随汉子逃走，去做长久夫妻。"本人以为，在当时的法律上，有诸多障碍：（1）陈大郎正妻平氏尚在，不得"妻妾失序"；（2）即使三巧儿不追求妻妾名分，愿意做一对野鸳鸯，陈也会触犯"强占良家妻女罪"，受到绞刑处置。❸

对于男女之间的私通，当时的法律处分也十分严厉："凡和奸，杖八十；有夫，杖九十。"❹ 设若陈大郎与三巧儿因此被送官，则此二人在九十杖下，难有生存之可能。而且，当时法律规定：凡妻背夫在逃者，杖一百，从夫嫁卖。❺

在这篇小说中，蒋兴哥一年半滞留他乡，却无书信往来？如无，则当时的通信确实有诸多不便，致使上述事件发生。当然，他也承认自己为贪图蝇头微利，如今"悔之何及！"因此，对于这场情变，他也多少有点责任。

对照小说，《读律琐言》中的大明律相关规定甚严。如若依照此严格执行，则不知有多少人会自觉不自觉地入罪。正所谓"人是生而自由的，但却无往不在枷锁中"（法国卢梭名言）。

当然，本人希望避免机械地图解"文学中的法律"。

应该说，对于妻子的出轨，蒋兴哥的处理还是比较冷静、理性的，以一封

---

❶ 宋朝官阶有朝奉郎、朝奉大夫，明、清则常称盐店、典当店员为朝奉，亦有地方用以称乡绅。后来徽州方言中称富人为朝奉。苏、浙、皖一带也用来称呼当铺的管事人。如《仙剑 3》中的丁朝奉等。http：//baike. baidu. com/view/793159. htm？pid = baike. box，访问日期：2013 - 05 - 03。

❷《读律琐言》，第 149—150 页。

❸ "凡豪势之人，强夺良家妻女，奸占为妻、妾者，绞。"《读律琐言》，第 156 页。

❹《读律琐言》，第 446 页。

❺《读律琐言》，第 159 页。

休书了断，为自己和女方均留下应有的体面和尊严。❶ 自西周以来，男子即拥有片面休妻的权利，即所谓七出。❷ 在《大明律》中，我们也可见"出妻"的规定。❸

对于两个丫环，蒋兴哥则没有什么客气可言。且看小说的相关描述：再说蒋兴哥把两条索子，将晴云、暖雪捆缚起来，拷问情由。……回去唤个牙婆，将两个丫头都卖了。❹ 这段文字，至少能够反映出主人对于奴婢有较大的处置权力。此外，两个丫环卖给谁、干什么等，小说里均无下文。但是，我们知道，大明律禁止"买良为娼"❺。

至于薛婆：兴哥领了一伙人，赶到薛婆家里，打得他雪片相似，只饶他拆了房子。薛婆情知自己不是，躲过一边，并没一人敢说话。兴哥见他如此，也出了这口气。❻《大明律》对于此类事件即损坏他人财物的行为，似无明文规定。但是，估计会有援法定罪之可能。具体在小说里，估计薛婆及其家人也不敢告官，否则，官府对其的处罚或许更重。因为，从《大明律》来看，对于婚姻家庭关系的保护颇为看重。

楼上细软箱笼大小共十六只，写三十二条封皮，打叉封了，更不开动。……（三巧儿）临嫁之夜，兴哥雇了人夫，将楼上十六个箱笼原封不动，连钥匙送到吴知县船上，交割与三巧儿，当个陪嫁。妇人心上到过意不去。旁人晓得此

---

❶ 蒋兴哥的休书在此抄录如下：立休书人蒋德，系襄阳府枣阳人。从幼凭媒聘定王氏为妻，岂期过门之后，本妇多有过失，正合七出之条。因念夫妻之情，不忍明言，情愿退还本宗，听凭改嫁，并无异言，休书是实。成化二年　月　日手掌为记。请参见《三言二拍》，线装书局版（3），第22页。成化年间（1465—1487）是明宪宗的年号。

❷ 七出与三不去："七出""三不去"是西周时期确立，儒家思想中对于婚姻的解除所作的习惯性规定。正式归入律法，是从唐代开始。

七出是："不顺父母""无子""淫""妒""恶疾""口舌""窃盗"。特别要说明的是以下三点：无子，是就妻子过了五十岁以后来说；口多言，指拨弄是非、离间亲属。妒，更多是认为妻子对丈夫纳妾的忌嫉有害于家族的延续；恶疾是指耳聋、眼瞎、腿残疾等严重的疾病。

三不去："有所取无所归""与更三年丧""前贫贱后富贵"。

"有所取无所归"是指结婚时女方父母健在，休妻时已去世，原来的大家庭已不存在，休妻等于是无家可归；"与更三年丧"是指和丈夫一起为父亲或亲母亲守孝三年的不能被休；"前贫贱后富贵"是指丈夫娶妻的时候贫贱，后来富贵了。"三不去"是作为"七出"规定的补充规范，但指出"恶疾及奸者不在此列"。也就是说，妻子若符合"七出"中的"有恶疾"及"淫"两项，则不在"三不去"的保障范围之内。另外，若有义绝的情形，法律规定双方必须离婚，则"三不去"亦没有保障。http://baike.baidu.com/view/46464.htm，访问日期：2013－05－03。

❸《读律琐言》，第159页。

❹ 请参见《三言二拍》，线装书局版（3），第23页。

❺《读律琐言》，第454页。

❻ 请参见《三言二拍》，线装书局版（3），第23页。

事，也有夸兴哥做人忠厚的，也有笑他痴呆的，还有骂他没志气的：正是人心不同。❶ 这里，对于十六个箱笼即三巧儿的"婚前财产"（三巧儿的陪嫁），《大明律》似无明确规定。对于蒋兴哥在此方面的慷慨大度，小说中反映旁人亦有不同看法。

陈旺夫妇偷盗主母平氏随身银两首饰，可适用"窃盗"之规定，有颇为详细的处罚，如刺字、笞刑、杖刑、徒刑、流刑、绞刑等。❷

关于平氏，小说中也有一定的描述。例如，在其夫陈大郎客死他乡后，平氏因为随身银两等被家人陈旺夫妇盗走，生活顿时陷入困顿，只得搬出吕公家，另租房屋度日。当然，具体有关平氏房屋租赁的情况，诸如租金、期限等不详。但可见此类活动在当时寻常。

"奴家卖身葬夫，旁人也笑我不得"❸，这是小说中平氏的原话。《大明律》好像只是禁止"略人略卖人""买良为娼"。所以，如果平氏果真"卖身葬夫"似应可以。当然，实际上，平氏后来经张七嫂劝导，改嫁给蒋兴哥。

这里，小说并未细致地告知蒋、平二人的再婚日期，估计一年左右。如此，则有"居丧嫁娶"之嫌，应"杖一百"❹。而且，平氏父亲尚在（我们假设其夫家即陈家父母均亡，不予干涉），恐怕得有"父母之命"。但因为在民间，平民未必如此严格知法、守法，估计官府对此类事情也未必认真追究。想一想即使是在今天，我们尚有相当数量的民众在婚姻方面未必全如法律规定行事。

"前日艰难时，几番欲把他（指珍珠衫——本文注）典卖，只愁来历不明，怕惹出是非，不敢惹人眼目。……"这是平氏改嫁给蒋兴哥之后的一段话，据此我们可以推测平氏有谨慎行事的风格。此外，典卖在故事发生的明朝民间已经是一种比较寻常的商业活动。

蒋兴哥的官司发生在合浦县。据我们所知，合浦在明代属广东行省，1951年后划归广西管辖，自古以来盛产珍珠。❺

蒋兴哥的官司起因——"在合浦贩珠，价都讲定。主人家老儿，只拣一粒绝大的偷过了，再不承认。兴哥不忿，一把扯他袖子要搜。何期去得势重，将老儿拖翻在地，跌下便不作声，忙去扶时，气已断了。"❻

---

❶ 请参见《三言二拍》，线装书局版（3），第23页。

❷ 详见《读律琐言》，第322—323页。

❸ 请参见《三言二拍》，线装书局版（3），第25页。

❹ 同上书，第150页。

❺ 详情请见：http://baike.baidu.com/view/136295.htm，访问日期，2013 – 05 – 05。

❻ 请参见《三言二拍》，线装书局版（3），第26页。

围绕着这场官司，相关人物纷纷登场。其中，该案的关键人物当属知县（县主）吴杰即三巧儿第二任老公。"初选原在潮阳，上司因见他清廉，调在这合浦县采珠的所在来做官。""且看临审如何。若人命果真，教我也难宽宥。""你且莫忙，我自有道理。"❶看来，在人情与法律之间，吴杰也不敢过度妄为。

且看县主如何处置："有伤无伤，须凭检验。既说打死，将尸发在漏泽园去，俟（念"四"，等待的意思）晚堂听检。"原来宋家也是个大户，有体面的。老儿曾当过里长，儿子怎肯把父亲在尸场剔骨？

县主道："若不见贴骨伤痕，凶身怎肯伏罪？没有尸格，如何申得上司过？""我如今叫他披麻戴孝，与亲儿一般行礼，一应殡葬之费，都要他支持。你可服么？"

最后，对于县主的处罚：原被告"都叩头称谢"❷。

这里，县主上述所为，极有可能触犯《大明律》关于"听讼回避"的规定。❸当然，我们知道，小说家言，多为取悦读者，并非严格意义上的法律专家。而且，小说称颂的是积阴德，所谓"公堂造业真容易，要积阴功亦不难。试看今朝吴大尹，解怨释仇两家欢"❹。

还有，关于尸检《大明律》也是有严格规定的，详见"检验死伤不以实"。❺

值得注意的是，作为被告的蒋兴哥谨遵县主所断，原告也满意，一场飞来横祸因为特殊的关系和恰当的处置，顺利结束。

当然，以现代眼光而言，上述案件似乎多应为民事赔偿了事。但在中国古代，若非有姻亲关系，则蒋兴哥的命运很难说会怎样。从另一个角度，我们不难发现，蒋兴哥案件的处理印证了在中国古代这种所谓宗法结构的社会背景之下，人与人之间关系的建构，遵循的是亲亲尊尊、内外有别的核心原则。这种特殊类型的人身关系的形成，依据的是实在血缘与拟制血缘。❻

故事给读者一个皆大欢喜的结局：县主吴杰察觉蒋兴哥、三巧儿并非兄妹

---

❶ 参见《三言二拍》，线装书局版（3），第26—27页。

❷ 参见上书，第27页。

❸ 凡官吏于诉讼人内，系有服亲，及婚姻之家，若受业师，及旧有仇嫌之人，并听移文回避。违者，笞四十。若罪有增减者，以故出入人罪论。请参见《读律琐言》，第407页。

❹ 参见《三言二拍》（3），第27页。

❺ 参见《读律琐言》，第491页。

❻ 请参见毛国权著《宗法结构与中国古代民事争议解决机制》，法律出版社，2007年5月第1版，第10页。

关系，且自己与之未曾生育，遂成人之美，将三巧儿及其全部陪嫁送给兴哥，并"差典吏一员，护送他夫妇出境"。这里称道其厚德轻色，后有好报（从无子到后来到吏部任职，连生三子，科第不绝），但仍有今人不易理解处。或许，三巧儿并非正妻，不必通过休书等较为正规的方式休弃、转让。❶

蒋兴哥与平氏、三巧儿"从此一夫二妇，团圆到老"❷。但是，以一个不受普通读者欢迎的明代法律人的眼光来看，蒋兴哥还是有"妻妾失序"之嫌（因为，当时其年不满四十，这是明律的限制性规定）。

此外，通观该案，县主审案依然体现了古代中国一般意义上的"行政兼理司法"的特色。

小说中提到"审单"，笔者暂时查不到相关信息，估计应为审判记录、判决书之类。小说提到县主不写审单并计划在事情了结后销讫，估计对当事人尤其是原告不利。

丧葬在小说中也不止一次提到，诸如蒋兴哥葬父、平氏卖身葬夫以及蒋兴哥在合浦贩珠与主人老爹发生争执导致后者气绝从而为之厚葬等。《大明律》中有颇为严格的规定。❸ 相关学者的研究表明，以道德乃至法律的手段强制人们遵行等级化的守丧之制，则是中国古代所特有的，这一过程从先秦到清末，延续了两千多年。特别是唐、宋、元、明、清时期，是中国守丧全面法律化时期，❹ 这一点在《大明律》中有较为充分的反映。因此，我们可以理解，在小说中，就蒋兴哥这一方而言，做了极大的努力，"遵了县主所断，着实小心尽礼，更不惜费"❺，才使得原告方无话可说。

小说中，对于知县及其职权，我们应当会产生较为深刻的印象。而且，作为所谓七品芝麻官的知县的职权，我们在"三言"的其他地方仍然会有一些认识。总之，在古代中国，作为基层官员，知县拥有的职权范围还是比较大的。❻

关于"县主"，此为名号。唐代用以称诸王之女，序视正二品。❼ 小说中估计是对于知县的尊称。

---

❶ 典吏：吏名，意为管事之吏。详见《中华古文明史辞典》，第87页。

❷ 请参见《三言二拍》，线装书局版（3），第28页。

❸ 《读律琐言》，第225页。

❹ 请参见王立民主编《中国法律与社会》，北京大学出版社，2006年12月第1版，第55—65页。

❺ 请参见《三言二拍》，线装书局版（3），第27—28页。

❻ 有学者研究认为，知县掌全县教化、赋役、狱讼等事。详见《中华古文明史辞典》，第77页。

❼ 《中华古文明史辞典》，第25页。

结　语

由于历史的原因，与当今不同，中国古代的刑事审判呈现出某些独特性。国内有学者在探讨中国古代法律文化（"司法精神"）时，将其归纳为八个方面，其中第六个方面表现为所谓行政强势，司法依附；公重于私，民统于刑。❶ 笔者以为，上述表述可谓颇为精准地把握到了中国古代刑事审判的某些独特的方面或曰独特性。有感于此，本文作者不揣浅陋，试图从明末著名文学家冯梦龙的小说《蒋兴哥重会珍珠衫》中，触摸和探求这种独特性。

由于经济、社会、政治等诸多因素的交互影响，中国古代的刑事审判呈现出不同于今日的一些独特性，值得我们注意和研究。其中，所谓小政府、大社会的格局以及官方对于社会严格控制的追求目标等，均使得行政强势，司法依附（或可表达为行政兼理司法）；公重于私、民统于刑等现象绝非偶然之存在。

此外，中国古代官员的法律专业知识的相对缺乏甚至严重不足，也会造成行政兼理司法等现象较为普遍地存在。通过强力控制社会的目标之追求，也是造成上述现象的一个主要原因之一。具体表现在法律领域，就颇为自然地会呈现出所谓公重于私、民统于刑这一较为独特的现象。

当然，通过冯梦龙的这篇小说来解读中国古代刑事审判的独特性，估计未免会令行家生疑。❷ 所幸的是，文学与法学共同关注的是社会中的人及其生活等，因而二者具有相同的关怀与追求。因此，在"法学与文学之间"（借用徐忠明教授一书名❸），无论是作为文学家，还是作为法学家，均会有自身的发

---

❶ 请参见郭成伟主编《中华法系精神》，中国政法大学出版社，2001年11月第1版，第308—310页。

❷ 这里需要略作说明的是：本书依据的并非真实的历史或相关史料，而是冯梦龙的文学作品，故而似可被认为是基于一种法律与文学的交叉研究或有益的尝试，而非法律史学意义上的学术研究。笔者以为，源自于1973年的美国、并为包括中国一批学者在内的人士逐渐认识和接受的法律与文学运动（Law and Literature），其主要依据、涉猎和研究的对象，并非法律史料，其更多地关涉文学作品中的法律问题，是一种较为独特的研究视角或曰研究方法。这种较为新颖或独特的研究视角或曰研究方法，值得我们注意和适当借鉴。当然，法律与文学的研究就时间上而言，并不限于最近四十年。例如，英国著名法律史学家威廉·S.霍尔兹沃思（1871—1944）早在1928年推出的著作《作为法律史学家的狄更斯》可以说是在此方面较早的有益尝试。请参见〔英〕威廉·S.霍尔兹沃思著《作为法律史学家的狄更斯》，何帆译，上海三联书店，2009年5月第1版。

❸ 详情请参见徐忠明著《法学与文学之间》，中国政法大学出版社，2000年1月第1版。

现和感悟。

冯梦龙的这篇《蒋兴哥重会珍珠衫》当然并不限于法律。其关涉的对象或范围既涉及法律，但又超乎法律之上，关乎明代的社会、商业、城市以及主人公蒋兴哥等人的生活及其情感等，展现出较为丰富多彩的层面，引发读者思考的也不限于法律这一层面，因而也更难以把握和理解，对其的解读也很自然地呈现出某些差异。❶ 之所以称这篇小说具有较多的"涉法因素"，并将其作为本文研讨的对象，是因为在故事发展的过程中，小说的主人公以及众多的其他人物的生活与当时的法律尤其是《大明律》发生了联系抑或冲突。

如果说这篇小说从某一个侧面体现了中国古代刑事审判的独特性，那么，主人公蒋兴哥在合浦的一场官司或许更能反映出这种独特性。当然，以现代眼光来看，上述案件似乎多应为民事赔偿了事。但在中国古代，几乎可以肯定的是，若非有某种复杂的姻亲关系，则蒋兴哥的命运很难说会怎样。从另一个角度，我们不难发现，蒋兴哥案件的处理印证了在中国古代这种所谓宗法结构的社会背景之下，人与人之间关系的建构遵循的是亲亲尊尊、内外有别的核心原则。这种特殊类型的人身关系的形成，依据的是实在血缘与拟制血缘。❷

另外，值得一提的是：对照小说，《读律琐言》中的大明律的相关规定无疑甚严。如若照此严格执行，则不知有多少人会自觉、不自觉地入罪。幸运的是，冯梦龙并非法学家，他强调的也不是法律的治理，而是更多地宣扬因果报应等。从这个意义上来说，这篇小说所反映出来的中国古代社会（或明代社会）难以称之为法治社会。但是，即便如此，从小说的字里行间，我们还是可以感觉到法制的存在和力量。

---

❶ 例如，文学家或文学评论家们对于这篇小说的解读，在某些方面，即有不同的研究兴趣、侧重抑或结论等。

❷ 请参见毛国权著《宗法结构与中国古代民事争议解决机制》，法律出版社，2007 年 5 月第 1 版，第 10 页。

明代司法流程及清官的生动写照

故事梗概

为了宣扬因果报应的主题思想，作者先讲述了以卖油为生的金孝的故事：金孝偶然拾得银子 30 两，在老娘的劝说下，交给失主。不料失主因为顾虑其要赏钱或受旁人鼓动平分，反诬银子应为 50 两。县令巧断上述银两归金孝所有，失主含泪羞惭而去。

小说正题：故事发生在江西赣州府石城县，时代不详，估计为明朝。鲁、顾为累世通家之好，分别有一子、一女，约为婚姻。后来，鲁廉宪病逝于任上，其妻先亡，鲁学曾家道中落，顾金事有意悔婚，但其妻与女儿反对。其妻孟夫人筹划私下赠金银给学曾，但因学曾姑妈之子、表哥梁尚宾乘机假冒，到顾家骗钱（约值百金）、骗色，导致顾小姐阿秀羞愤自杀身亡。❶

梁母得知上述变故均其子所为，甚为愤怒、忧惧而亡，梁妻田氏（东村田贡元之女）本就看不起梁尚宾，闻知此事，对其痛骂。遭梁殴打，并被梁休妻："梁真个就写了离书，手印，付与田氏。田氏拜别婆婆灵位，哭了一场，出门而去。"这里，我们再次领略到中国古代社会，男子片面休妻的特权，尽管这一特权受到"三不去"等的限制。至于梁尚宾休妻的理由小说并未明言，我们只好推测当在"七出"之内。

---

❶ 鲁学曾因为衣裳褴褛，想借表哥梁尚宾的衣服与孟夫人、阿秀私下会面，让梁假冒并行奸、行骗有了可乘之机。详情见冯梦龙著《醒世名言》第二卷"陈御史巧勘金钗钿"。廉宪：廉访使的俗称。http://baike.baidu.com/view/6623573.htm，访问日期：2013－05－09。关于廉访，请参见王家范、谢天佑主编《中华古文明史辞典》，浙江古籍出版社，1999 年 12 月第 1 版，第 85 页。

顾佥事状告鲁学曾害死其女，要求学曾抵命。知县唤来证人老欧对证，后者咬定学曾即为假公子，学曾被屈打成招，顾佥事恼怒之下，必欲置学曾于死地。

适逢陈濂御史奉差巡按江西。陈父与顾佥事为同榜进士，以此顾佥事叫他年侄。陈御史通过明查暗访，终于抓到真凶梁尚宾，判处其"合依强奸论斩，发本县监候处决"。学曾因此获释。

田氏因为事先与梁尚宾脱离夫妻关系，免予刑事处分，并被孟夫人、顾佥事收为义女。顾在认错之后，撮合学曾、田氏的婚姻："鲁公子再三推辞不过，只得允从，就把金钗钿为聘，择日过门成亲。"

鲁公子后来"连科及第。所生二子，一姓鲁，一姓顾，以奉两家宗祀。梁尚宾子孙遂绝"。

点 评

这又是一篇主要讲述因果报应的小说，涉及法律方面的信息也不少，尤其是当时的诉讼程序或司法流程方面的一些信息，有较为详细的描述，我们可以因此对古代中国的侦查、刑事审判活动等获得颇为生动、有形的了解。

小说先前的故事，即卖油郎金孝拾得遗失物（约30两银子）的故事颇耐人寻味。当然，我们这里暂时不谈故事的传奇色彩及其后来令人预想不到的发展轨迹和结果，仅谈拾得遗失物在明代的法律如何规定的问题。

《大明律·卷第九·户律六·钱债》对于"得遗失物"有明确规定：凡得遗失之物，限五日内送官。官物还官，私物招人识认。与内一半给与得物人充赏，一半给失物人。如三十日内无人识认者，全给。限外不送官者，官物坐赃论，私物减二等。其物一半入官，一半给主。❶

小说中的金孝出生贫寒，卖油为生，收入微薄，"年长未娶"，还得赡养老母。可以想见，经济条件甚差。意外拾得一大笔银子，自然是喜出望外，起先并无意归还给失主。当然，或许没有人见到，或许是他对于当时法律上的规定也未必全然了解。再则，很可能就是心存侥幸了。

促使金孝找寻失主并有意归还银子的是他的老母亲。当然，从小说来看，其母也并不是主要从法律上看待这一问题，而主要是从道德的层面。在得知银

---

❶ 见《读律琐言》，第198页。

两并非金孝盗窃所得后，金母的劝诫主要还是从积"一番阴德"、为失主设身处地考虑。可以推断，此时的金孝及其母亲并未有侵占他人财物或因此获取赏钱的意思。或者，我们可以这样说：金孝及其母亲此时想做的是传统美德提倡的拾金不昧的举动。

金孝确定失主后的情况多少有些出人意料——也许是因为担心金孝索要赏钱或依照众人（旁观者）可能会有的平分的主张，失主竟然存心欺瞒，咬定其丢失的银子为五十两，"你匿过一半了，可将来还我！"双方产生争执，进而发生殴斗。

于是，事件升级。恰好县尹相公路过，当街审理这起多少有点离奇的案件。❶这里，小说有关县尹对于此案审理的描写，反映出其并非草率行事：他首先听取双方的陈述。然后，再听取旁观者的证言。接着，令库吏兑准银两。接着，再确认失主丢失银两的具体数目（对方答曰：五十两）。最终，依据以上证人证言、当事人陈述以及证物（银子 30 两）等，做出判决。

这里略作点评：县尹上述判决似无不当，且其拥有此方面的权限和职责（"掌全县教化、赋役、狱讼等事"）。

从失主方面来看，因为弄巧反而成拙，最终败诉。

从此案还可以得知，当时的审案方式可以灵活、简便、快捷，在程序方面也有较为严格的体现（例如，对于证据的检验、采纳）。

此外，失主、客人对于得遗失物的赏钱或平分的相关法律规定或习惯并非一无所知。也许正是基于这一顾虑，反倒使自己损失殆尽。

当然，今天我们的相关法律对此并没有作一定给赏或平分的规定，而多从拾金不昧这一道德层面鼓励拾得人。这一点，恰好与《大明律》的相关规定形成另一个极端，由此引发的遗失物难以物归原主的情况并不少见。因此，在《大明律》的相关规定的基础上进行适当的改革，即给予拾得人一定比例的奖赏（如 30% 以下），或许更有利于当今类似事情的圆满解决。同时，对于选择不受物质奖赏者，至少应给予精神方面的奖励。

当然，金孝的故事在这里如果作为一种主题思想的先行或点题、引子来看待，或许更为恰当。作者的重心自然是放在发生在江西赣州府石城县，围绕鲁、顾两家的婚姻展开的一段同样不乏离奇甚或巧合多多的故事。这段故事中的"金钗钿"既是顾小姐（阿秀）的赠与抑或其决意离世的复杂情感

---

❶ 县尹："尹"……旧时长官的名称，如县尹、府尹县尹就是知县、县长，这个名称民国期间还用过。http://zhidao.baidu.com/question/713647.html，访问日期：2013－05－08。

的表达，❶ 也是案件审理过程中的重要物证。同时，它还是后来鲁学曾送与田氏的聘礼。所以，"金钗钿"是引导故事发展的主要线索。这一点，类似于《蒋兴哥重会珍珠衫》中的珍珠衫，同样也是故事发展的一个主要线索或物证。有所不同的是，珍珠衫的失去与复得主要反映的是一起婚姻案件，其意寓着蒋兴哥与三巧儿婚姻的破裂与重合。虽然这种重合不无缺憾（三巧儿由成为兴哥妻、被休，转为知县之妾，最后又为兴哥之妾），但至少不乏某种意义上的对等（因其与陈大郎有婚外情，过错在先），且具有某种程度上的因果报应意味（陈大郎暴死，其妻平氏在困窘中碰巧成为蒋兴哥之妻）。而在我们这个故事中，"金钗钿"首先是故事发展的一个主要线索或物证，但它反映的是一起因为被告骗财、骗色引发被害人羞愤自杀的重大刑事案件。由于婚姻与家庭的稳定和健全是中国古代社会历来颇为看重的一个方面，故而官府的介入、干预和对侵害者一方的严惩势在难免。同时，它也折射出当时的人们（包括女性自身）对于女性贞节的看重。❷

关于顾金事的悔婚。鲁家因为父母先后去世，"家道消乏"，顾金事因此有意悔婚。但是，依据《大明律》的相关规定，顾金事可能会因此面临法律的严惩。❸ 因为，进士出身的他不会不知道法律上的相关规定。❹

---

❶ 作为故事中的一个悲剧性人物，阿秀对于婚约亦即实际上对于先前鲁、顾两家的"父母之命"是认同的，甚至是执着的，对于父亲的嫌贫与悔婚态度是反感的。且听她反对其父悔婚的理由："妇人之义，从一而终；婚姻论财，夷虏之道。……"得知自己被奸骗之后，其心中之悲苦难以言说。可以理解，在当时"饿死事小，失节事大"的主流观念影响下，阿秀如此决绝地选择自尽，绝非偶然。

❷ 近年来国内相关研究显示，宋代理学的逐渐兴起，对于当时及后来社会主流的婚姻道德观影响甚大。北宋仁宗时的理学家程颐更是将贞节观念推向极端，他所说的一句话"饿死事极小，失节事极大"对于后世的影响极为深远。资料表明，宋元明清历朝，正史《烈女传》中所收贞女一代比一代多。在烈女（殉身）这一方面，明代位列前茅，人数竟达 3688。请参见顾鉴塘、顾鸣塘著《中国历代婚姻与家庭》，商务印书馆，1996 年 12 月第 1 版，第 137—140 页。《蒋兴哥重会珍珠衫》中的蒋兴哥因为妻子三巧儿出轨，一纸休书将其休弃，后者自杀（未遂），与当时的贞节观念应当不无关系。根据当代国内学者的研究，中国明清时期，对于女性的贞节要求无论是在观念方面，还是制度层面，均有超出前朝的高标准、严要求，所谓"贞节铁幕终于合围"。请参见章义和、陈春雷著《贞节史》，上海文艺出版社，1999 年 11 月第 1 版，第 51—52 页。

❸ "若许嫁女，已报婚书及有私约，而辄悔者，笞五十。虽无婚书，但曾受聘财者，亦是。若再许他人，未成婚者，杖七十；已成婚者，杖八十。……"详见《读律琐言》，第 146—147 页。金事：官名。详见《中华古文明史辞典》，第 86 页。

❹ 进士：中国古代科举制度中，通过最后一级中央政府朝廷考试者，称为进士。是古代科举殿试及第者之称。意为可以进授爵位之人。此称始见于《礼记·王制》。隋炀帝大业年间始置进士科目。唐亦设此科，凡应试者谓之举进士，中试者皆称进士。元、明、清时，贡士经殿试后，及第者皆赐出身，称进士。且分为三甲：一甲 3 人，赐进士及第；二、三甲，分赐进士出身、同进士出身。明董其昌《节寰袁公行状》："（袁可立）戊子举于乡，己丑成进士。"http：//baike. baidu. com/view/1076. htm，访问日期：2013－05－08。

顺便说一下故事中的"贡元"。"贡元"是贡生的尊称。贡生科举时代，挑选府、州、县生员（秀才）中成绩或资格优异者，升入京师的国子监读书，称为贡生。意谓以人才贡献给皇帝。明代有岁贡、选贡、恩贡和细贡；清代有恩贡、拔贡、副贡、岁贡、优贡和例贡。❶ 小说中提到梁尚宾的妻子（前妻）为东村田贡元的女儿，估计意在说明其素质和见识等高于常人，也为其后来被顾家收为义女、改嫁给鲁学曾埋下伏笔。

关于陈濂御史审案。对此，小说描写较为详细：首先交代其父与顾金事为同榜进士，"少年聪察，专好辨冤察枉。此时正奉差巡按江西"。❷

这里，小说寥寥数语描写出江西官吏对于陈御史的惧怕，但并未写到江西官吏胆敢私下以某种方式贿赂陈御史，因为，《大明律》"禁止迎送"条对此有严格规定：凡上司官及使客经过，若监察御史、按察司官出巡按治，而所在各衙门官吏出廓迎送者，杖九十。其客令迎送不举问者，罪亦如之。❸

显然，陈御史果如小说所言，对于案件并未先入为主，对于老年伯之托也不以为然，而是通过对证人老欧（顾家老园公，奉顾家孟夫人之命引见鲁学曾私下见夫人、小姐）和被告鲁学曾二人细细讯问、盘查，终于发现其中一条重要线索：学曾表兄梁尚宾。这里，作者借用一首诗表达自己的赞许之情：如山巨笔难轻判，似佛慈心待细参。公案见成翻者少，覆盆何处不含冤？❹ 这

---

❶ http://baike.baidu.com/view/817843.htm，访问日期：2013－05－08。

❷ 巡按：唐天宝五年（746），派官巡按天下风俗黜陟官吏，巡按之名始此。明永乐元年（1403）后，以一省为一道。派监察御史分赴各道巡视，考察吏治，每年以八月出巡，称巡按御史，又称按台。巡按御史品级虽低（监察御史为正七品官），但号称代天子巡狩，各省及府、州、县行政长官皆其考察对象，大事奏请皇帝裁决，小事即时处理，事权颇重。明朝时期，正式确立御史巡按制度，设十三道监察御史一百一十人，再从他们中选派巡按御史。从十三道监察御史中选派巡按御史十分严格，每名巡按御史的产生，都是先由都察院选出两名候选人，引至皇帝面前，请皇帝钦点一名。十三道监察御史平时归中央都察院管理，但在履行职能时又不受都察院控制，直接对皇帝负责。巡按御史职责是代天子出巡，"大事奏裁，小事立断"。巡按御史代表皇帝巡视地方，又叫"巡方御史"，俗称"八府巡按"，专门负责监察，一般不理其他事务，权力极大。他们代表皇帝行使监察权，能够"以小监大""以卑督尊"。明代有很完善的出巡法规，先后制定《出巡相见礼仪》《奏请差点》《巡历事例》和御史回道考察法规，划定了监察范围。这些做法既是对出巡员职责的明确，也是对出巡官员的约束。另外，职掌巡察的监察机构通常实行自上而下的垂直领导，只对皇帝一人负责，不受其他部门干扰，便于独立行使职权。明 孔贞运《明兵部尚书节寰袁公配夫人宋氏合葬墓志铭》载："追奉命巡城，而持斧埋轮，贵戚敛手。会有一璠杀人，公（袁可立）廉其状，捕而绳之，法不少借。"http://baike.baidu.com/view/58156.htm，访问日期：2013－05－09。因为巡按位高权重，所以，我们可以理解小说中所言陈御史"莅任三日，使发牌按临赣州，吓得那一府官吏屁滚尿流。"见《喻世明言》第二卷"陈御史巧勘金钗钿"。

❸ 见《读律琐言》，第221页。

❹ 见《喻世明言》第二卷"陈御史巧勘金钗钿"。

里，诗词的前两句无疑是对于陈御史的称赞，后两句则是对冤案甚滥且难以辩白、翻案的状况的抨击。

接下来，小说以一定的篇幅对陈御史的微服私访做了颇为细致的描写。在装扮成卖布的客人陈御史的巧妙安排下，真正的罪犯梁尚宾终于落网，并起获其诈骗的金首饰及银两合计约170两，所谓"人赃俱获"。❶

因为有了前面细致、扎实的侦查工作，接下来的复审进行得较为顺利。在银钟、首饰等赃物面前，梁尚宾只得老实认罪："梁尚宾料赖不过，只得招称了。"❷

当然，陈御史的审讯工作并未止乎此。在拿到"招词"后，唤园公老欧再次前来辨认假公子。至此，案件圆满结案。

对真正的罪犯的处理："御史喝教皂隶，把梁尚宾重责八十，将鲁学曾枷锁打开，就套在梁尚宾身上。合依强奸论斩，发本县监候处决。布四百匹，追出，仍给铺户取价还库。其银两、首饰，给与老欧领回。金钗、金钿，断还鲁学曾，俱释放宁家。"在本人看来，上述短短一段文字，信息量不小。首先，皂隶是"西周、春秋时差役的称谓。后为衙门执役者的通称"。❸ 其次，枷锁，在有的辞典里分别解释为"枷，套于颈项的木制刑具，晋始称之。……明枷长五尺五寸，头阔一尺五寸，干木制作，死罪重三十五斤。"❹ 至于锁，"用铁环勾连而成的长索。……明铁索长一丈，用于犯轻罪者。""明代……死罪加枷、锁、杻。"❺

关于强奸论斩："强奸者，绞。"这是《大明律·刑律·犯奸》条中的规

---

❶ 这里，先后两次出现"宪牌"。经查询，其为旧时官府的告示牌或捕人的票牌。http://baike.baidu.com/view/5947542.htm，访问日期：2013-05-09。刚好，在这篇小说中，宪牌在察院小开门挂出，告知陈御史"偶染微疾，本官一应公务，俱候另示施行"。宪牌的第二次使用，就是用来抓捕梁尚宾。见《喻世明言》，第40—41页。小说中，跟随陈御史一道微服私访的官府人员还有中军官聂十户以及门子等人，恰好反映出明代的官名、制度设置。关于千户，可参见《中华古文明史辞典》，第78页。"中军官"见上述辞典第121页。"门子"：旧时在官衙中侍候官员的差役。http://baike.baidu.com/view/659052.htm，访问日期：2013-05-09。

❷ 见《喻世明言》，第41页。这里，出现"夹棍"一词——陈御史道：我也不动夹棍，你只将实情写供状来。查《现代汉语词典》（2002年增补本）第604页，我们知道：夹棍是旧时的一种刑具，用两根木棍做成，行刑时用力夹犯人的腿。陈御史上述所言，道出当时刑讯求供为多用的现实。这种情形在这篇小说曾经发生在鲁学曾的身上，在证据不足、案件存在诸多疑点的情况下，知县由于听信证人老欧的证言，再加上"徇了顾金事人情，着实用刑拷打"，以致屈打成招，险成冤案。当然，陈御史的高明之处在于经过审慎的调查和仔细的审讯，在充分把握案件情况尤其是物证的基础上，迫使真凶无从狡赖。

❸ 参见《中华古文明史辞典》，第3页。

❹ 参见上书，第104—105页。

❺ 参见上书，第105页。

定。小说中，针对梁尚宾却适用斩刑，看似不太恰当（同为死刑，在古人的观念中，斩重于绞。因为，"身体发肤，受之父母，不得毁伤"。所以，即便是死，也应全尸而死）。但在本人看来，因为梁的行为，貌似骗奸，实为强奸，且导致被害人阿秀羞愤自杀，属于性质恶劣、情节严重。此外，其不仅骗色，而且骗财。这样，对其适用"强奸论斩"或许更为恰当。

监候——死刑判决后不立即执行，与"立决"对称。❶

其他——即对于布匹、银两、首饰以及金钗钿的处理，均很恰当。

释放宁家——这里，"宁家"意为回家。❷ 当然，在那个时代，我们不能奢望有国家赔偿之类的规定。对于造成鲁学曾冤案的石城县知县，小说中我们也看不到有丝毫的惩处：该知县依然官居原位，而且，依旧行使职权，对梁尚宾进行后续的审理。❸

针对田氏的处理。若非田氏机警，有休书为证，恐怕有口难辩，冤狱再起。而且，田氏在审讯之前，争取主动，到顾金事家说明其与梁尚宾业已脱离夫妻关系。更为意外的是，田氏被孟夫人收为义女，"就留在身边了"。故事的发展再后来更是沿着普通读者的良好愿望方向而行："顾金事回家，闻说田氏先期离异，与他无干，写了一封书信，和休书送与县官，求他免提，转回察院。又见田氏贤而有智，好生敬重，依了夫人收为义女。……"总之，体现了作者善恶各有不同报应的思想。❹

梁尚宾对于前妻田氏的诬告。诬告是指故意捏造事实向司法机关控告他人，使无罪的人被判有罪，或使有轻罪的人被判重罪，告人者要按其所诬告他人的罪受到惩罚。

诬告反坐是原始社会同态复仇的残余，学理上同害刑主义。中国从秦、汉以来，历代法律都规定有此项原则。明、清律对诬告反坐定有加等办法：凡诬告人笞罪者，加所诬罪二等；流、徒、杖罪加所诬罪三等，各罪止杖一百，流三千里。另有损害赔偿规定。若所诬徒罪人已役，流罪人已配，虽经改正放回，验日于犯人名下追征用过路费给还；若曾经典卖田宅者，着落犯人备价取赎；因而致死随行有服亲属一人者，绞，将犯人财产一半，断付被诬之人（其被诬之人，致死亲属一人者，犯人虽处绞，仍令备偿路费，取赎田宅，又将财产一半断付被诬之人养赡）；至死罪所诬之人已决者，反坐以死（其被诬

---

❶ 详见《中华古文明史辞典》，第 107 页。

❷ http：//www.baike.com/wiki/%E5%AE%81%E5%AE%B6，访问日期，2013 – 05 – 10。

❸ （陈御史）"便行文书，仰石城县捉梁尚宾妻严审，仍追余赃回报。"见《喻世明言》第二卷。

❹ 见《喻世明言》第二卷。

之人已经处决者，犯人虽坐死罪，亦令备偿路费，取赎田宅，断付财产一半，养赡其家）；未决者杖一百，流三千里，加役三年。❶

小说对于梁尚宾的上述诬告最后是否予以处理，并未给读者一个交代。但以本人的看法，因为梁既然已被处以死刑，对于其诬告的行为是否处理，已无太大的意义。梁的这种节外生枝的做法，只能说明其心地歹毒，从而加深读者对于此类人物的憎恶。

结　语

在我们所知道的当代一些相关教材书中，对于明代的司法活动，均有不同程度的论述。如果说这方面的论述美中不足的话，则极有可能是难以使得读者产生强烈的共鸣或现场感。冯梦龙的这篇小说《陈御史巧勘金钗钿》则多少弥补了这一缺憾，使人有如身临其境之感。

当然，除了给我们颇为生动地描述当时的司法流程外，作者还塑造了一位十分出色的清官陈御史。

冯梦龙的这篇《陈御史巧勘金钗钿》当属涉法程度高的作品，颇为生动地反映了中国明代的司法流程以及身为清官的陈御史的断案智慧与细致入微的办事风格，是"三言"中的一篇上乘之作。其信息量之大，人物形象之丰富，故事情节之曲折、复杂等，无疑均会给人留下深刻的印象。

这篇小说的引文即讲述了一个事关道德、兼具法律的故事：家贫、卖油为生、年长未娶、与老母亲相依为命的金孝偶然拾得他人遗失的银子三十两。在老母亲的劝说下，本着为失主着想的朴素想法，金孝打算将上述拾得物交还给失主。只是没有料到的是，这位失主不想金孝因此获得一定的利益（给赏或依众人之意平分），最后弄巧成拙，反而与自己这笔不小的财富失之交臂。这里，冯梦龙醒世的意蕴当然是十分的明显。笔者于此的兴趣在于：依据古代的法律或习俗，拾得人对于拾得物可以获得失主的一定奖赏或分得其中一定的份额。这种做法或者规定，或许有助于我们今天对于类似事情的处理。另外，处理这起案件的县尹，依照自己的职权，出于便民或快捷的目的（此外很可能还有教化的考虑）当街审案的方式，亦值得赞许。

当然，故事的正文无疑是我们关注的重点。首先，鲁廉宪（因为为官清

---

❶　http：//baike. baidu. com/view/1286160. htm，访问日期，2013 – 05 – 10。

介，人称"鲁白水"）与顾金事之间早年为各自的儿女定下的婚事即为故事后来的冲突与发展埋下了伏笔：鲁廉宪夫妇先后去世且并无多少遗产，鲁家陷入困境，未来的女婿鲁学曾在未来的岳丈顾金事眼中即成为不可依托之人，顾金事顿生悔婚之意。幸而顾家小姐阿秀坚决，不计较未婚夫家贫，顾家夫人支持，才不至于产生更大的冲突。这里，值得讨论的是在故事发生的明朝，婚约（主要靠父母之命）是否具有法律效力？顾金事若悔婚，是否会受到当时法律的处罚？笔者查阅了一下《大明律》的相关规定，发现对于悔婚者有颇为严厉的惩处：……若许嫁女，已有婚书及有私约，而悔婚者，笞五十。虽无婚书，但曾受聘财者，亦是。……❶

小说中鲁、顾两家早年为各自的儿女定下婚事时，似乎没有明确的婚书等形式。同时，好像也没有聘财之类。但是，"两下面约为婚，来往间亲家相称，非止一日"，婚约又可以视为已经成立。只不过后来鲁家突遭变故，鲁家夫妇相继去世，未来的女婿鲁学曾孤苦伶仃且家徒四壁，顾金事才会有悔婚之意。前面之所以说这位顾金事悔婚并未引发大的冲突或曰其侥幸，实则是因为其未来女婿鲁学曾并未因此与其对簿公堂。否则，这位顾金事极有可能受到官府的处罚或追究。

司法活动或曰司法流程在冯梦龙这篇颇为出色的小说中得到了较为充分的体现：无论是引文中金孝的故事，还是后来鲁学曾经历的冤案以及陈御史的巧断金钗钿等，几乎可以说全面地展现了明代司法的全过程。这一点，也构成了《陈御史巧勘金钗钿》的一大特色。如果这篇小说所述无误，则我们于此大致可以窥见：至少到了明代，中国的司法活动已经基本成熟，尽管其未必算得上十分专业。❷

关于司法活动，冯梦龙的这篇小说可以说给我们讲述了三位官员的审案过程或者审判故事：第一个就是引文中的金孝拾得他人遗失的银两的案件，某县县尹当街的灵活处置；第二起案件就是顾阿秀被骗奸后羞愤自杀，从而引发石城县知县对于鲁学曾的冤案；第三次审判则是对于顾阿秀被骗奸案的真凶的抓获以及受冤屈的鲁学曾的无罪释放。

从上述三位官员对于案件的审理来看，前两位亦即不知"何州某县"的县尹以及故事发生地江西赣州石城县知县的审判可谓行政兼理司法的典型表

---

❶ 请参见（明）雷梦麟撰《读律琐言》，怀效锋、李俊点校，法律出版社，2000年第1版，第146页。

❷ 说它未必算得上十分专业，是因为行政兼理司法的特色还比较浓厚。但是，小说中的陈御史及其司法活动则具有较强的专业性。

现。在中国古代社会中，作为基层地方长官的县尹或知县，❶ "掌全县教化、赋役、狱讼等事"。❷ 如此一来，可以想象的是，在知县大人的诸多公务活动中，审案似乎是其不可推托的一大任务。但以其身兼数职的情况来看，知县客观上其实难以胜任如此繁多的任务。又因为自唐代以来科举取士被奉为正途，一般官员的法律素养委实有限，不大可能指望其不致冤案发生。所以，官员权力较大，而其法律专业素养却较低这一矛盾会使得冤假错案的发生不会只是个别现象。

有意思的是，在《陈御史巧勘金钗钿》中，我们先后发现有两位断案风格、水平等很不同的县尹和知县："不记得何州某县"的县尹对于金孝案的审理有不少值得赞许之处，其干练的审案风格给我们留下了深刻的印象；而在顾阿秀被骗奸因为羞愤自尽案中，石城知县的审理则使得我们有理由怀疑其审理案件的能力。同为一县之长，又很有可能都是在苦读四书五经、追求功名的道路上取得成功的人士，均不可能接受过专门的法律训练，两者何以在司法活动中的差距如此之大？有学者认为，明清时期的官员司法能力的获得主要取决于走上仕途后，官员们不断学习，尤其是前人审理案件的经验。虽然这些经验不尽系统，但却会很实用。此外，中国古代社会虽然历时数千年之久，但其社会基本结构及状况并未有质的变化，人们之间纠纷的种类与表现大体相似，这就使得古人断案的经验与智慧即使在明清时期也能够继续发挥作用。❸

上述县尹与石城县知县的断案水平差距之大，使得我们有理由相信古代官员系统地学习法律知识非常必要。否则，如冯梦龙这篇小说中的石城知县者就极有可能会制造冤案。而如果不是陈御史出现，则鲁学曾这样的人士，几乎可以肯定的是冤沉大海。至于说后来即便是经过陈御史的巧断，鲁学曾也只是"释放宁家""拜谢活命之恩"。在那个年代，是不可能有国家赔偿一说的，这种情况只能在政治文明、司法文明不断发展的今天才能成为可能。

就办案程序或曰司法流程而言，《陈御史巧勘金钗钿》展现得颇为清晰、生动甚或讲究。所以，我们称这也是冯梦龙这篇小说的一大特色。这里，我们还可以再做进一步的分析。例如，即使是小说中的石城县知县这位读者不满意

---

　　❶　根据国内学者的研究，明代地方县级单位分为上、中、下三等，该地行政长官为知县，正七品。请参见陈茂同著《中国历代职官沿革史》，百花文艺出版社，2005 年 1 月第 1 版，第 442 页。就历史沿革而言，元代称县尹，明代称知县。请参见同上书，第 588 页。

　　❷　详见《中华古文明史辞典》，第 77 页。

　　❸　请参见蒋铁初著《明清民事证据制度研究》，中国人民公安大学出版社，2008 年 6 月第 1 版，第 245—247 页。

的地方官员在面对鲁学曾的案件时，也是叫人补了状词，"差人拿鲁学曾到来，当堂审问"。只是因为该案的关键证人顾家园丁老欧一口咬定鲁公子前后两次来顾家，加上知县迷信口供，才会导致冤案发生。

相比而言，御史陈濂的工作作风则认真、细致得多，而且也似乎更讲究办案程序：首先，其不会徇私枉法，而是主要用证据说话，不放过案件中任何可疑之处。具体表现在这位陈御史与在押的嫌犯鲁学曾、该案关键证人老欧有一场较为深入的对话或讯问，因而最终将疑点指向本案的真凶。即便如此，陈御史也没有偏听偏信，而是通过乔装打扮，与真凶梁尚宾正面交锋，拿到涉案关键证据即顾家夫人、小姐所赠金银首饰等，并经由园丁老欧指认，使梁鸿宾无法抵赖，将该案办成铁案。

纵观陈御史办案的全过程，几乎称得上完美。如果有何瑕疵，那就是顾家夫人及见过真凶的奴婢等人其实也是可以接受调查并指认真凶的。但是，遗憾的是，在冯梦龙的这篇小说中，这些证人没有发挥自己应有的作用。❶

至于陈御史对于案件的判决，不仅快速、清楚，而且不留遗漏。例如，在梁尚宾诬陷其前妻田氏后，陈御史并未放过这一重要环节。当然，小说于此也没有忘记交代办案程序：石城县知县在接到察院文书后，经询问梁尚宾，"差人提田氏到官"。

当然，田氏的结局我们都知道了。由此我们佩服其远见与智慧，也称道知道事情真相的顾金事此时所做出的息事宁人的正确选择。于是，在一场悲剧（唯一的女儿含羞自尽、财物被骗、家庭名誉被贬损或被非议）之后，顾家认田氏为义女、鲁公子为上门女婿与田氏结为夫妻并博得功名，鲁、顾二姓有后人承继。总之，悲剧之后，其不失为一种皆大欢喜的结局。这种结局既符合冯梦龙的醒世意味或追求，又与普通读者的想象或欣赏品味相一致。

最后，我们要说的是：如果仅从书面上理解，朱元璋为其子民颁布的《大明律》等法律条文无疑堪称严明。但是，一如任何其他法律条文严明的朝代或时代一样，实际社会中的人们很可能并不总是会自觉地将自己的行为严格地纳入到法制的轨道。譬如，在冯梦龙的这篇《陈御史巧勘金钗钿》中，我们可以看到顾金事悔婚之时，或为了顾惜自家脸面甚至欲将未来女婿鲁学曾置于死地时是如此；那位令顾家千金阿秀羞愤而死的真凶梁尚宾更是如此——无论是身为官绅的顾金事，还是原本就是无赖的梁尚宾，在做出上述种种恶行之时，均在实际上置《大明律》于不顾。当然，对于上述两人的结局，冯梦龙做了不同的处理：顾佥事因为案件的当事人、其未来女婿（义女婿）的仁厚，获得宽宥；梁尚宾则罪不可赦。这也许可以从一个方面再次证实法律对于社会治理的必不可少的重要意义。因此，"通过法律的社会控制"（这里借用 20 世纪美国著名法学家罗斯科·庞德的一书名❶）无疑是人类社会发展到一定阶段的必然选择。

---

❶ 请参见［美］罗斯科·庞德著《通过法律的社会控制》，沈宗灵译，楼邦彦校，商务印书馆，1984 年 4 月第 1 版。

晚唐政治法制困境中的一抹亮色

故事模拟

故事正式开讲之前，先讲了西汉年间的两个人的故事。一个是汉文帝时期的宠臣邓通。一次文帝生疮，邓通居然"跪而吮之"；时为皇太子的景帝则借口不想如邓通那样为文帝吮伤，由是邓通益受恩宠，但为太子深恨之。后来，景帝即位后，找借口严惩邓通，使其最终饿死。同样在景帝朝，丞相周亚夫功高震主，景帝"寻他罪过，下之于廷尉狱中。亚夫怨恨，不食而死"。上述二人"极富极贵，犯了饿死之相，果然不得善终"。

邓通、周亚夫的事迹早在司马迁的《史记》中有专门的介绍，❶ 冯梦龙编辑的这篇故事与《史记》没有太大的出入：上述二人在事先均有人（相士）从所谓相理出发，预言其有饿死之相。当然，所谓相士之言当不了真。在专制社会，臣子的命运通常掌握在君主之手。就邓通而言，其受宠是因为有文帝的一手扶持；其失宠被饿死，则是因为早年得罪太子即后来的景帝。至于周亚夫，治军严格，平定吴楚七国之乱立下赫赫战功。但因在是否废立太子一事上，与景帝发生争执，固守自己的立场，不为景帝所喜；又因为在平定吴楚七国之乱时，出于大局考虑，没有及时救援处在叛军围困中的景帝胞弟梁孝王，被其衔恨；还因为反对皇后之兄王信无功封侯等事，逐渐失去景帝信任，最终被景帝找到借口下狱。因此，上述二人的悲剧性结局与其说

---

❶ 请参见司马迁《史记》卷一百二十五、卷五十七。

是面相有问题，倒不如说身为九五之尊的景帝为人忌刻、心胸狭隘所致。❶

有意思的是，冯梦龙的这篇小说并非沿着面相之说的思路径直走下去，而是话锋一转，力主另一说，即所谓"面相不如心相"。所谓"人定胜天，非相法之不灵也"，从而为正文的展开做好铺垫。

故事的正文或主要部分讲述的是唐朝裴度。这篇小说首先讲到裴度少年时期的一则故事：有人相他纵理入口，法当饿死。但是，贫穷少年裴度因为拾到三条宝带不昧，交还给失主，使得相士断言"足下骨法全改……""此乃大阴功，他日富贵两全，可预贺也"。❷

当然，作者并未止乎此。他要强调的是，"谁知他富贵以后，阴德更多。则今听我说义还原配这节故事，却也十分难得"。❸

故事重点讲的是唐宪宗元和十三年，裴度领兵削平淮南反贼吴元济，被拜为首相，进爵晋国公。慑于裴度威名，其他两处"积久负固"藩镇"上表献地赎罪"。宪宗"看见外寇渐平，天下无事"，于是大兴土木，并听信山人柳泌，"合长生之药"。"裴度屡次切谏，都不听"。宪宗又任命佞臣皇甫镈、程异分管度支、盐铁。裴度耻于与之同列，上表求退。宪宗不许，反说裴度好立朋党，渐有猜忌之心。为了避祸，裴度"乃口不谈国事，终日纵情酒色，以乐余年"。而四方郡牧，往往访觅歌儿舞女，献于相府。"裴晋公来者不拒，也只得纳了。"❹

晋州万泉县唐璧，初任括州龙宗县尉，再任越州会稽丞。之前聘下同乡黄太学之女小娥为妻，起先因为小娥待年未嫁，❺后来由于唐璧两任游宦都在南方，所以不曾婚配。

小娥长成后，美貌如花，且通于音律，箫管琵琶之类，无所不工。因此，晋州刺史捐钱三十万，让万泉县令求之为美貌歌姬之掌班。刺史、县令不顾小娥已经受聘的事实，强行将小娥送入裴府。

唐璧在会稽任满，打算回乡完婚，得知此变故，甚为不平，来到相府附近

---

❶ 关于汉景帝，有学者认为，其在轻刑、与民休养生息、削藩、巩固中央集权等方面卓有成效，与其父一道形成"文景之治"的中国封建社会的第一个盛世。但对臣下刻薄寡恩，如怨杀晁错，猜忌周亚夫，致亚夫不得食而死。请参见王家范、谢天佑：《中华古文明史辞典》，杭州：浙江古籍出版社，1999年，第489页。

❷ 参见冯梦龙、凌濛初：《三言二拍》（3）《喻世明言》，线装书局，2007年，第91—92页。

❸❹ 同❷，第92页。

❺ 秦汉至隋唐，婚娶程序仍基本沿袭古之"六礼"，其中又以"纳征"为中心，所谓婚姻论财。在婚龄方面，唐玄宗二十二年（734）规定：男15、女13以上听嫁娶。请参见顾鉴塘、顾鸣塘：《中国历代婚姻与家庭》，北京：商务印书馆，1996年，第91、94页。

住下，欲打探小娥消息。一个多月，仍无消息。

一日，吏部挂榜，唐璧授湖州录事参军。赴任途中，三十万钱连同历任文簿和告敕（赴任执照）尽遭强人抢去。悲泣的唐璧遇到一苏姓老者，其子苏凤华恰好是湖州武源县尉，苏老先生送唐璧新衣一套，白金二十两，权充路费。

唐璧回到吏部，将情由启禀，但难以令人信服，且身边银两"都在衙门使费去了"。回到店中，遇到一中年男子，与之交谈，将自己赴任途中的遭遇以及不得婚配之事等告诉对方。

次日傍晚，唐璧被请入相府。原来，前日与之交谈者正是裴度。裴度在确认黄小娥与唐璧有婚约之后，决定为二人主婚，并赠予唐千贯行资。事前又差人到吏部查实唐璧"前任履历及新授湖州参军文凭，要得重新补给。件件齐备，才请唐璧到府"。

此时的唐璧"有婚有宦，又有了千贯资装"，对于裴令公（裴度）万分感激，次日到裴府致谢，但令公预先吩咐门吏辞回，不劳再见。

后来裴令公寿过八旬，子孙蕃衍，人皆以为阴德所致。❶

点　评

这是一则发生在唐宪宗年间（805—820）的故事，故事的主人公叫裴度。而且，无论是唐宪宗还是裴度，历史上都确有其人。查阅相关研究资料，我们发现，故事所依托或借以展开的历史背景，均有一定的可信度。相比于唐朝前期，此期（或称唐朝后期）的政治、法制等状况不容乐观。

相关研究表明，唐宪宗基本上算得上是一位有所作为的君主。他即位后不久，面临的是"朝政败坏，藩镇跋扈，宦官专权，朋党相争，民众涂炭"的艰难时局，中央政府对于某些地方政权实际上早已失控。为改变这一极其不利的局面，宪宗选贤任能，整顿税制，减轻江淮民众负担，妥善兴兵讨伐叛乱，使得藩镇跋扈的现象告一段落，故史称元和中兴。遗憾的是，在藩镇势力并未根除的情况下，他又宠信宦官，好神仙方士，多服金丹，躁怒无常，后为宦官陈弘志所杀。❷

---

❶　参见冯梦龙、凌濛初：《三言二拍》（3）《喻世明言》，线装书局，2007年，第92—97页。

❷　请参见王家范、谢天佑：《中华古文明史辞典》，浙江古籍出版社，1999年版，第574页。

《旧唐书》卷十四、卷十五依次记载了宪宗的事迹，与上述相关研究基本相同。❶

至于裴度，在《旧唐书》有关宪宗的部分出现过。此外，其他一些相关研究同样会涉及这一重要的历史人物。例如，《中华古文明辞典》对他有专门的介绍，记载其数次为相，赐爵晋国公。❷ 更为详尽的相关研究表明：裴度字中立，河东闻喜（属今山西省）人，进士出身，曾任校书郎、监察御史、御史中丞、同中书门下平章事、中书令等职。裴度为人正直敢言，有将相之才，平定淮西之乱，消除藩镇割据势力，辅佐宪宗、穆宗、敬宗、文宗等数位君主，但为奸佞所排挤，加之皇帝时而昏庸，无法全面施展其才华，可谓生不逢时。❸

更为生动的相关著作，可以参见《唐：日落九世纪》。❹

以公元755—763年的安史之乱为转折点，是谓唐代后期，唐代的政治发生重大变化，致使其一步步走向衰亡。其中，宦官专权甚至左右君主的废与立、藩镇割据且尾大不掉以及朝廷内部的党争不断，构成唐王朝走向混乱的多重奏。在此极为不利的大背景之下，纵然如裴度这样的忠心、能干之臣也会为了避祸而自保。近年来，较为可信的学术研究表明，裴度的确一段时间内有退隐之意。但他不欲从政的想法在晚年才得以实现：太和四年（830）六月，裴度以年老（时年六十六）多病，恳辞机政，遂为司马、平掌军国重事（只参与大事），三五日一入中书。度见宦官用事，政治腐败，不欲从政，遂建房于东都集贤里，筑山穿池，竹木丛生；有风亭水榭，梯桥架阁，岛屿回环。又于午桥建别墅，花木万株，中起凉台暑馆，名曰绿野堂，引水贯其中，映照左右。视事之余，与诗人白居易、刘禹锡高歌畅饮，以诗酒琴书自娱；当时名士，皆从之游。❺ 如果以这段文字更为可信，则裴度的避祸自保不在宪宗朝，而是在其晚年。所以，冯梦龙编写的这个《裴令公义还原配》的故事至少在时间上就有存疑之处。当然，即便如此，抛开故事发生的时间是否准确不谈，单就该篇故事于不经意间透露出来的有关信息，也足以使我们对于裴度生活的唐代后期的政治、社会状况等有一些基本的了解。

首先，关于淮西平叛，实则从一个侧面反映出唐朝自安史之乱以后，藩镇

---

❶ 请参见（后晋）刘昫等撰《旧唐书》，刘后滨译，中国出版集团现代教育出版社，2011年，第41—52页。

❷ 请参见《中华古文明史辞典》，第606页。值得注意的是，该辞典注明裴度生卒年为765—839，以此推论，裴度享年74周岁，而非小说中所说的"寿过八旬"。

❸ 请参见邹元初编著《中国宰相要录》，海潮出版社，1996年，第295—298页。

❹ 请参见赵益著《唐：日落九世纪》，陕西师范大学出版社，2004年。

❺ 请参见邹元初编著《中国宰相要录》，海潮出版社，1996年1月第1版，第298页。

割据，尾大不掉的窘迫局面，而这一困境的形成，又与唐王朝政治制度的设置不无关系。

钱穆先生认为，唐代中央政府的组织似较汉代进步了，但以地方政府论，则唐似不如汉。唐代已渐渐进到中央集权的地步，逐渐内重而外轻。中央大臣，比汉朝要更像样些，但地方长官则较汉代为差。❶ 具体而言，与汉代不同的是，地方长官之掾属，其任用之权集中于中央吏部。而且，唐代地方官迁调虽速，但下级的永远沉沦在下级，轻易不得升迁。于是在官品中渐分清浊，影响行政实际效力极大。❷ 钱穆先生这里所说的下级地方官迁调甚速但难以升迁的情况，我们在前面《吴保安弃家赎友》中不难见到，故事中的吴保安就是一个典型。❸

当然，唐代地方政府设置的问题还不仅仅是这一点。导致唐亡的主要原因之一是藩镇割据，而这一现象的出现与其节度使多用武人且节度使在其治下所拥有的军事、财政、人权等方面的权力不无关系。这种本意想中央集权却适得其反的例子可谓比比皆是：东汉末年之州牧、唐代之节度使以及清代的巡抚和总督（位在布政使之上），莫不如此。❹

因此，无论是历史上真实的裴度，还是我们这篇小说中的裴度，与割据势力的斗争，均构成其政治生涯的一个重要组成部分，也是其功绩的一大亮点。

裴度数次拜相，使我们对于唐代政府中的宰相这一重要的官职有必要进行一定程度的了解。根据钱穆先生的研究，政府中最重要者为"相权"，因于相权的变动，一切制度也因之变动。可以说，汉宰相是采用领袖制的，而唐代宰相则采用委员制。具体而言，唐代宰相共有三个衙门（三省）：中书省、门下省、尚书省。此三省职权会合，才等于一个汉朝的宰相，而监察权还不包括在内。❺ 另有学者认为，唐代宰相无定职、定员，便于皇帝根据实际需要找人商议大事；宰相多为兼职，更便于随时撤换，不致专擅。❻

---

❶ 请参见钱穆著《中国历代政治得失》，生活·读书·新知三联书店，2001 年 6 月北京第 1 版，第 42 页。

❷ 请参见同上书，第 43 页。

❸ 详情请参见冯梦龙《喻世明言》第八卷"吴保安弃家赎友"。这是一个为了从"南蛮"手中赎出朋友郭仲翔，付出常人难以想象的努力的动人故事。从冯梦龙的这篇故事中，除了对于友谊、信义等的称赞，我们还可以窥见唐代的政治、军事、法律制度等信息。

❹ 请参见钱穆著《中国历代政治得失》，生活·读书·新知三联书店，2001 年 6 月北京第 1 版，第 45 页。

❺ 同上，第 323—324 页。

❻ 请参见叶孝信主编《中国法制史》（新编本），北京大学出版社，1996 年 10 月第 1 版，第 207 页。

在我们这篇小说中，裴度因为立下巨大功劳，"被拜为首相，进爵晋国公"。❶ 从当代学者的研究中，冯梦龙的上述说法也得到了印证：唐宪宗元和十二年（817 年）十月十七日，盘踞淮西的吴元济投降。之后不久，裴度班师回朝。此时，在朝宰相四人：裴度、王涯、崔群、李夷简，主持朝政的仍旧是裴度。❷ 因此，小说称裴度为"首相"是有道理的。

同样，小说中提到宪宗任命皇甫镈、程异分管度支、盐铁。裴度耻于与之同列，上表求退。宪宗不许，反说裴度好立朋党，渐有猜忌之心。上述说法，同样也不乏依据。从《旧唐书》的相关记载来看，皇甫镈其人祖、父均为官多年（位居刺史），他自己也是先后考中进士科和贤良文学制科，并非无才能，但却素无人望，只是以聚财敛物求媚于上。所以，任命他为同平章事的诏书下达后，众论哗然，裴度更是反对。但是，因为此时的宪宗以为天下太平，想要恣意玩乐，皇甫镈之流恰好能够投其所好，因此，在皇甫镈、李逢吉、令狐楚的共同排挤下，裴度被外派镇守太原，另一有为宰相崔群也在皇甫镈的挑拨下，被宪宗贬为湖南观察使。当然，皇甫镈不久在穆宗即位后被贬到蛮荒之地，并死在被贬的地方。❸

裴度所厌恶的另外一人程异的情况则比较复杂。早年程异在乡里以孝悌闻名，后来先后考取明经科、《开元礼》科，在扬州、华州等地担任县级官职，素有才能。贞元（785—805）末年，程异被提拔为监察御史等职务，属于王叔文（753—806，唐代政治改革家）一党。王叔文倒台后，他也被贬。后来，经人推荐，先后出任卫尉卿、盐铁转运副使、（兼任）御史大夫、工部侍郎、同中书门下平章事等职。程异自知难以胜任宰相之职，于是谦逊自守，一个多月，也没敢掌印执笔，并自请出任军政混乱的西北边州。朝议未决之际，无疾而终。❹

因此，我们基本可以确定，在宪宗朝（805—820）末期，裴度因为种种原因失去了宪宗的信任，被皇甫镈、李逢吉、令狐楚等人排挤出京，镇守太原，而非继续留在京城，"乃口不谈国事，终日纵情酒色，以乐余年"❺。真实的情况是：裴度在六十六岁以后，才自动选择退出政治旋涡的中心。但仍为司

❶ 参见《三言二拍》（3），第 92 页。

❷ 参见赵益著《唐：日落九世纪》，陕西师范大学出版社，2004 年 10 月第 1 版，第 154 页。

❸ 请参见（后晋）刘昫等撰《旧唐书》，刘后滨译，中国出版集团现代教育出版社，2011 年 5 月第 1 版，第 45—47 页。

❹ 同上，第 42—43 页。

❺ 参见《三言二拍》（3），第 92 页。

马、平掌军国重事（只参与大事），三五日一入中书。这段文字显示，即便到了晚年，裴度也没有完全离开政治舞台。

所以，我们这篇小说至少在时间和地点上是存在问题的。至于晚年的裴度（六十六岁一直到七十四周岁去世）是否在绿野堂接纳四方州郡献上来的众多歌儿舞女，尚无足够的文献记载可以证实。

还是回到这篇小说。因为有前面提到的裴度耻于与皇甫镈、程异同列为相，使得宪宗不快，裴度因而避祸在家，表面上以纵情酒色以求自保，所以才引出义还原配的故事。故事情节的复杂性这里就不必展开了，仅从故事本身来看，即牵涉当时的政治、社会等诸多信息。

先从唐壁这一重要人物说起。小说中的唐壁，"曾举孝廉科，初任括州龙宗县尉，再任越州会稽丞"。

根据龚延明教授的相关研究，唐代孝廉科的设置可分三个阶段，分属三种类型：一是唐初沿隋制，保留孝廉科，属常科；二是贞观十七年，手诏举孝廉茂才异等之士，此举孝廉，属制科；三是代宗宝应二年，应礼部侍郎杨绾之奏请复孝廉科，至德宗建中元年诏罢孝廉科，即自宝应二年至建中元年，这十余年间又曾设孝廉科，此乃常科。之后，终唐之世，不复设孝廉举。❶ 经查，宝应二年即763年；建中元年即780年。如此，则小说中提到的唐壁曾举孝廉科，至少在时间上是勉强站得住脚的。当然，这也带来一个问题：假设建中元年（780）诏罢孝廉科，而我们如果又假设唐壁是在此前的最后一年即779年举孝廉科的话，以他当时即使是15岁计算的话，那么，到故事中的裴度接纳四方郡牧献来的歌儿舞女，时间已经过去近40年，这个时候的唐壁也已经是50多岁的人了，与小说中"年方二九"的黄小娥在年龄上可谓相去甚远。

小说中的"括州"为隋唐时代行政区划名，即处州，两名择一使用，更迭颇繁。❷ 经笔者推断，括州在今天的浙江境内。关于"越州会稽"，唐天宝元年（742年）改越州为会稽郡，领七县：会稽、山阴、诸暨、余姚、剡、萧山、上虞。乾元元年（758年）复为越州。❸ 所以，小说称"唐壁两任游宦，都在南方"❹。

关于县尉，我们并不陌生，第八卷的主人公吴保安就曾就任此职。据相关学者的研究，县尉，官名，秦末始设，为县令、长主要属官。唐武德七年

---

❶ http://www.xjass.com/ls/content/2013 - 01/20/content_ 262011. htm，访问日期：2013 - 05 - 29。

❷ http://baike. baidu. com/view/1942957. htm，访问日期：2013 - 05 - 29。

❸ http://www. baike. com/wiki/% E4% BC%9A% E7% A8% BD，访问日期：2013 - 05 - 29。

❹ 参见《三言二拍》（3），第92页。

（624）仍复旧称；高宗以后始为品官，多作科第出身者初阶。品秩自从八品下至从九品下不等。❶

县丞，官名，战国时秦国始设，为县长、令主要属官。唐初曾为流外官，高宗以后复为品官，其秩自从七品至从九品上不等。❷ 这样看来，唐璧是科举入官，但官阶较低。至于在乡里为何没有完婚，小说也交代得清楚：因小娥尚在稚龄，等年未嫁。❸

"太学"一词在冯梦龙的小说中并不少见。例如，《醒世恒言》第二十九卷《卢太学诗酒傲王侯》的主人公就是一名"太学"。该名词本义为古代大学，始自西周，唐初盛极一时。唐宋时，太学与国子学并存。❹ 根据笔者推测，这里，所谓"太学"是指在太学受过教育的人士。"黄太学"很可能就是在当时的太学求过学。

至此，这篇《裴令公义还原配》的真实性就很值得我们怀疑了。而且，即使我们假设这个故事成立，那么，故事的主人公裴度对于四方郡牧送来的所谓歌儿舞女一概来者不拒的态度，也是不大令人信服的。因为，依照《唐律》第137条的相关规定，裴度极有可能犯有受贿罪，而小说中提到的这些四方州牧则很可能构成行贿罪。依照《唐律》相关规定，对于受贿与行贿的惩罚是相同的。❺ 在当时如此复杂多变的政治环境下，裴度的政敌皇甫镈之流是不会放过这种加害裴度的机会的。精明、正直如裴度者，不会不注意到这一点。当然，考虑到唐代后期政治以及法制等的败坏，或许整个社会风气相对较为糟糕，裴度的政敌有可能不会以此作为攻讦他的把柄。还有一种可能，裴度与那些讨好他的郡牧因此获罪，但因为八议之人以及七品以上官员犯罪可以减一等量刑；或者，依照《唐律》，裴度可能享受官当这一法律上的特权。但是，当代相关研究表明，若犯十恶、受财枉法等罪，不适用减刑；而从唐代的司法实践来看，官吏犯赃罪一般不允许以官当罪。❻

这里，关于"郡牧"，有人认为就是郡守，亦即郡的行政长官。❼ 查近年

---

❶ 请参见《中华古文明史辞典》，第61页。

❷ 参见同上辞典，第61页。

❸ 参见《三言二拍》（3），第92页。

❹ 请参见《中华古文明史辞典》，第288页。

❺ 请参见彭炳金著《唐代官吏职务犯罪研究》，中国社会科学出版社，2008年6月第1版，第52—53页。

❻ 请参见彭炳金著《唐代官吏职务犯罪研究》，中国社会科学出版社，2008年6月第1版，第135—136页。

❼ http://baike.baidu.com/view/6617697.htm，访问日期：2013-05-30。

来国内相关研究成果，发现如果这里的"郡牧"视为"郡守"的话，其很可能就是郡太守，而郡太守这一官职最早见之于春秋时期的秦、晋等国，当时，这些国家在边地设立这一行政区划。及至隋炀帝大业三年（607年）及唐玄宗天宝元年（742年）曾重设郡太守一职，寻废。❶ 另，国内较为权威的高校历史教材中提到，唐高祖即位后，改隋炀帝所设郡为州，地方上实行州县二级制，县置令1人，州是县以上的行政区划，其长官为刺史。玄宗天宝年间改州为郡，刺史称太守。❷ 因此，小说中出现"郡牧"二字未必正确。这一点，从后来小说称晋州刺史来看，❸ 可以得到印证。

小说中说到，晋州刺史为奉承裴度，要在所属地方选取美貌歌姬一队进奉，已有五人，还缺一个出色掌班的。"闻得黄小娥之名，又道太学之女，不可轻得，乃捐钱三十万，嘱托万泉县令求之。"❹ 这里，涉及几个值得注意的问题：其一，歌姬的地位。其二，刺史捐钱三十万是个什么概念？此钱从何而来？其三，对于黄太学之女（且早已许配），县令可以如此求之吗？

先看第一个问题，即歌姬在当时的地位。笔者认为，这里的歌姬应该属于乐户。考察乐户，我们知道，乐户亦称乐工、乐人，古代杂户的一种，专门从事吹弹歌唱，名入乐籍，身份低于良人，高于奴婢。一说有私有财产，属太常寺，为半自由民。直至清雍正时，除去乐籍，乐户方得改业为良。❺ 至于黄太学之女，当属良人，所以，"不可轻得"。国内学者的相关研究指出，唐朝政府在统计户口的同时，还有根据各户的资产和人丁状况划分等级的户等制度。隋朝和唐初武德年间划分为三等，贞观九年（635年）划为九等。户等制度是户籍制度的分支，每三年一评定，附注在户籍簿中。❻ 由于身份等级制曾经是人类社会较为普遍的现象，这一情况在唐代也并不例外。有学者认为，户籍对于固定人们的身份的作用主要体现在两个方面：第一，身份属籍，既是职业身份，又是社会身份的等级标志；第二，户籍身份，是选官入仕的资格凭证。❼ 在古代中国相当长的一段时间以来，士农工商等被认为是四种恒业。其中，士

---

❶ 请参见《中华古文明史辞典》，第59页。

❷ 请参见张国刚、杨树森主编《中国历史·隋唐辽宋金元卷》，高等教育出版社，2001年7月第1版，第51页。

❸ 请参见《三言二拍》（3），第92—93页。

❹ 同上，第92页。

❺ 请参见《中华古文明史辞典》，第11页。

❻ 请参见张国刚、杨树森主编《中国历史·隋唐辽宋金元卷》，高等教育出版社，2001年7月第1版，第105—106页。

❼ 请参见姚秀兰著《户籍、身份与社会变迁——中国户籍法律史研究》，法律出版社，2004年12月第1版，第176—186页。

为四民之首，其地位之高不言而喻。从这篇小说来看，黄太学当为士人，故而，晋州刺史"乃捐钱三十万，嘱托万泉县令求之"。

三十万钱在当时是个什么概念？有网友认为，其可以换成今天将近 4 斤黄金，即相当于今天的 69.405 万元。如果要买官，可以在唐代买个大官的职位。❶ 笔者不太清楚这一推断是否确切，但至少应有一定的参考价值。无论如何，三十万钱在唐代不会是一个小数字。我们不太清楚晋州刺史的年收入多少、是否需要养家糊口等等，单从一个捐字可以看出，上述三十万钱不会是他的正常收入。如果是其非法所得，则这位刺史无疑会受到法律的严厉制裁。

再看万泉县令在小说中的表现。即对于黄太学之女（且早已许配），县令可以如此求之吗？小说中写到，接到晋州刺史的"嘱托"后，万泉县令遣人到黄太学家致意。黄回答："已经受聘，不敢从命。"县令再三求之，黄太学只是不允。后来的情况是：县令得知黄太学举家扫墓，只留小娥在家，于是带人留下三十万钱作为身价，将小娥强行带到晋州刺史处交割。黄太学先后到县、州，均难见女儿一面。这里，县令和刺史二人在明知小娥为士人之女且已受聘，但却为了巴结裴令公，强行将之送往晋国公府，可以说是在以身试法。当然，如果裴度知道小娥已经许配人家，却依然接受下属将之作为歌姬奉献进府，则裴度无疑很可能面临巨大的政治、法律风险。因为，在唐代，女方"受聘财"意味着其已收受男方作为聘礼的财物，这是婚约成立、得到法律确认的关键。❷ 而以权谋私、枉法贪赃是《唐律》重点打击的对象之一。❸

再说唐壁。得知自己的未婚妻被强送到相府，他非常气愤，打算到州、县官处，"与他争论"。倒是黄太学担心他如果与裴令公作对，"恐于贤婿前程不便"，故而再三劝解，希望他早往京师听调，得了官职，然后徐议良姻。来到京城，唐壁多次来裴府打探小娥消息，自然无果。一个多月后，吏部挂榜，唐壁被任命为湖州录事参军。不料，唐壁在赴任路上遭劫，随身三十万钱、行囊以及历任文簿以及告敕（赴任的执照）尽数被抢，苍头（私家奴仆）也生死不明，只剩他一人侥幸生还。故事最后的结局自然是皆大欢喜，在此毋庸多言。

这里的问题是：如果唐壁执意与县、州官、裴度"争论"，即采用当事人

❶ http://blog.qq.com/qzone/622008517/1333305475.htm，访问日期：2013-05-30。

❷ 请参见叶孝信主编《中国法制史》（新编本），北京大学出版社，1996 年 10 月第 1 版，第 202 页。

❸ 请参见上书第 190 页。另请参见彭炳金著《唐代官吏职务犯罪研究》，中国社会科学出版社，2008 年 6 月第 1 版。

自行协商处理的办法，未尝不可能成功。当然，如果对方执意阻扰或避而不见（这种可能性极大，故事中也讲到"侯门一入深似海，从此萧郎是路人"，唐壁做了很大努力要想进入相府，也无可能），则唐壁几乎就没有机会。如果唐壁告官，因为当时特殊的政治环境（裴度的政敌此时把持朝政，很有可能借此机会使得裴度更为难堪），也未尝不会成功。但是，从实际操作的层面来说，提起诉讼（即所谓告诉）有严格的程序规定，必须由下到上，从县、州到中央依法定程序上诉，不许越诉。有严重冤案被压抑不能申诉者，还可以向皇帝直接告诉。当然，唐律对于滥诉、诬告等，也有较为严厉的惩罚性规定，各处以笞刑、流刑、反坐等。❶

另一个问题：中国古代官员赴任路上，未必都太平无事。这种事例，至少在《三言二拍》中多次出现，说明即便是所谓太平盛世，此类事件也会发生，治安状况并不尽如人意。当然，对于此类恶性案件，历代王朝均会予以严厉打击。例如，《唐律》对于"强盗"的规定十分严厉：诸强盗，不得财，徒二年；一尺徒三年，二匹加一等；十匹及伤人者，绞；杀人者，斩。其持杖者，虽不得财流三千里；五匹，绞；伤人者斩❷。

小说介绍，打劫唐壁的是一伙"强人"，这就意味着是一起共同犯罪。依据唐律的相关规定，共同犯罪原则上分别首从定罪。❸

唐壁的悲剧主要不是三十万钱的丢失，而是历任文簿、告敕（赴任的执照）的丢失，这意味着他"连官也做不成"。这一困境从小说后来的描述中我们可以清楚地感受到。想来古时的官员身份证明确实不如我们今日如此便利，但其问题的最终解决却也使我们心生疑惑——等到裴度了解实情后出手，一切都不是问题。原来，要查清唐壁的身份也并非十分的困难。吏部后来因为裴相的干预，不是查清了他的前任履历及新授湖州参军文凭，重新补给了吗？答案是：先前同样的官吏办理此事并无压力，即便是给钱也不办事。后来的顺畅则是因为宰相大人的压力。事情由难变易，足以说明唐代后期的政风至少已经变得较为糟糕。

最后，再说说唐代官员的考课，这一情况在之前的《吴保安弃家赎友》中我们有所认识。考课是对官员工作业绩的评定，一般每年一次，称为小考；

---

❶ 请参见叶孝信主编《中国法制史》（新编本），北京大学出版社，1996年10月第1版，第225页。

❷ 请参见（清）薛允升撰《唐明律合编》，李鸣、怀效锋点校，法律出版社，第508页。

❸ 请参见叶孝信主编《中国法制史》（新编本），北京大学出版社，1996年10月第1版，第178页。

任满时（一般三四年一任）进行一次总的考评，称为大考。考课工作第一步是官员自我鉴定，然后本部门长官提出初步考评意见。京官十月以前、外官十月二十五日以前，必须把考课材料报送到尚书省。考课标准有四善二十七最：四善是对官员个人品德、个人作风和态度方面提出的要求；二十七最是根据不同的工作岗位和职责提出的最高标准。根据这些标准，将官员的考课等级定为上上到下下九等。凡是中上以上考，奖励俸禄；得中中考，可以保禄安位；中下，就要罚俸了。❶

小说中提到，"再说唐壁在会稽任满，该得升迁"❷。据此，我们可以推断，其考课应当不成问题，所以才会有升迁一说。

结　语

从这篇真实性颇值得怀疑的故事中，我们还是可以感受到裴度的工作作风或曰为人处世的风格。小说中提到，在一应事情完全调查清楚、办理到位之后，即"件件齐备，才请唐壁到府"❸。

所以，即便冯梦龙的这篇白话小说很可能是一个虚构的故事（虽然不乏一定的史实），作为中兴明相的裴度的形象还是跃然于纸上。此外，在晚唐的令人多少感到有些灰暗的政治、法制环境中，我们由此还可以见到一抹亮色和感受到一丝温暖。

---

❶　请参见张国刚、杨树森主编《中国历史·隋唐辽宋金元卷》，高等教育出版社，2001年7月第1版，第57—58页。有的学者认为，唐代官员考课，中中以上可以升官、加禄，中中以下降官、夺禄，情节严重者罢官，或依律惩治。唐初吏治较好，与厉行官吏考课制度密不可分。请参见叶孝信主编《中国法制史》（新编本），北京大学出版社，1996年10月第1版，第211页。

❷　请参见《三言二拍》（3），第93页。

❸　同上，第96页。

一言难尽的"贤明有司官"

故事梗概

　　明朝永乐年间（1403—1424），北直顺天府香河县有一退休太守倪守谦（字益之）"家累千金，肥田美宅"，十分富有，有一独生子名叫善继。倪太守罢官鳏居，虽已七十九岁，但身体健旺，凡收租放债之事，均亲自过问。一日，在收租时，见到一个年方十七的孤女梅氏（府学秀才之女）颇为动人，遂在管庄的帮助下，避开自己的儿子善继，通过梅氏的外婆，"就在庄上行聘，庄上成亲"。过了三朝，携偏房梅氏回家与众人相见。儿子善继对此不满。

　　一年之后，梅氏生下一子，取名善述。五岁时，倪太守有意送他与孙儿同馆上学，但长子善继却另聘先生。倪太守知道后，不由大怒，又因为跌倒，中风卧床不起。

　　自知将不久于人世的倪太守唤来长子，将家私簿交给他，作为日后照顾善述和梅氏以及分家的凭证。

　　发誓守志终身的梅氏得到倪太守的一幅一尺阔三尺长的小轴子《行乐图》，后者叮嘱她暗地收藏，到善述成人，"等得个贤明有司官来，你却将此轴去诉理，述我遗命，求他细细推详，自然有个处分，尽够你母亲二人受用"。❶

　　善述十四岁时，因为讨要绢做衣服与长兄善继发生冲突。恼怒之余的善继于次日邀族人在家，"取出父亲亲笔分关，请梅氏母子到来，共同看了"，

---

❶　请参见冯梦龙、凌濛初：《三言二拍》（3）《喻世明言》线装书局，2007 年版，第 101—102 页。

当着众人之面，分家析产。梅氏母子得东庄住房一所，田五十八亩，其余财产尽归善继所有。

数日后，不服气的善述到前村寻访师父讲解（功课）时，偶然得知本县新任大尹滕爷审案如神，回家与母亲商议，打算不日起诉。接到《行乐图》而无状纸的知县滕大尹起初百思不得其解，数日后，一个偶然的机会使他获得隐藏在轴子中的倪太守遗笔。于是，大尹差人先拘唤善继了解情况，次日来倪家当众公开审理这起分家析产案件。❶

案件审理结果：滕大尹在确认倪家两位兄弟对于父亲生前亲笔分家析产的遗嘱（遗笔分关）并无异议之后，判决将分关上写明的田园账目分给善继，旧屋（即东庄住所）及此屋中的所有（东西），均归善述所有，不得争执，在场的众亲族都来做个证见。随后，大尹命人在众目睽睽之下，挖出旧屋地下埋藏的十坛银子（共 1 万两），判给善述母子，一坛金子（千两）则被大尹假借倪太守之灵攫取。

有此厚资，善述遂成富室，其三个儿子均读书成名，光大倪家门户。善继死后，其两个儿子游手好闲，家业尽数卖与叔叔善述。知情者均以为此乃天报。

点　评

这是一篇涉法程度较深的小说，历来也比较多地受到读者的关注。在本文作者看来，之所以如此，或许是因为故事的复杂性，尤其是审理这一家庭财产争讼案件的滕大尹的"鬼断"❷。

财产继承古今中外均非小事，牵涉人员通常众多，对于家庭乃至社会的影响不可谓不大，在法学论著中其是一个不可缺少的部分，也是一些著名文学家

---

❶ "县尹"本是元代对于县令的称呼，明清称知县。请参见陈茂同：《中国历代职官沿革史》，百花文艺出版社，2005 年版，第 588 页。笔者猜测，这里冯梦龙称县尹，可能沿用元代的称呼。至于小说中称"滕大尹"，应该是对于滕知县的尊称。

❷ 按照笔者的理解，所谓"鬼断"意味着审理这起家庭内部兄弟之间财产争讼案的县官大人滕大尹实际上并未按照常理出牌。也就是说，按照常理或法律的规定，作为案件的主审官员，滕大尹应当依照立遗嘱人也就是已故太守倪守谦（字益之，即冯梦龙的这篇小说中提到的倪太守）的真实意愿分配倪家的财产。但是，由于此案的复杂性或曰立遗嘱人倪太守生前对于其长子倪善继歹毒心性的忌惮，出于保护其后妻（妾）梅氏及其幼子善述的考虑，故而以一种颇为曲折或隐晦的方式将自己的遗嘱巧妙地隐藏在《行乐图》中，并期待在他去世后，"得个贤明有司官来"，妥当地处理家庭财产的继承问题。这也就给滕大尹"鬼断家私"、中饱私囊提供了可乘之机。

比较关注和描述的题材抑或对象。例如，19 世纪英国著名的文学家狄更斯（1812—1870）在他的一些长篇小说中均涉及因为遗产所引发的种种家庭或家族内部长达若干年甚至几代人的争夺。其中，颇为典型或极端的例子就是他的著名小说之一《荒凉山庄》。这部小说描写了由于立遗嘱人的原因（遗嘱含混不清）、法律的迁延、律师的贪婪、司法制度的陈腐不堪以及该遗嘱相关人员的身不由己等导致一桩继承案件居然跨越数十年、两个世纪而未能审结，抒发了狄更斯对于英国司法制度尤其是大法官庭的揭露和批判。❶

同样，冯梦龙的这篇小说主要讲述的也是财产继承，它的最终解决抑或较为完满的结局也并非一次就成功，而是迁延了大约十年的时间，其中的曲折亦非今天的我们所能想象。有所不同的是，这桩继承案件涉及的人员也许不如《荒凉山庄》多，特别是它在时间上远不如《荒凉山庄》中的继承案如此之迁延，以致遭到作者狄更斯的强烈抨击。而且，幸运的是，冯梦龙这篇故事的结局尽管不无缺陷，但它还是呈现出光明的一面。

关于财产继承，有学者认为，它是指财产所有人死亡或宣告死亡之时起，按照法律的规定将死者遗留下来的财产转移给他人所有的一种法律制度。❷ 在我国，对于财产继承的关注，至少自西周以来在相关法律上即有所规范。❸ 在西方，至少从两千多年前的古希腊开始，"为私有财产辩护一直是哲学、神学和法律话语的一个特征"❹。

冯梦龙的这篇故事发生在中国明代永乐年间的北直顺天府香河县，主要围绕父亲倪太守去世后，两个儿子对于其遗留的财产所产生的纠纷。❺ 当然。与冯梦龙小说的主要风格相一致，这篇小说中教化、因果报应的因素同样十分浓

---

❶ 请参见牟雷：《雾都明灯 狄更斯传》，河北人民出版社，1999 年版，第 167—179 页。关于狄更斯的《荒凉山庄》中文全译本，请参见［英］查尔斯·狄更斯：《荒凉山庄》（上下册），张生庭、张宝林译，长江文艺出版社，2009 年版。

❷ 请参见刘春茂：《中国民法学·财产继承》，中国人民公安大学出版社，1990 年版，第 1 页。

❸ 请参见叶孝信：《中国法制史》（新编本），北京大学出版社，1996 年版，第 37 页。

❹ 请参见［英］彼得. 甘西著《反思财产——从古代到革命时代》，陈高华译，北京大学出版社，2011 年版，第 1 页。

❺ 明成祖朱棣于 1399 年以"清君侧"为名，起兵反叛，于 1402 年夺得帝位，次年改元永乐（1403—1424），明惠帝（建文帝）不知所终。请参见郭成康、王天有、成崇德：《中国历史·元明清卷》，高等教育出版社，2001 年，第 126—129 页。明清时期，北京地区称为顺天府。http: // baike. baidu. com/view/738585. htm，访问日期：2013 - 06 - 02。香河位于京津之间，隶属河北省廊坊市。在《滕大尹鬼断家私》中，明确指出其隶属当时的顺天府。请参见冯梦龙、凌濛初：《三言二拍》（3）《喻世明言》第十卷，线装书局，2007 年版，第 99 页。说明：以下文本同上。"太守"本是战国时郡守的尊称，明清时专指知府。请参见陈茂同：《中国历代职官沿革史》，百花文艺出版社，2005 年版，第 551 页。

厚。为了彰显这一主题，作者在篇首特意附词一首：玉树庭前诸谢，紫荆花下三田。埙篪和好弟兄贤，父母心中欢忻。多少争财竞产，同根苦自相煎。相持鹬蚌枉垂涎，落得渔人取便。❶

故事先后出现几次冲突。颇为富有、年近八旬的倪太守（"罢官鳏居"），居然娶了一位十七岁的少女梅氏，并于次年生下一子，引起其长子（原来的独生子）的不满和不理解，这也是这场遗产官司的由来。更大的冲突在数年后——倪太守去世，家产的争夺趋于明显，其长子善继获得对于遗产几乎完全的支配权，梅氏与幼子善述贫苦不堪。这之后的十年，十四岁的善述终于将矛盾引向总爆发，于是，貌似公正、公开的兄弟俩的分家在所难免。当然，事情的最终解决得益于一位"贤明有司官"，即香河县新任知县滕大尹。

应当说，在古代中国社会，对于财产继承的相关制度性规定相对还是较为开放和公平的。相关文献表明，早在汉代，已经出现遗嘱继承。而且，庶子、女儿也有财产继承权。❷ 这一点，较之于长期以来主要实行嫡长子继承制度的西欧一些国家来说，无疑是一种进步。❸

考察明代有关财产继承的法律制度，我们发现，其原则上采用"嫡庶无别，诸子均分"❹。

对于遗嘱继承，明代的法律并无明文禁止之规定。具体到我们这篇故事，倪太守的遗嘱（书面）实际上有两份：一份是在他临终之前对于长子善继的嘱托，并业已形成文字于"家私簿"上。这份看来十分偏向长子的遗嘱，实则是对于偏房梅氏与庶子善述的保护。还有一份遗嘱，巧妙地藏于《行乐图》内，可谓对前述遗嘱的更正和推翻。在笔者看来，之所以会出现这两份前后不一致的遗嘱，应当是倪太守对于世事人心的深刻洞察之后，做出的一种较为妥善的安排。而且，大致说来，即便幼子兼庶子的善述得到了白银万两，因为长子善继早已获得其他的数量不少的良田、美宅及部分不动产，因此，两个儿子

---

❶ 请参见冯梦龙：《喻世明言》第十卷，线装书局，2007 年版。很明显，冯梦龙在小说中的这首诗表达了自己的喻世思想。

❷ 转引自叶孝信主编《中国法制史》（新编本），北京大学出版社，1996 年 10 月第 1 版，第 107 页。

❸ 例如，在中世纪的英国盎格鲁－撒克逊时期（约 5 世纪中叶至 1066 年），依据古不列颠法，长子继承父亲的爵位，但普通的土地与财产由所有儿子平均继承。1066 年诺曼征服以后，由于军事土地保有制度的引入，除肯特郡外，英格兰其他地方各种不同保有形式的土地均普通适用长子继承制的原则，肯特郡则长期适用诸子平分的继承规则。请参见郭义贵、方立新主编《外国法制史》，清华大学出版社，2010 年 8 月第 1 版，第 207 页。

❹ 请参见叶孝信主编《中国法制史》（新编本），北京大学出版社，1996 年 10 月第 1 版，第 321 页。

分到的财产份额不会有太大的区别。

这个故事的偶然性就在于：如若家产能够获得相对公平的分割，使得幼子善述及其后代获得较为有利的生存、发展的机会，则希望几乎只能寄托在一位"贤明"的官员身上。否则，故事最终难以出现一个令普通读者颇感欣慰的结局。因此，在阅读这篇故事的时候，我们会理解中国古代"嫡庶无别，诸子均分"的原则确实很美好、很人性化。但是，在现实生活中真要实行起来或者操作的时候，却并没有那么容易。

应当说，小说中作为反面人物出场的长子善继（包括其妻）表现得并非如此的穷凶极恶。至少，他手持父亲生前亲笔遗嘱，于法理上、情理上似乎并无太大的问题。当然，最终，他为自己的自私、狭隘付出了一定的代价。

进一步分析，我们不难发现，关于倪太守对于家产的处分，似乎还有更好的办法。其藏迷似的遗嘱，引发即便是如滕大尹这样的所谓贤明官员的贪欲，不能不说是一种颇为有缺陷甚至危险的安排。这就是我们能够理解的一个基本的事实：在面对具体、棘手的法律问题时，作为当事人，我们都可能难以做出最佳的抉择。

作为一名较为理想抑或贤明的官员，故事中的滕大尹在处理倪氏兄弟家产案之前，还处理过其他一些案件。为了表明其名实相符，故事通过善述的偶然旁听，通过第三人（冤案平反者）之口，讲述了滕大尹对于其前任漆知县的一起冤狱的纠正：甲首成大，某日与同甲赵裁（裁缝）酒后发生争执，并毁损赵家的家私数件。不久，赵裁死尸被人发现，报与官府，前任漆知县听信赵妻刘氏一面之词，将成大"问成死罪"。同甲因为"不行举首，连累他们都有了罪名"。新任知县滕爷经过重新审理该案，发现真凶为裁缝沈八汉。早就与沈八汉勾搭成奸的刘氏事后一个多月改嫁给沈并得知实情，却未举报，故与沈抵罪，成大则释放宁家。❶

上述成大冤狱本意在于显示滕大尹的断案如神，但却在无意中至少揭示了以下诸多信息：

明代实行保甲制。我们知道，保甲是古代中国社会维护社会治安的地方基层组织，始于商鞅在秦国的变法，明代保甲制和里甲制混合实行。❷有学者认为，在早期国家的控制能力低下以及信息严重不对称的情况下，连坐和保甲制度属于一种强有力的激励方式。在"小政府"的前提下，连带责任有效地利

---

❶ 请参见《三言二拍》（3），第105—106页。

❷ 请参见王家范、谢天佑：《中华古文明史辞典》，浙江古籍出版社，1999年版。第20页。

用了分散化的信息，对维护国家的大一统以及社会稳定起到了重要的作用。❶
故事中遭受冤狱的成大就是所谓"甲首"，因为同甲没有举报其犯罪嫌疑，受
到连累。

刑讯在古代中国是官府在审讯过程中获取口供的主要手段之一，所谓
"人是苦虫，不打不招"❷。就这篇故事而言，滕大尹在针对嫌疑人沈八汉和刘
氏时，都动用了刑讯手段（分别为夹棍和拶指，均为酷刑），似有刑讯逼供之
嫌。当然，滕大尹并非只依靠刑讯手段，否则，其与一般的昏庸官吏并无区
别。其高明之处在于：除了刑讯，他利用的是相关证据以及嫌犯的破绽或不合
常理之处。

回到故事正题，即滕大尹鬼断家私案。前已述之，当初，倪太守临终前的
遗嘱（书面）和他巧妙地藏匿在《行乐图》中的另一份遗嘱（小说称"遗
笔"）对于遗产的处分是有矛盾之处的。具体而言，其临终前的书面遗嘱处分
的是田宅及"人头账目总数"，而在《行乐图》中的遗嘱处分的是金银。❸ 当
然，我们理解，倪太守之所以做出这样的安排，主要还是因为长子善继的狭
隘、自私所致。作为一位八旬以上的老人，倪太守要尽可能考虑到幼子善述及
其遗孀梅氏的利益。

小说之所以冠名为《滕大尹鬼断家私》，是因为尽管倪太守作为一名在官
场多年、对于人性有深刻洞察的老者很可能知道当时官员的贪腐，故而在隐藏
于《行乐图》中的遗笔中明确表示愿意由幼子"述儿奉酬白金三百两"。但
"贤明"如滕大尹者亦私欲难填，将一坛金子（千两）巧妙地占为己有。

最后，本文作者还想说的是：冯梦龙这篇小说中的立遗嘱人（被继承人）
倪太守生前拥有偌大的家私（财产，既包括不动产，如土地、房屋，又包括

---

❶ 请参见张维迎、邓峰：《信息、激励与连带责任——对中国古代连坐、保甲制度的法和经济学
解释》，载《中国社会科学》，2003 年第 3 期。

❷ 关于古代中国刑讯逼供的概况，请参见郭建著《五刑六典——刑罚与法制》，长春出版社，
2004 年 1 月第 1 版，第 198—202 页。

❸ 请参见冯梦龙：《喻世明言》，第 101—102 页；第 106 页。笔者以为，这里"人头"很可能指
的是倪家的家仆、佣人。在其他的故事中，诸如《蒋兴哥重会珍珠衫》中，我们都可以见到家庭中蓄
养的奴婢的情形。关于明代奴隶和奴变，吴晗先生（1909—1969）的专题研究中有专门的描述。请参
见吴晗著《明朝三百年》，国际文化出版公司，2011 年 10 月第 1 版，第 179—184 页。所以，我们也可
以更好地理解为什么冯梦龙在这篇小说中强调倪太守后来娶的小妾梅氏的父亲是个"府学秀才"。否
则，其可能触犯良贱不得通婚的法律规定。关于秀才，有学者的专题研究表明，其是明清时期科举考
试中的第一级即童试的过关者，相当于今天的学士，并因此获得政治、经济的特权，进入中国绅士阶
层。对于明代的科举和绅士特权，吴晗先生有专门的研究，并抨击甚多。请参见吴晗：《明朝三百年》，
国际文化出版公司，2011 年版，第 185—187 页。

大量的动产如金银等，还包括家中使唤的奴婢❶）。换言之，倪太守是一位已经退休的官员，但同时也是一位大财主。其如此之多的家私（财产）从何而来也就成为一个问题。对此，冯梦龙在小说中并未做交代。作为读者的我们，也就只好做一番猜测：如果不属于继受取得的话，那么，倪太守的万贯家私则极有可能由其在任职期间非法取得。

结　语

　　冯梦龙的这篇白话小说《滕大尹鬼断家私》应当属于其编撰的"三言"中的一篇不俗的作品。因为其涉及当时的法律尤其是明代官员的司法活动，故而落入我们的研究视野，亦属寻常。

　　小说一开头就是一首词牌为《西江月》的古词：玉树庭前诸谢，紫荆花下三田。埙篪和好弟兄贤，父母心中欢忭。多少争财竞产，同根苦自相煎。相持鹬蚌枉垂涎，落得渔人取便。毫无疑问，冯梦龙这里引用这首词，其意在于劝喻世人尤其是兄弟之间和睦相处，不要在财产问题上争执，以免鹬蚌相争，渔翁得利。为此，在这篇小说的引言中，冯梦龙一改其一贯的风格，不再讲述一个相关的故事，而是通过一段不长也不算短的文字，抒发了自己在这方面的感慨。当然，通过一个生动的故事来达到自己喻世、醒世或警世的目的是冯梦龙的主张之所在，正文"滕大尹鬼断家私"的故事也就跃然纸上。

　　分家析产是自私有制以来人类社会的一种较为普遍的现象，古代中国也概莫能外。❷ 与西欧某些国家有所不同的是，在财产继承方面，古代中国社会盛行的是诸子平分的原则。❸ 这一原则在《滕大尹鬼断家私》中得到了体现——

---

❶　虽然我们很早就进入所谓的封建社会，但至少到明朝，实际上奴婢等是存在的，而且法律上也承认这一事实，并有较为详细的相关规定。这种情况，在冯梦龙的"三言"中可谓比比皆是。例如，《喻世明言》第一卷中的《蒋兴哥重会珍珠衫》讲到蒋家的两个丫环因为主母三巧儿自身把持不住，与陈大郎私通，愤懑之下的蒋兴哥却将两个丫环晴云、暖雪"捆缚起来，拷问情由……回去唤个牙婆，将两个丫头都卖了"。再如，《喻世明言》第二卷《陈御史巧勘金钗钿》中的顾金事家里也有"丫鬟"若干，估计也应该是使唤丫头，而非自由人之类。请参见冯梦龙：《喻世明言》第一卷、第二卷、第十卷。明代法律关于奴婢的规定，可参见《大明律·户律》中的"良贱为婚姻"条的禁止性规定。我们可以由此推断：明朝至少还是一个讲究身份、地位、特权等的社会。

❷　关于古代中国社会的家庭财产分配问题，近年来，国内学者有较为深入的研究。例如，我国台湾地区的学者李淑媛对于唐宋时期的相关家产与法律的问题就有专门的著作问世。请参见李淑媛著：《争财竞产：唐宋的家财与法律》，北京大学出版社，2007年版。

❸　请参见顾鉴塘、顾鸣塘著《中国历代婚姻与家庭》，商务印书馆，1996年版，第123页。

作为幼子的善述之所以感到不公平，实则就是因为其长兄善继对于父亲遗留下来的家产处置不当，因而要求分家析产。所以，简言之，冯梦龙的这篇白话小说讲述的就是"国朝"（明朝）永乐年间倪姓两兄弟之间分配其父亲遗留下来的数额不菲的遗产的故事，这个故事关涉世道人心，当然也关涉当时的法律。

小说讲述的倪家兄弟俩的情况稍微有点复杂：故事中的立遗嘱人（亦即被继承人）倪太守原本只有一个独生子继善，其百年之后遗产的分配本不是什么问题。但是，故事的发展却是这位退休的老太守在年近八十的时候娶妾（偏房）生子，使得遗产的继承因而变得复杂起来，这一问题在他去世后大约十年才最终得到根本的解决。

就当时的法律规定来看，兄弟俩对于老父亲留下的财产（遗产）的分配似乎没有问题：长子继善在第一次分配家中财产时，依据的就是父亲留下的家私簿（"家中田地屋宅及人头账目总数，都在上面"）。但是，倪太守生前却又暗地里给后妻（偏房）梅氏留下一幅《行乐图》，其"遗命"就藏在其中。如此一来，立遗嘱人给继承人留下的就是前后有些矛盾的遗嘱，由此也埋下日后的纷争。冯梦龙在这篇小说中也说明倪太守之所以做这样的安排，确实有自己的不得已之处，实则是出于保护势孤力单的梅氏以及幼子善述不至于遭受善继的暗害。

《大明律》对于遗产的继承是有着颇为严格的规定的，原则上禁止子孙在祖父母、父母仍然健在或居父母丧期间"别立户籍，分异财产"❶。估计对于法律上的这一规定，作为长子的善继乃至梅氏等人是清楚的，也是在实际上遵守了法律的相关规定。分家的冲突来自年满十四岁的幼子善述对于与自己和生母梅氏在感情上颇为疏远的长兄善继对于家产的不公平的处理，从而引出善继做出兄弟分家产的举动。从这时来看，倪家两兄弟做出分家析产的举动也并没有违反《大明律》关于"别籍异财"条的规定。

如果仅从长子善继分家产的情况来看，我们也发现不了什么问题：其依据的是父亲的亲笔遗嘱，而且还请亲族中的人出面作证，其意估计在于寻求自己行为的合理、合法性。❷ 至于后来梅氏和善述提供给滕大尹的倪太守藏于《行乐图》中的遗笔（书面遗嘱），按照我们的理解，应该是新近遗嘱，具有推翻

---

❶ 请参见（明）雷梦麟撰：《读律琐言》，怀效锋、李俊点校，法律出版社，2000年版，第132页。

❷ 至少从冯梦龙的这篇小说来看，家族对于族内兄弟之间的财产分割似乎不再具有太强的牵制力或主导性。

之前遗嘱的效力。❶ 至于立遗嘱人倪太守在《行乐图》中的自书遗嘱的意思表示，显然是为了保护幼子善述（包括其生存配偶梅氏）的利益。

滕大尹的"贤明"不仅表现在其在一个偶然的时候于《行乐图》中发现了倪太守的亲笔遗嘱，而且还表现在他审理这起多少有些奇特的遗产继承案件时，至少在程序上同样也做得有条不紊。而且，为了达到相应的效果，这位滕大尹还将审案地点特意转移到倪家公开审理。

案件审理的结果我们当然都知道了。虽然不无遗憾，但毕竟作为孤儿寡母的幼子善述及其生母梅氏获得了一大笔遗产，从此非但不再陷于困顿，而且因为有了"这十坛银子，一般置买田园，遂成富室"。后来善述一门，三子读书成名。"倪氏门中，只有这一枝极盛。"通过假托死者的意愿，故事中的主人公，作为"刑官"的滕大尹也因此大发横财，这也是我们觉得冯梦龙这篇小说喻世的意义之所在。❷

---

❶ 当然，冯梦龙并非法学家，而且，作为一名极力主张因果报应等观点的明代文学家，其关注的重点不是法律，而是世道人心。

❷ 按照国内学者的看法，"刑官"是古代中国社会行使司法权的司法群体的称谓，其中包括地方上的知州、知县等官员。请参见任喜荣：《刑官的世界：中国法律人职业化的历史透视》，法律出版社，2007年版。

非常时期的友谊、政治与法律

故事梗概

大唐开元年间，宰相代国公郭震（字元振）侄子郭仲翔到京，希望借伯父寻求个"出身之地"。郭震以为，如果不能通过科举成功，也应该像班超、傅介子，"立功异域，以博富贵"，而不可"但借门第为阶梯"。❶

刚好此时南中❷洞蛮因为武则天时期的"犒赏常规都裁革了"而造反，朝廷派李蒙为姚州都督，调兵进讨。在郭震的推荐下，郭仲翔被任命为行军判官。

行至剑南，有一个素未谋面的同乡吴保安（东川遂州方义尉）得知仲翔为人讲义气，"肯扶持拔济人的"，修书一封，希望获得其荐举。经过仲翔的极力推荐，李蒙发文任命吴保安为管记。

李蒙被最初的胜利冲昏头脑，深入险地，致使"全军皆没于蛮中"，他本人则自杀而亡。

包括仲翔在内的一部分唐军官兵被俘为奴，蛮酋因人而异定价，准许汉人家属来赎。得知仲翔乃当朝宰相侄子，"索绢一千匹"。

---

❶ 郭震（656—713），字元振，唐魏州贵乡（今河北大名西北）人，十六岁入太学。高宗咸亨四年（673）擢进士第，授通泉尉，先后在高宗、武周、睿宗、玄宗朝任官，官至朔方大总管、兵部尚书、加同中书门下三品，封代国公。玄宗骊山讲武，坐军容不整，流新州（今广东新兴）。旋起为饶州司马，途中病死。参见王家范、谢天佑：《中华古文明史辞典》，浙江古籍出版社，1999年版，第587页。贞观十七年（643），太宗以李勣为太子詹事（东宫百官之长），并特加同中书门下三品之衔，使其与侍中、中书令一样参预宰相职事。

❷ 南中：古地理名，一说大体为今天四川南部及云南、贵州两省。参见《中华古文明史辞典》，第830页。

赶来赴任的吴保安得知此事，求见郭元振，谁知此人月前去世，"家小都扶枢而回了"。

不得已，吴保安经过十年的艰辛，方才筹得七百匹绢，幸而得到新任姚州都督杨安居的帮助（特别是包括杨"初到任，乃于库中撮借官绢四百匹，赠与保安，又赠他全副鞍马"），终于使得仲翔回归并被任命为都督府判官（原职）。

姚州官吏对于吴保安极为敬重，后者将众人所赠，分一半与仲翔。在杨安居的推荐下，吴升补嘉州彭山丞之职。仲翔则在杨的表奏下，"得授蔚州录事参军"。后因声誉卓著，升任代州户曹参军。

不料，分别后不久，吴保安夫妇双亡。仲翔闻知，甚为悲痛，执礼甚恭。与吴的儿子吴天佑（彭山县训蒙）商议归葬之事，并执意自己驮吴氏夫妇骸骨，"自嘉州到魏郡，凡数千里，都是步行"，历经磨难。

到达家乡后，仲翔留吴天佑同居，设立保安夫妇神位，重新厚葬，立石碑一道，"详纪保安弃家赎友之事"，又同吴天佑"庐墓三年"。指导天佑学习、出仕，替其择妻、纳聘，"割东边宅院子，让他居住成亲，又将一半家财，分给天佑过活"。

仲翔起服到京，又有升迁，上疏盛赞保安，并极力举荐天佑，举朝官员为之感动。礼部建议表彰仲翔，天佑"可试岚古县尉，仲翔原官如故"，便于二人朝夕相见，以慰其情。二人后来皆因政绩，各有升迁。岚州人"追慕其事，为立双义祠，祀吴保安、郭仲翔。里中凡有约誓，都在庙中祷告，香火至今不绝"。

点 评

这则发生在大唐开元年间的动人故事，与羊左之交一样，均是颂扬朋友之情的深厚。❶

开元（713 年 12 月—741 年 12 月）为唐朝皇帝唐玄宗的年号，共计 29 年。开元意思是开辟新纪元。开元年间，唐朝国力强盛，史称开元盛世。

即使在此盛世时期，通过上述这篇故事，我们仍然可以看到一些不太令人感到满意的现象，诸如对于少数民族问题的处理、死于征战的军人及其家属的

---

❶ 参见冯梦龙：《喻世明言》第八卷。

抚恤、被俘军人的赎取和之后的安排等。这些问题，在今天，或许至少就政治、法律制度层面而言，业已改善了很多。遗憾的是，在故事中，我们没有看到唐朝政府对此做了任何的努力。因此，仅凭吴保安一己之力，甚至杨安居都督的帮助等，均不足以解决上述种种问题。

当然，小说无意也不可能追究当时政府的责任，而是着力打造和称赞两位起初尚未谋面的知己的深厚情谊。

小说中几位主人公的命运与当时的科举制度紧密相连。我们知道，继隋朝开始的科举制度在唐代有了进一步的发展。因为此时的科举每年举行，又称为常科，是唐朝选拔政府官员的主要途径之一。但由于科举取士的人数有限，故而大批官员走的都是非科举入仕的路线，其中，重要的一途是门荫。❶

小说中的郭仲翔尽管"才兼文武"，且其伯父身居高位，他和父亲也想通过伯父谋得一个"出身"，但因为没有通过科举，因此其伯父建议他向立功异域的班超等人学习，而不可"借门第为阶梯"。

小说中的另外一位主人公吴保安，读者不知其是否通过科举取士。但通过他给其素未谋面的同乡郭仲翔的自荐信中，我们可以知道其"力学多年，近官一尉，僻在剑外，乡关梦绝。况此官期满，后任难期，恐厄选曹之格限也……"以此观之，吴保安多半是通过科举走上仕途，但地位卑微，仕途不顺，且不久将难以继续混迹于"公务员"队伍。❷ 国内有学者的研究显示，唐代州府的判司及县的簿、尉，虽然职位不高，但却是进士及第后的起家之官。❸ 所以，吴保安应当是通过科举走上仕途的。此外，"言为心声"，吴保安给仲翔的自荐信还展现出他的进取之心和出众的才华。因此，仅凭这样一封书信，打动了深知仕途艰难的仲翔，吴也因此获得管记一职。

故事主要围绕少数民族问题而展开，即所谓"南中洞蛮作乱。……朝廷

---

❶　请参见张国刚、杨树森主编《中国历史·隋唐辽宋金元卷》，高等教育出版社，2001年7月第1版，第55—56页。有关的专著，请参见傅璇琮著《唐代科举与文学》，陕西人民出版社，2007年9月第1版。

❷　县尉：官名，秦末始设，为县令、长主要属官。唐武德七年（624）仍复旧称；高宗以后始为品官，多作科第出身者初阶。品秩自从八品下至从九品下不等。参见《中华古文明史辞典》，第61页。这样看来，吴保安的待遇不会高。关于唐代官员的相关待遇，可参见张国刚、杨树森主编《中国历史·隋唐辽宋金元卷》，第58页。关于官吏的任免权，主要集中在中央政府，这在唐代有其进步意义。但是，基层官吏的频繁赴京都候选考核，弊端也不少。请参见傅璇琮著《唐代科举与文学》，陕西人民出版社，2007年9月第1版。建议重点阅读该书第十七章。关于唐代的地方官制（包括县令及其佐官县丞、主簿、县尉的职责），请参见陈茂同著《中国历代职官沿革史》，百花文艺出版社，2005年1月第1版，第262—270页。

❸　请参见陈茂同著《中国历代职官沿革史》，百花文艺出版社，2005年1月第1版，第264页。

差李蒙为姚州都督，调兵进讨"。根据本人的推测，姚州当指今云南西北一带，州治在今云南姚安。❶ 至于南中洞蛮作乱的原因，小说称武则天革命之日，要"收嘱人心归顺"，所以，采用不断犒赏的办法。玄宗即位后，"把这犒赏常规都裁革了"。

这里，姑且不论由于历史的局限，小说对于作乱者的称呼在今天是有问题的，单说对于少数民族问题的处理，因为某种政治上的考虑，唐朝最高统治者前后的政策抑或态度变化过大，缺乏过渡性与灵活性，因而导致后来的不利后果。当然，相关研究表明，唐代对于少数民族问题并非不重视。领土十分辽阔的唐帝国境内，生存着为数众多的少数民族，唐王朝与周边少数民族之间的政治联系与经济文化交流等均十分密切。隋唐时期，在今云南地区，杂乱散居着许多部落，名号繁多。就其种族而言，主要有白蛮和乌蛮。七世纪中叶，乌蛮征服白蛮，建立六诏即六个王国，并开始依附唐朝。到南诏王皮逻阁时，统一的南诏国建立，立国凡一百六十余年。❷ 由于小说没有明确告知所谓"南中洞蛮"所在地，但因为提及古代姚州，故而，我们以此来推测，这一所谓作乱事件很有可能发生在今天云南西北一带。至于作乱的时间，很可能在唐玄宗即位初期。这里，关于唐玄宗，我们不必作更多的评述。但相关研究表明，其自开元末期（713—741 年，为唐开元年间，亦称"开元之治"或"开元盛世"），内政外交等方面多有惰怠和失误。就对于周边少数民族而言，其对吐蕃、南诏、契丹多次用兵，好大喜功。❸ 所以，从小说的介绍来看，所谓"南中洞蛮作乱"的主要原因是唐玄宗即位后从根本上改变了武则天时期的抚慰为主的政策。

小说中出现的姚州都督李蒙，使得我们觉得有必要对唐朝的这一官职稍作了解。都督府的名称始于唐高祖时期，是对隋朝总管府的一种恢复和改名，一般置于"缘边镇守及襟带之地"。都督府设都督一名，因其既是军事长官，故其僚属也以长史、别驾、司马为名。开元以后，特别是安史之乱以后，都督府几乎名存实亡。❹

在小说中，因为有身居高位的伯父的推荐，姚州都督李蒙不便推诿，即

<hr/>

❶ http：//zhidao. baidu. com/question/235228769. html，访问日期：2013 – 05 – 17。
❷ 请参见陈茂同著《中国历代职官沿革史》，百花文艺出版社，2005 年 1 月第 1 版，第 273—274 页。关于皮逻阁（679—748），请参见《中华古文明史辞典》，第 589 页。
❸ 关于唐玄宗李隆基（685—762），请参见《中华古文明史辞典》，第 573 页。
❹ 请参见陈茂同著《中国历代职官沿革史》，百花文艺出版社，2005 年 1 月第 1 版，第 265—266 页。

"署仲翔为行军判官之职"。相关研究显示，判官这一官名出现在隋朝。唐代特派担任临时职务的大臣皆得自选中级官员，奏请充任判官，以资佐理，掌文书事务。❶ 其他的学者认为，唐玄宗天宝后带有军事性质的如节度使、观察、防御使等，下均有判官，佐理事务，但非正官。❷ 所以，都督李蒙授予仲翔这一官职，也未违反当时的相关规定。而仲翔能够出任此官职，当然得益于其伯父，也是后者的一种期许。至于吴保安，由于郭仲翔的推荐，由李蒙都督"下行文到遂州去，要取方义尉吴保安为管记❸"。相关研究表明，在唐代，"非法置官"（即违令超编任用官吏）将依照情节轻重，分别处以杖刑、徒刑处分。❹ 以此考察小说中的李蒙，其并未违反这方面的规定。但是，这里李蒙还有另外一个触犯法律的可能，即所谓"贡举非其人"。也就是说，地方州县长官在贡举中没有正确履行其职责，所贡举之人不合贡举标准，具体包括"德行无闻，忘相推荐""德行乖僻，不如举状"；所贡举之人虽然合乎标准，但参加科举考试不及第。❺

因为没有听取仲翔的劝谏，被初战告捷的表象所迷惑的李蒙率军盲目冒进，导致"全军皆没于蛮中"，他自己也自杀身亡。假设李蒙侥幸生还，估计等待他的一定是官方的严惩。如果李蒙临阵脱逃，则极有可能受到斩刑的处分。❻

作为战俘，小说中郭仲翔的命运极为悲惨：几番逃跑不成，被转卖数次。为了防止其再逃，两脚居然被钉，专人看守。笔者以为，小说所谓南蛮，在此表达的是当时的这一部分人群在经济、文化、制度等方面极有可能落后于中原。从小说对于其处置战俘的情况的描写来看，"乌蛮"尚处在奴隶社会，统一的南诏国此时还没有建立起来。因为处于奴隶社会，军事给养全靠掠夺。❼ 所以，驱使战俘为奴，并索取巨额赎金似乎是一种很寻常的表现。小说中讲到，"那蛮酋忍心贪利，随你孤身穷汉，也要勒取好绢三十匹，方准赎回。若

---

❶ 参见陈茂同著《中国历代职官沿革史》，百花文艺出版社，2005 年 1 月第 1 版，第 589 页。

❷ 请参见《中华古文明史辞典》，第 73 页。

❸ 古代对书记、记室参军等文翰职官的通称。http：//www.baike.com/wiki/% E7% AE% A1% E8% AE% B0，访问日期：2013 - 05 - 22。

❹ 请参见彭炳金著《唐代官吏职务犯罪研究》，中国社会科学出版社，2008 年 6 月第 1 版，第 72 页。

❺ 参见上书，第 58 页。

❻ 即《唐律》第 234 条 "主将临阵先退"。请参见彭炳金著《唐代官吏职务犯罪研究》，2008 年 6 月第 1 版，第 87 页。

❼ 唐玄宗二十六年，册封皮逻阁为云南王，凡一百六十余年。此间，南诏国与唐朝政府基本保持友好关系。请参见陈茂同著《中国历代职官沿革史》，百花文艺出版社，2005 年 1 月第 1 版，第 273—274 页。

上一等的，任他索诈。乌罗闻知郭仲翔是当朝宰相之侄，高其赎价，索绢一千匹"❶。

仲翔之所以迟迟在被俘十年之后才获救，一个重要的原因就是其身居高位的伯父郭元振忽然病逝。由此，拯救仲翔的重担落在与其尚未谋面的吴保安肩上。

吴保安倾尽全力，经过十年艰辛，方凑得七百匹绢。若非新任姚州都督杨安居出手相助，上述苦难的历程还未见结束。当然，值得考究的是，杨都督出于感动，"乃于库中撮借官绢四百匹，赠与保安，又赠他全副鞍马"❷。问题是：杨都督此举，极为可能触犯唐朝的相关法律规定。❸

当然，在小说中我们看到，对于李蒙率领下的侥幸生存的唐军战俘，唐朝政府似乎也没有任何的作为，而是任由他们自生自灭。很多人是因为通过他人（家人、朋友等）付出高额的赎金之后，才从乌蛮手中获释，重新获得自由。而这些因为主官的失误被俘者在获释之后的命运如何，殊难预料。我想，很多人不会像郭仲翔那样，还能继续留在官场或者军队中。可以理解的是，小说主要关注的是吴保安和郭仲翔这两位主人公的命运归宿，所以，其他一些生还的战俘最后的结局似乎不再是其予以关注的对象，也是比较自然的事情。

多少有些幸运的是，小说中的所谓南蛮还是守信的，历尽艰辛的仲翔终于回归中原，并被杨安居"仍留为都督府判官"。而且，"时朝廷正追念代国公军功，要录用其子侄"。在杨安居的大力推荐下，郭仲翔"得授蔚州录事参军❹"。

命运似乎也没有亏待吴保安。因为感其义气深重，杨安居对其极为敬重，"又厚赠资粮，送他往京师补官。凡姚州一郡官府，见都督如此用情，无不厚赠"。值得钦佩的是，吴将众人所赠，分一半与仲翔，留下使用。"保安仍留家小在遂州，单身到京，升补嘉州彭山丞之职。"

故事当然没有就此结束。"不期保安任满家贫，无力赴京听调，就便在彭

---

❶ 参见《三言二拍》(3)，第84页。

❷ 参见同上书，第85—86页。

❸ 唐律"监主以官物借人"条规定：诸监临主守之官，以官物私自借，若借人及借之者，笞五十；过十日，坐赃论减二等。请参见（清）薛允升撰《唐明律合编》，李鸣、怀效锋点校，法律出版社，第372页。

❹ 官名，设于晋代，亦称录事参军事，为王府、公府及大将军府等机关的属官，掌管各曹文书，纠查府事。其后刺史掌军开府者亦置。北魏至隋，州郡亦设录事参军。唐宋时废时置。元废。请参见陈茂同著《中国历代职官沿革史》，百花文艺出版社，2005年1月第1版，第601页。

山居住；六年之前，患了疫病，夫妇双亡，藁葬在黄龙寺后隙地……"❶ 郭仲翔的知恩图报于此表现得淋漓尽致——除了不辞艰辛地将吴氏夫妇的骸骨从数千里外亲自驮运回家厚葬，而且，惠及其后人吴天佑，使其踏入仕途，并助其完婚成家。

这里，我们从小说还看到，在仲翔上疏极力推崇吴保安义气深重、情愿将自己官职让与吴天佑之后，礼部官有意安排仲翔和天佑在相邻的岚州和岚谷县为官。在冰冷的官制之下，我们还是可以窥见其中蕴含的一丝温情。

结　语

冯梦龙的这篇白话小说《吴保安弃家赎友》主要歌颂的是唐朝开元年间（713—741 年）吴保安与郭仲翔之间的一段非同寻常的友谊，但小说在有意与无意之间也涉及当时的政治与法律等情况。

就政治法律方面而言，对于当时的西南少数民族，唐王朝，主要是武则天统治时期（674—690 年）到唐玄宗开元年间早期的政策的变化在小说中亦有所体现，即由武则天时代的抚慰转变为军事征讨。小说主人公之一的郭仲翔的命运因为主帅李蒙在军事征讨的过程中的急功冒进发生了极大的变化，沦为所谓乌蛮的俘虏，最终在十年后经过吴保安的不懈努力而被巨额资金赎回。

在故事展开的过程中，作者也在不经意之间给我们展示了当时的一些政治法律制度。例如，兴起于隋朝的科举取士在这个时期业已成为跻身仕途的正途或主要途径，其负面的一些东西诸如吏部考核的僵硬的规定、官员升迁的艰难等由此也表现了出来。所以，我们可以理解故事中的郭仲翔在科举方面难以有所作为，只得希求跟随军事统帅征战立功上博取功名。吴保安或许是一位科举方面的成功者，但缺乏郭仲翔拥有的非同一般的家庭背景，在升迁的道路上也只能历经坎坷，最终由于"无力赴京听调"，只得居住于任所之地彭山，夫妻双双病逝于此。近年来关于唐代科举之弊端等的研究已逐步走向深入，但似乎不如冯梦龙这篇小说揭示得如此生动、具体、有形。

根据我们的了解，唐王朝也是一个自建立之初就比较注重法律制度建设的

---

❶ 参见《三言二拍》（3）《喻世明言》，线装书局，2007 年版，第 87—88 页。基层官吏的频繁赴京都候选考核，弊端也不少。请参见傅璇琮著《唐代科举与文学》，陕西人民出版社，2007 年 9 月第 1 版。建议重点阅读该书第十七章。这里，吴保安的个人遭际或许就不是一种特例，而是一种较为普遍的现象。

王朝。譬如，科举滥觞于隋，却为唐继承和发展，对于人才的选拔、任用、考核等，具有较大的积极的和正面的作用。又如，隋朝在建立之后，较为注重法制，但因为其是一个较为短命的王朝，许多不错的制度还来不及充分地展示，好在一些制度后来为唐王朝继承和发挥。举例来说，隋朝的《开皇律》在唐初就成为《武德律》的蓝本。在冯梦龙的这篇小说中，我们也能够依稀见到法律的力量或背后的威慑力。比如，主帅李蒙因为轻敌冒进以至于大败，最终选择自杀，估计就是他清楚地知道依照唐代法律的相关规定，他即便侥幸生还，等待他的几乎可以肯定的是军法的严厉处置。后任姚州都督杨安居因为有感于吴保安的仁厚及其对于郭仲翔的超乎常人的友情，竟然"乃于库中撮借官绢四百匹，赠与保安，又赠他全副鞍马"，估计也只会是小说家言。如果情况真是这样，则我们可以想象的是这位杨都督已经触犯了当时法律的明确规定，对于他的处罚不会轻。因此，在冯梦龙理想化的描述中，当时业已成熟、严密的法律规定严苛的一面似乎被有意地忽略了，而被代之以因为友谊以及对于这种极其深厚的友谊的赞颂冲淡了。这一点，似乎又比较符合一般读者的预期。

此外，值得一提的是，政策抑或政治与法律的联系也是小说中留给读者思考的一个问题。例如，对于西南"乌蛮"政策的前后极不一致因而带来的军事征讨及其失败、战俘的问题、在这场战役中死伤的官兵及其家属的抚恤、做了俘虏的郭仲翔等人的赎回等等，看不到唐王朝有什么作为。如果小说所述属实，则我们只好说此期的政府或者朝廷的不作为或不成熟。如果说上述这些问题在当时的法律中已有较为明确的规定，但因为政府的消极不作为，则我们只能说法律即便规定得好，但没有得到很好的执行，这样的社会也难以称得上是一个依法而治的社会。

乱世中的法度

故事梗概

　　故事从南宋孝宗朝洪内翰（冯梦龙认为，洪内翰之才名可继东坡之后）在越州绍兴知府任上请众官宴席上的一首词《虞美人》说起。

　　在一片赞美声中，独有通判孔德明对于洪内翰的这首龙笛词表示异议，认为该词系偷了古人作的杂诗词中的各一句，并一一从容道来，令包括洪内翰在内的官员佩服之至。

　　在洪内翰的请求下，孔通判作一首《水调歌头》，由此引出故事正题。

　　话说五代后唐，有王氏兄弟二人，获得一对蕲州出的龙笛材，特来兖州奉符县东峰东岱岳殿下火池内烧献。烧罢，圣帝赐予炳灵公，后者令康、张二圣变身为凡人来到郑州奉宁军，唤开笛阎招亮来。

　　阎招亮开笛成功，炳灵公许诺将其妹（见为娼妓）嫁给一四镇令公，这才讲述史弘肇与郭威、刘知远等人的发迹史。

　　史弘肇后来确实做了单、滑、宋、汴四镇令公，之前也确实娶了阎招亮之妹（阎行首）。

点　评

　　因为故事里的几位主人公都是历史上赫赫有名的人物，因此，除了阎招亮在阴间与炳灵公等人之间的奇异交往，故事的其他一些主要部分和情节应当有一定的真实性。

907 年，唐朝最后一个皇帝昭宣帝被迫让位给朱温，后者建立大梁即后梁，中国从此进入五代时期，直到 960 年，赵匡胤建立宋朝。50 多年间，后梁、后唐、后晋、后汉、后周这五个政权先后亮相，统一、稳定的大唐帝国不复存在。❶

当然，与上述真实的历史不同的是，冯梦龙的这篇故事多处出现神话色彩。譬如，描述史弘肇未曾发迹时娶妻无财力，偷盗平民王公夫妇的锅子，惊慌中躲在阎行首家附近，后者见到的却是一只白虎，预示此人后来的飞黄腾达。再如，作品中数次描写郭威"红光罩定，紫雾遮身"，意味着此人后来称帝不足为奇。

小说的真实性在于：对于史弘肇、郭威、刘知远等人在称帝之前的事迹和表现，并未夸大。例如，郭威的形象和种种表现，在故事中几近兵痞、无赖、偷鸡摸狗、赌博等市井细民的行为无所不包。但是，在这一切的后面，郭威还是不乏其闪光之处，其正直、勇敢、好打抱不平的风格跃然纸上。而且，这篇故事对于他的描写，于篇幅上似乎就已经超过了史弘肇。❷

至于刘知远的称帝似乎更是偶然：因为与当朝宰相桑维翰不和，被令出镇太原府，恰好后来后晋为契丹所灭，刘因此建立后汉，史、郭二人作为其牙将，建立赫赫战功。

查相关文献，关于史弘肇（？—950，官至后汉时期的中书令），其中的几句话给人印象深刻：骁勇健步，残恶好杀。而且，性不喜文人。后为后汉隐帝设计斩杀，夷族。❸

郭威（904—954）的真实经历与我们的这篇故事有些相符之处：本姓常，早年丧父，母亲携他改嫁，不久，继父、母亲相继去世，成为孤儿的郭威，生活十分困苦。长大后的郭威从军，先后跟随李存勖、李嗣源、石敬瑭、刘知远。实际上，刘知远的称帝与他的鼓动关系甚大。郭威确实也如故事所说，娶得一位绝世佳人柴氏为妻。历史上的郭威在五代时期算得上是一位较为有文化（喜好读书）、有远见并且重用文士的君主，能力也比较强，能够从容地面对北汉与契丹的合击，并能够一改当时的军阀皇帝的一些粗鲁的政策或做法，被

---

❶　请参见张国刚、杨树森主编《中国历史·隋唐辽宋金元卷》，高等教育出版社，2001 年 7 月第 1 版，第 33—35 页。

❷　史弘肇的事迹可参见（宋）薛居正等撰《旧五代史》卷一百七，中华书局，1976 年 5 月第 1 版，第 1403—1407 页。郭威的事迹可参见（宋）薛居正等撰《旧五代史》卷一百七，中华书局，1976 年 5 月第 1 版，第 1403—1407 页、1447—1507 页。刘知远的事迹可参见上书第 1321—1341 页。

❸　参见王家范、谢天佑：《中国古文明史辞典》，浙江古籍出版社，1999 年版，第 623 页。

认为是五代中最有成就的皇帝之一。传位于外甥柴荣，即可以显示郭威的过人之处，后者也没有辜负他的期望。❶

郭威的生平中，有一段与后来的宋太祖赵匡胤极为相似的经历：被士兵推上皇帝之位。这简直就可以视为后来赵匡胤陈桥兵变、黄袍加身的预演或前奏，也可能在当时的大环境下，皇帝的废立主要在于掌握兵权者。因此，后来，当赵匡胤以同样的手法夺得帝位后，为了防止类似事件再度发生，他才来了个"杯酒释兵权"的把戏，并一改藩镇势力尾大不掉的局面。从这个意义上来讲，郭威给他以启示，他与郭威极为相同的经历也给了他集权中央的教训。因此，我们说，赵匡胤是一个聪明的学生。

故事于不经意间透露给我们的信息还是比较丰富的。例如，即便是乱世，婚姻还是要讲究聘礼等形式。当然，我们的这两位主人公并无此财力，但因为看准其远景不错，故而女方甘愿倒贴或不太看重这一方面。又如，对于郭威等人发迹前的无赖行径，小说并不加掩饰。再如，描写郭威与索要见面礼的部署李霸遇的搏斗颇为生动。还有，身为部署的郭威路见不平，杀掉欺压平民、强买民女的尚衙内。❷

故事的高潮或许是郭威怒杀尚衙内被押在司理院，之后又被救出，与史弘肇等人协助刘知远建立后汉。这里，关于司理院，小说有所提及，但主要是渲染其森严可怖的氛围。这一机构从字面上来看，应当是监狱或关押人犯的场所。❸

历史上的郭威是一位当时颇有作为的君主，其接班人周世祖柴荣也是一个能够承继其事业的君主。所以，谈起北宋的建立，我们应当从郭威建立的后周开始。正是经过郭威、柴荣两位有为君主的努力，赵匡胤才有如此雄厚的基础，并得以从正反两个方面吸取经验与教训，建立起相对集权、强大的北宋王朝。有意思的是，以往我们都以为"先易后难"的策略出自赵普，其实，早在周世祖柴荣时，他就采纳了王朴的建议并身体力行，先后攻取后蜀、南唐，

---

❶ 请参见晏振宇编著《中国皇帝传》，中国人事出版社，2003 年 12 月第 1 版，第 431—435 页。

❷ 请参见《三言二拍》(3)，第 147—155 页。衙内：唐代称担任警卫的官员，五代和宋初这种职务多由大臣子弟担任，后来泛指官僚的子弟。http://baike.baidu.com/view/962059.htm，访问日期：2013 - 06 - 14. 部署：古代军中武官。http://baike.baidu.com/view/388088.htm，访问日期：2013 - 06 - 14.

❸ 查百度相关词条，关于司理院的解释为：宋代州的审判机构之一，即司理参军的衙门，其前身是五代的马步院，有时以司法参军兼理。大州设有左右司理参军，就有两个司理院，以便在犯人翻供时可以相互移送重勘。其附设的监狱称为司理院狱。参见"司理参军"。http://xuewen.cnki.net/R2006100640011069.html，访问日期：2013 - 06 - 14.

威震南方诸国，后北伐辽，收复三关及莫、瀛、易等州。只是因为英年早逝，壮志未酬。❶

结　语

这是一篇与真实历史纠缠在一起的故事。因此，其既有真实的一面，同时又有神话的色彩，多少不乏可信度。

故事的男一号似乎是史弘肇，但从小说的叙事来看，郭威占据的篇幅和地位又在史弘肇之上。对于没有发迹变泰之前的郭威等人，小说并没有做太大的掩饰或美化，其无赖行径均有不同程度的表现。当然，难能可贵的是，这几位尤其是郭威性格中的一些优点诸如好打抱不平、勇于面对邪恶势力挑战的品质同样体现出来，在小说中有鲜明的描写，令人印象深刻。

作为一位法律人，我们关心的自然是在五代这样一种乱世中，法律是否完全被弃而不用？通过对于冯梦龙这篇小说的阅读，我们得知，法律的衰败还不至于此。例如，郭威怒杀欺压平民、强买民女的尚衙内之后被关押在司理院（监狱）。可能这算得上是一个法律还继续发挥作用的例子。

---

❶　参见《中国古文明史辞典》，第 618 页。

天子与科举

故事梗概

　　北宋仁宗年间，西川成都府秀才赵旭（字伯升）饱读诗书，颇有才华，来到首都东京参加科举考试。连续三场考试后，赵伯升满以为自己可以中举。

　　不料，仁宗在观览第一卷（赵伯升的试卷）时，认为"唯"字应是口旁，不应为"厶"字旁。尽管考试官和后来奉诏进殿的赵伯升都认为这是一个通用字，但仁宗写下"私和、去吉、吴矣、吕台"八字，吩咐伯升"卿言通用，与朕拆来！"无言以对的赵伯升只得羞愧出朝，回到店中。

　　因为这一字之差，赵伯升名落孙山，流落东京，立志三年后再考。

　　一年多后的一个晚上，睡梦中的仁宗梦到一金甲神人，坐驾太平车一辆，上载着九轮红日，直至内廷。惊醒后的仁宗请司天台的苗太监占一课，并一同出宫寻访姓名中带有旭（解读：九日）字之人。

　　在东京状元坊的一间茶肆，装扮成白衣秀士的仁宗与苗太监看到赵伯升在白壁上题写的一首词及其署名。通过茶博士的介绍，知道此乃赵伯升所作。

　　赵伯升与自称赵大官人的仁宗终于见面，后者推荐伯升回西川投奔其外甥"王制置"，并通过苗太监送伯升白银五十两连同书信一封。

　　随同伯升来到成都府的虞候宣读圣旨，伯升才知道自己就是西川五十四州都制置，"从此西川做官，兼管军民"。❶

　　❶　参见冯梦龙：《喻世明言》第十一卷"赵伯升茶肆遇仁宗"。

点　评

这是一个颇具浪漫色彩的故事，且具有皆大欢喜的结局，生动地反映了科举在仁宗朝（1022—1063）受重视的程度。

我们知道，鉴于五代十国武人专权、政局动乱的流弊，宋太祖建立北宋政权后所采取的一个大的举措抑或变化就是"重文抑武"的国策。这一国策，深刻地影响到北宋一百多年的历史进程（960—1127），也是北宋灭亡的一个值得探究的原因。南宋建立后，基于武装抵抗金军南下对于南宋政权的威胁，南宋政权一度曾仰赖韩世忠、岳飞等著名武将，武人的地位因此有所提升。但是，好景不长，随着宋金议和格局的形成，重文抑武的国策又重新占据主导性的地位。❶

中国的科举制度始于隋，唐代将其发扬光大，宋代对于科举取士更是重视。大体而言，宋代科举继承了唐代的形式，但也有所变化。宋初的科举仅有州试和省试两级考试，但从开宝三年（973）增加殿试，宋代科举变成州试、省试、殿试（皇帝亲自主持，复试已经通过省试的举人）。宋初的科举与唐代一样，每年一次。太平兴国三年（978）冬，因为太宗要亲征北汉，次年春天的省试只好停止。此后，每隔一年或两年一次。英宗治平三年（1066），科举三年一次成为定制。由于科举与任官直接联系，尽管有诸多限制性的规定，许多读书人还是因此而趋之若鹜。❷

这篇故事中的宋仁宗（1010—1063）即赵祯，北宋皇帝，1022—1036年在位。其在位期间，西夏、辽分别为宋之外患，社会矛盾颇为尖锐。曾以范仲淹为参知政事，谋求革新即所谓"庆历新政"，但不久因保守派反对而作罢。❸

殿试，亦称廷试、亲试或复试，唐代武则天时就曾有过，但未成为定制。宋代殿试，始于太祖开宝六年（973），开宝八年后形成为定制。殿试合格者，朝廷按规定时间放榜，依照科目和录取甲次的不同，分别授予本科登第、出身、同出身、赐出身等身份。前三名依次为状元、榜眼、探花，还授予殿试合格者以一定的官阶。例如，仁宗时，状元授将作监丞，榜眼授大理评事，探花

---

❶　请参见游彪著《宋史十五讲》，凤凰出版社，2011年1月第1版，第131—146页。

❷　请参见刘海峰、李兵著《学优则仕——教育与科举》，长春出版社，2004年1月第1版，第32—34页。关于宋代科举较为详细的信息，可参见杨渭生著《宋代文化新观察》，保定：河北大学出版社，2008年5月第1版，第157—177页。

❸　请参见王家范、谢天佑：《中华古文明史辞典》，浙江古籍出版社，1999年，第627页。

授太子中允，并通判诸州。第四至六名均授予一定的官阶，第二至第五甲者也依次各授官阶。❶

在宋代，仁宗算得上是一位对于科举较为关注的皇帝。除了上述给予殿试合格者以一定官阶的做法，他还在天圣五年（1027）正式下令进士"以策、论兼考之"。有学者认为，太宗太平兴国三年（978）、仁宗的这一次下令以及神宗熙宁四年（1071）的这三次重大的改革，虽然执行过程中有些折扣，但却是改变了以往科举仅凭试诗赋取士的格局。❷

所以，冯梦龙的这篇故事，抛开其真实性如何我们暂时不提，单就历史上的宋仁宗而言，其对于科举取士的关注程度可谓不低。❸

故事的曲折性在于：如果以主人公赵旭（赵伯升）的实力，他榜上有名应当不成问题。然而，实际的情况是，在殿试这一关，他遇到了处事认真的仁宗。因此，就因为"唯"的偏旁存在争议（可以通用），这位西川饱学之士名落孙山，流落东京街头，寄希望于三年后的再次科考。

事情的转折发生在一年后，起因于仁宗的一次奇异的梦，由此，赵伯升的命运产生极大的变化。因为历史上的仁宗有过对于殿试合格者直接授官的举措，所以，我们尽可以相信赵伯升们的故事未必全然为虚构。而这一点，恰好说明，在宋代，君主对于科举的关注，取士大权操于君主之手。

说到这里，我们很可能会联想到同为北宋仁宗朝的另外一位读书人、当时最出色的词人柳永的命运。这位风流才子同样也醉心功名，科举不中还爱发牢骚。据说他的一首词《鹤冲天》就是在落第后所作，表达了他当时的情绪，其中最后的一句"忍把浮名，换了浅斟低唱"据说传到仁宗耳朵里，这位皇帝听后很不高兴。刚好此时有人推荐柳永做官，被仁宗当即否决。我们知道，柳永最终还是通过科举，并做过几任小官。❹ 因此，相较于柳永，我们这篇故事的主人公是幸运的。

最后，关于小说中的"制置"。笔者以为，这应该是指制置使这一官名。国内学者认为，制置使设立于唐代后期，在用兵前后为控制地方秩序而建置，位在刺史之下。五代时，成为地区的军事长官。宋代沿置，掌措置边防军，捍

---

❶ 请参见杨渭生著《宋代文化新观察》，河北大学出版社，2008 年 5 月第 1 版，第 164—165 页。

❷ 请参见上书第 160 页。

❸ 宋代朱弁《曲洧旧闻》卷一称宋仁宗"于科举尤轸圣意，孜孜然惟恐失一寒畯也"。转引自梁庚尧编著《宋代科举社会》，东方出版中心，2017 年第 1 版，第 5 页。

❹ 请参见侯会著《中华文学五千年》，中国青年出版社，1992 年 3 月第 1 版，第 288—293 页。

卫疆土，多兼经略使或安抚大使，以统兵官充任。其权任特重者，称为制置大使。❶ 以此看来，小说中称赵旭"从此西川做官，兼管军民"有点夸张。

结　语

科举取士滥觞于隋唐，之后一直延续到明清，是隋唐以来统治者选拔、任用官吏的重要手段或"正途"，其是对于以往门阀世袭制的反动，具有一定的进步意义。对于中国古代一般的读书人来说，科举无疑是改换门庭、向上流动的阶梯或主要途径。所谓"朝为田舍郎，暮登天子堂"反映的就是自北宋以来读书人的梦想与追求。

冯梦龙的这篇小说描写的主要人物赵伯升的遭遇正是表现了诸多士子遭遇中的一种，而且因为颇具传奇色彩，故而读来令人感到饶有兴致。

这篇故事似乎与当时的法律关系不大或曰涉法程度不深。但是，因为作为一种十分重要的选拔人才的制度，科举取士自隋唐到北宋业已成为统治者选拔人才治理社会的重要途径，因而其重大意义可谓不言而喻。

故事中的主人翁赵伯升无疑是幸运的，其命运由此发生巨大的变化。因此，在颇为严格的甚或缺乏人情味的制度之下，因为一种非常偶然的原因（处事认真的宋仁宗因为"梦的解析"转变了先前的态度），故事的发展有了巨大的转折，再一次出现了皆大欢喜的结局。

---

❶ 请参见陈茂同著《中国历代职官沿革史》，百花文艺出版社，2005 年 1 月第 1 版，第 599 页。

《众名姬春风吊柳永》

再谈天子与科举

故事梗概

这篇故事无疑是讲述北宋著名词人柳永的。但是，它并未一开始就直接讲柳永，而是先给我们讲了唐代的著名诗人孟浩然与唐明皇（即唐玄宗李隆基）之间的一次偶遇以及唐明皇一言否决孟浩然的故事。

故事介绍了柳永的家世、出众的才华、外形尤其是其在填词方面的过人之处。至于柳永在余杭任上，小说对其也称赞有加，突出了其对于月仙案的妥善处理。

柳永似乎有在官场进一步发展的可能。但因宰相吕夷简的衔恨报复，仁宗因此罢其官职，柳永"从此益放旷不检，艺妓为家"。

柳永死后，并无什么财产，其殡殓由众多钦慕其才华的名妓主持。此后一直到高宗南渡，"吊柳七"成为清明时节的一个风俗。❶

点　评

孟浩然、柳永分别为唐宋时期的著名诗人、词人，生前创造的诗词作品影响极大，并传之后世，经久不衰。但此二人由于种种原因，在政治仕途上不太得意。

就孟浩然（689—740）而言，少时隐居乡里（湖北襄阳），四十岁时到长

---

❶ 请参见冯梦龙：《喻世明言》第十二卷"众名姬春风吊柳永"。

安应进士举不第。在太学赋诗，名动公卿。漫游吴越，不久病逝。他是唐代山水诗代表人物之一，与另一大诗人王维齐名，并称"王孟"，有《孟浩然集》。❶

唐代是中国古典诗歌史上的黄金时代，涌现出一大批诗人，出现了数量极其庞大的诗歌。仅清人编辑的《全唐诗》就收录了 2200 多位诗人的 48900 多首诗，生动地展现出当时的社会风貌。❷

在清人编选的《唐诗三百首》中，孟浩然的作品就有 14 首，其中不少的诗为后人所喜爱和熟悉，如脍炙人口的五言绝句《春晓》等，由此即可以感受到他的诗歌的无穷魅力。与他同时代的诗人的作品中，也可以见到他活动的踪迹。例如，大诗人李白的《黄鹤楼送孟浩然之广陵》通过寥寥二十八个字，表现出深远的意境和无尽的思念等诸多复杂的感情。❸

我们知道，唐代科举取士成为时尚或正途，隐居乡间的孟浩然未必不为之心动。他的那首《临洞庭上张丞相》在描写洞庭湖的壮阔之美的同时，未尝不颇为巧妙地表露出自己的求仕之情。所以，我们可以理解其在四十岁时，仍千里迢迢来到首都长安想通过科举证明自己，从而以此进入仕途。

孟浩然或许可以凭借自己的诗名进入政坛。因为，尽管科举取士是当时的正途，但毕竟人数有限，大批官员走的是非科举入仕的途径，其中重要的一途是门荫。❹ 当然，囿于出身，孟浩然未必能够通过这一门道入仕。但是，以他"名动公卿"的赫赫诗名，是有可能如愿的。但一首《岁暮归南山》（即小说中所谓的"北阙休上诗"使他不得唐明皇的欢心，"由是终身不用"。在《新唐书》中，我们也可以看到与这篇故事十分接近的情节：某日，孟浩然到王维所在的内署去玩，突然玄宗驾到，孟只好躲到床下。玄宗发现后命他出来，问他最近诗作，孟便朗诵了上述这首诗。当念到"不才明主弃"时，玄宗说："卿不求仕而朕未尝弃卿，奈何诬我。"因放还乡。❺

柳永的命运与孟浩然有些相似，但也有所不同。作为官宦之子的柳永

❶ 请参见王家范、谢天佑：《中华古文明史辞典》，浙江古籍出版社，1999 年，第 592 页。

❷ 请参见张国刚、杨树森主编《中国历史·隋唐辽宋金元卷》，高等教育出版社，2001 年 7 月第 1 版，第 175 页。

❸ 请参见（清）蘅塘退士选编《唐诗三百首》，湖北人民出版社，1993 年 8 月第 1 版。

❹ 请参见张国刚、杨树森主编《中国历史·隋唐辽宋金元卷》，高等教育出版社，2001 年 7 月第 1 版，第 56 页。

❺ 转引自（清）蘅塘退士选编《唐诗三百首》，湖北人民出版社，1993 年 8 月第 1 版，第 89 页。比起年长的孟浩然，王维（701—761）不仅诗作与之齐名、诗情禅意融入其画作，而且，因为开元九年（721）进士及第，在仕途上较为顺畅，官阶最高时至尚书右丞，世称王右丞。请参见《中华古文明史辞典》，第 594 页。

（约 984 或 987—1053），曾是景佑元年（1034）进士，做过睦州掾官。皇佑间，献《醉蓬莱慢》，忤仁宗，久不得升迁，官止屯田员外郎，故世称柳屯田。❶

柳永善作歌词即所谓"填词"，多描写妓女、浪子，民间流传甚广，但为士人所轻。我们知道，宋代官方对于妓女多采取默许的态度，这一"烟花业"也经久不衰。生活在这一环境中的风流才子柳永，对于这一行业的女子所持的是一种欣赏的态度，其词作存世两百余首，经妓女的传唱而流入民间，以至于"凡有井水处，即能歌柳词"。❷

在《宋词三百首》中，柳永的词即有 13 首，其中的一些词作或佳句为世人和后人熟悉和喜爱，可见其文学地位非同一般。❸

或许柳永生活的时代，官员、士人与妓女交往并非什么大的过失。❹ 但是，过于频繁地混迹于花街柳巷则极有可能为同道所不齿，并有可能授人以柄。故事中提到当时的宰相吕夷简，即以此在仁宗面前诋毁柳永，使得后者仕途艰难，升迁无望。❺

在古代中国社会所有的皇帝中，唐玄宗李隆基（712—756 年在位）和宋仁宗（1022—1063 年在位）对待读书人的态度不算恶劣，或许孟浩然和柳永的表现也不尽如人意。❻ 之所以出现孟、柳二人仕途不顺的情况，原因在于当时整个社会的体制、风尚以及此二人自身的一些原因。设若孟浩然通过了科举考试，他的仕途或许会更为理想，他的不如意或许更多的是科举落第这方

---

❶ 请参见王家范、谢天佑：《中华古文明史辞典》，第 638 页。屯田员外郎：宋代在工部下设屯田司，置屯田郎中、员外郎，掌屯田、营田、职田、学田、官庄之政令及其租入种刘，兴修给纳诸事。请参见陈茂同著《中国历代职官沿革史》，百花文艺出版社，2005 年 1 月第 1 版，第 566 页。

❷ 请参见伊永文著《行走在宋代的城市》，中华书局，2005 年 1 月第 1 版，第 44—60 页。

❸ 请参见上疆村民编《宋词三百首》，湖北人民出版社，1993 年 11 月第 1 版，第 17—26 页。

❹ 在数百年后的《大明律》中，我们发现，在"官吏宿娼"条对于官吏（包括官子子孙）宿娼的，有明确的处罚规定，这无疑意味着明代的法律在此方面更为严峻。请参见（明）雷蒙麟撰《读律琐言》，李俊、怀效锋点校，法律出版社，2000 年 1 月第 1 版，第 454 页。

❺ 吕夷简（979—1044），北宋寿州（治今安徽凤台）人，咸平进士，数度拜相，有一定政绩。初期从政时，能直言相谏，为人也公道。仁宗时，复召为相，自是专权，挟私报复。请参见《中华古文明史辞典》，第 637 页。请参见邹元初编著《中国宰相要录》，海潮出版社，1996 年 1 月第 1 版，第 338—340 页。柳永与吕夷简之间是否有过节，从本人了解的情况来看，尚无明确的史料可以证实。故事将吕夷简作为柳永仕途上的克星，或许是因为吕夷简其人后期专权跋扈过于出名，因此将他与柳永的命运联系在一起，可能更合乎逻辑。

❻ 关于唐玄宗、宋仁宗的相关信息，请参见晏振宇编著《中国皇帝传》，中国人事出版社，2003 年 12 月第 1 版。

面的原因。❶

至于柳永，已经顺利通过科举，身在体制之内。其仕途的不顺或许也得从自身找找原因——在一个虽然较为宽容、开放的时代，对于官员却很可能有着更高的道德约束或要求。因此，其过于放纵的言行或许是他在官场不太得意的主要原因之一。

最后，我们要说，这两位对于仕途不无追求的著名诗人、词人虽然由于某种原因并未入仕或官居高位，但其流传的佳作却早已超越时空。在这个意义上，他们已经以自己的作品为自己树立了丰碑。

结　语

从 6 世纪的隋朝一直到清末，科举在中国延续了大约 1300 年之久，这一现象自然值得关注和研究。❷ 仅就冯梦龙的"三言"来说，与科举相关的故事、人物即不胜枚举，《众名姬春风吊柳永》就是其中一个颇为引人瞩目的部分。当然，冯梦龙的这篇白话小说其实并不止讲述了柳永，而且更早地讲到了唐代另一位同样不得志的读书人、为后人景仰的大诗人孟浩然的故事。

估计对于孟浩然与柳永的故事，众多的读者都比较熟悉。冯梦龙刚好在此前也讲到另外一个事关科举的故事，亦即《赵伯升茶肆遇仁宗》，因此，无论是《赵伯升茶肆遇仁宗》还是《众名姬春风吊柳永》，故事似乎与北宋的宋仁宗均有一定的联系。而且，柳永的仕途不顺利，似乎与仁宗的不宽容有着莫大的关系。所谓"忍把浮名，换了浅斟低唱"几乎可以说是仕途不顺的柳永的内心写照。

较之于战国时期，唐宋或许对于读书人的态度不会更为开明。但是，在唐宋之后的古代中国社会，大体上来说，其（唐宋）算得上更为宽容，尤其是相对于屡兴文字狱的清代，生活在唐宋时期的读书人可谓生逢其时或曰幸运。

---

❶ 在同时代未通过科举入仕的著名诗人中，李白或许是一个比较特殊的例子，其曾被玄宗召入宫中在翰林院任待诏，后在安史之乱中被永王李璘征召为属吏。这说明，当时的君王对于人才还可以通过征召这样一种颇具古风的取士为己所用的方式。请参见（后晋）刘昫等撰《旧唐书》，刘后滨译，中国出版集团现代教育出版社，2011 年 5 月第 1 版，第 255 页。

❷ 实际上，近年来国内对于中国古代的科举有不少颇为深入的研究。例如，傅璇琮先生的专著《唐代科举与文学》可谓这方面的一例。请参见傅璇琮：《唐代科举与文学》，陕西人民出版社，2007 年第 1 版。

其中一个重要的原因就是唐朝建立后，继承和发展了隋朝确立的科举取士制度，为当时的读书人开放了一个向上流动的机会，同时也为社会的治理选择了一个正确的方向。所以，抛开科举取士中的种种弊端先不谈，这一制度本身的优越性（至少就其对于先前的门阀制度来说）是不容否认的。

当然，这一制度也不可避免地存在一些漏洞。如果作为最高统治者的皇帝或"天子"出于个人好恶直接干预或否定的话，则无异于对科举制度的某种破坏或不良影响。具体到孟浩然与唐明皇的故事或纠葛，很难说身为天子的唐玄宗就不带有个人的主观偏见或好恶。而就著名的大诗人孟浩然来说，尽管诗名闻名天下，但或许因为某种原因，在科举上未必就能够如同其诗名那样成功。其实，有唐一代，在科举的道路上取得成功者毕竟属于少数。

宋朝在结束五代十国的乱象之后，其治理社会的经验和教训也是令人甚为关注和探究的。仅就其对待科举取士的政策而言，似乎比起其先前的唐朝更为开明和开放。或许是出于对五代十国时期的武人乱政的忌惮，北宋立国之初即确立了重文轻武的政策，且这一传统在历经三百余年的两宋几乎没有太大的改变。❶

柳永的仕途不得志，估计原因较为复杂。尽管当时的社会对于文人或官员混迹于青楼于法律制度上不如朱明王朝规定得如此严厉，❷但道德、舆论等方面的压力估计不能够完全忽略不计。而且，影响到仕途升迁的因素很多。当然，如果被贵为天子者一言否定，则相关当事人在官场也就难以进入高位。

---

❶　请参见游彪：《宋史十五讲》，凤凰出版传媒集团凤凰出版社，2011 年第 1 版。
❷　请参见《大明律》"官吏宿娼"条的相关规定，宿娼的话，这一规定不仅给予官吏本身，而且对于官员的子孙也有颇为严厉的处罚。

变乱时期的人性、婚姻家庭及法度

故事梗概

北宋徽宗宣和年间（1119—1125），西京（今洛阳）人士邢家与单家为连襟，指腹为婚，相约在单家之子符郎（小名，本名单飞英）与邢家女儿春娘（小名）成年后完婚。

宋徽宗宣和七年，邢公选任为邓州顺阳县知县，单公选任为扬州府推官，"各要挈家上任"，相约任满之日，归家成亲。

不料，邢知县在上任不久遭遇南下的金军，满门遇害，春娘（12 岁）为乱兵所掠，被转卖在全州乐户杨家（七千钱），鸨母将她改名杨玉，教以乐器歌舞，无不精绝。

单推官则因率民兵护驾（宋高宗）有功，"累迁郎官之职，又随驾至杭州"。

在杭州（后改为临安），单公经过暗地打听，结识邢知县之弟邢祥（外号"四承务"），获知邢家近况。因媳妇尚在，不便悔婚，于是与四承务仍以亲戚关系走动。

绍兴元年（1131 年），朝廷追授南渡之功，单飞英（符郎）受父荫，得授全州司户。❶ 上任后某日，逢州守设公堂酒会饮。在众官妓中，符郎对于杨玉情有独钟。

同僚司理郑安看出单司户心思，安排符郎与杨玉私下相会，由此符郎知道杨玉原来就是自己的未婚妻，并得知其厌恶自己目前所处的贱籍。

---

❶ 根据笔者的了解，小说中的全州应该在广西境内，距离桂林 125 公里，属于桂林市管辖。

单司户修书一封给父亲，表示自己愿意娶春娘为妻。单公阅信后请四承务商议，由其亲往全州主持婚事，另由单公致书新任全州太守，请求其为春娘脱籍。

经过一番周折，符郎与杨玉终于成婚。

单司户三年任满，春娘建议请养父母、旧日同行姊妹相厚者十余人会饮。其中一名叫李英的妓女，与春娘情同姐妹，也十分希望脱籍。经春娘再三请求，单司户与同僚兼好友郑司理一起去求太守，后者玉成此事，将李英脱籍，送归单司户。"司户将太守所赠十万钱一半给与李姬（李英养母，老鸨——本文注），以为赎身之费；一半给与杨姬（老鸨，杨玉养母——本文注），以酬其养育之劳。"

单公不乐，但因为单老夫人从中劝解，单家终于留下李英。单飞英后来先后迁授令丞。上司因为其不嫌弃妻妾，"皆以为有义气，互相传说，无不加意钦敬，累荐至太常卿"。李英生一子，春娘视为己出，后该子读书及第，成为临安望族。

点　评

这是发生在北宋末年、南宋初年的一则故事，体现出一定的曲折、复杂和感人至深的东西，与变乱时期的人性、婚姻家庭及法律等均有不同程度的联系。

指腹为婚、亲上加亲在古代中国社会可能是一种为一般人可以接受并相对普遍的现象，故事中两位主人公的婚姻就是如此安排的。在今天的我们看来，单、邢两家父母对于各自子女未来的这种处分，实际上是包办婚姻的表现。而且，今天我们的婚姻法是反对这种所谓亲上加亲的做法的。但是，在当时，由于男女两性的结合目的在于"合二姓之好，上以事宗庙，下以继后世，故君子重之"，是一种由来已久的习惯，所以，不仅是当事人，而且，即便是其父母的婚姻也普遍如此，估计一般人也不会反对。❶并且，在当时的环境下，这种婚约不仅具有世俗的意义，也具备法律上的约束力，以至于后来单公（符

---

❶　郭东旭教授的研究表明，在宋代，结婚的方式除了传统的聘娶婚、买卖婚、招婿婚之外，还出现了指腹婚、养媳婚等形式。其中，指腹婚是指尊长为胎儿缔结的婚约，是"父母之命"，是包办婚姻的一种特殊形态，其在东汉初年即已出现，至宋代则日益普遍。请参见郭东旭著《宋代法制研究》，河北大学出版社，2000年8月第1版，第420—422页。

郎的父亲）得知连襟家遭遇不幸，未来儿媳妇下落不明，意欲悔婚但却不敢轻易为之。这种顾忌，应当说是因为婚姻的缔结在古代社会是一种极为严肃的事情，不得随便放弃或更改。❶

故事发生的背景可谓极为特殊，跨越稳定与乱世，主人公以及他们同时代的人们命运的改变和截然不同均由一个重大的历史事件所造成，此即北宋末年的金军南下。这一重大的历史事件对于当时众多的民众、官吏乃至于北宋皇室和整个北宋社会的影响抑或破坏无疑是巨大的，所造成的后果非本文于此寥寥数语即能够叙述清楚。❷

就我们读到的这篇故事而言，金兵南侵彻底改变了单、邢两家人的命运：邢知县上任不到半年，遭遇"金将斡离不攻破了顺阳，邢知县一门遇害"，女儿春娘被转卖在乐户杨家。单家主人单公在扬州府任推官，不仅躲过金兵南下这场灾难，而且因为"率民兵迎驾有功"，官至郎官，并泽及其子符郎。❸

春娘的命运就此发生逆转，并因此堕落贱籍。我们知道，乐户亦称乐工、乐人，古代杂户的一种，专门从事吹弹歌唱，名入乐籍，身份低于良人，高于

---

❶ 笔者以为，故事中的单公之所以没有悔婚，一则是因为婚约的缔结很大程度上由两家的主妇即亲姐妹二人促成，当初的两姐妹之一的单妻即单老夫人后来还健在；二则是因为相关法律对于悔婚行为有一定的约束力。例如，《宋刑统·户婚律》对于辄悔"私约"者的规定是"辄悔者，杖六十"。请参见郭东旭著《宋代法制研究》，河北大学出版社，2000年8月第1版，第422页。

❷ 靖康元年（1126），金兵第二次南侵，掳掠徽、钦二帝，大肆搜刮宋朝宫廷内外的府库及官民的金银钱帛。次年，金将徽、钦二帝以及后妃、皇子、宗室、朝官共三千多人一起押解北撤，宋朝皇室的宝玺、舆服、法物、礼器、文物、图册等也被洗劫一空，北宋至此灭亡。请参见张国刚、杨树森主编《中国历史·隋唐辽宋金元卷》，高等教育出版社，2001年7月第1版，第219页。

❸ 推官：唐代在节度使、观察使下置推官，掌勘问刑狱。宋代沿用此制，实际上成为一郡之佐官。请参见陈茂同著《中国历代职官沿革史》，百花文艺出版社，2005年1月第1版，第621页。郎官：或称郎，原为君主的护卫陪从，随时建议、备顾问及差遣，战国时即有之。后世以侍郎、郎中、员外郎为各部要职。请参见陈茂同著《中国历代职官沿革史》，百花文艺出版社，2005年1月第1版，第621页。荫补：在宋代，其是科举选官制度的一种补充，以恩泽得官的不仅是直系子孙，还可以推及旁支、异姓，甚至于门客。请参见陈茂同著《中国历代职官沿革史》，百花文艺出版社，2005年1月第1版，第345页。在《单符郎全州佳偶》这篇故事中，其获得的全州司户一职应该就是荫补的一种表现。这种得官的形式不仅在这篇小说中有所体现，在我们熟悉的古典名著《水浒传》中，我们会不止一次地发现宋江给他的梁山兄弟们传递的这种谋求"封妻荫子"的想法，这也说明，除了科举为正途之外，在宋代，进入仕途的途径较为多元、开放，并业已形成为制度，为人们所了解和追求。司户：官名。汉魏以下有户掾，主民户。北齐称户曹参军。唐制：府称户曹参军，州称司户参军，县称司户。宋亦设司户参军，兼司仓之职。元废。信息来源：http://baike.baidu.com/view/5093611.htm，访问日期：2013－06－15。司理：官名，北宋太祖开宝六年（973）设立司寇参军，以新进士及选人充任，掌司法、狱讼，后改称司理参军，简称司理。请参见《中国古文明史辞典》，第77页。宋朝地方设州（府、军、监）、县二级，长官为知州，下设通判同领州事，其属官有录事、司户、司法、司理等各曹参军。其中，司户参军主管户籍、赋役、仓库受纳。司理参军主管审讯刑狱。请参见邓广铭、漆侠、王曾瑜、陈振著《宋史》，中国大百科全书出版社，2011年1月第1版，第112页。

奴婢。❶ 当然，我们阅读的这篇故事告诉我们的是春娘（后被改名为杨玉）的养母实则为老鸨，则春娘并非单纯意义上的乐户，而是妓女，小说中也出现了"诸妓调笑谑浪，无所不至，杨玉嘿然独立，不妄言笑，有良人风度"❷。而且，小说中还清楚地告诉我们，宋朝的官妓在官府有公私宴席时，"听凭点名唤来祗应"。如此，才会有作为年轻有为的官员单符郎与之相见的机会。

所幸的是，获知实情的符郎并未乘机毁掉这门婚事，而是首先积极寻求父亲和春娘叔叔的支持。当然，摆在单符郎面前的障碍不少，因此，寻机为春娘脱籍就成为其主攻的一件事情。我们无从知道在当时的社会，对于买良为娼者是否惩罚。即便法律上有此规定，估计对于参与买卖的双方而言，也未必都能够施予应有的惩罚。这是因为，卖方（乱兵，"得钱十七千而去"）早已经不知所终；而作为买方即老鸨杨氏夫妇，并不见对其有任何的惩处，反而还要由单符郎转交太守赠与的十万贯钱给李姬（李英养母，即老鸨）和杨姬（杨玉养母，即老鸨）。

当然，春娘和李英二人的脱籍成功，与单家父子所处的地位或官阶关系甚大，也与处理此事的太守的玉成、同僚郑司理的相助以及通判的正直、敢言有关。❸

此外，小说也告诉我们，作为地方官员的单司户三年任满即要离开。这种规定，在今天相关的学术研究中可以获得印证。例如，有学者认为，宋朝的地方官任期三年，三年任满即走，即所谓"三年一易"。❹

最后，关于我们这篇故事的主人公单符郎并未因为娶了堕入风尘的两位妓女为妻妾就遭到同僚尤其是上司的轻视。相反，他因为讲究义气，受到上司官的称赞，后来"累荐至太常卿"。❺

结 语

《单符郎全州佳偶》的特殊之处可能在于这是一个发生在动荡时期的故

---

❶ 请参见王家范、谢天佑：《中国古文明史辞典》，浙江古籍出版社，1999 年，第 11 页。

❷ 请参见冯梦龙：《喻世明言》第十七卷"单符郎全州佳偶"。

❸ 通判：这是宋代不同于前代的一种官职，设在府州，作为皇帝的耳目，以牵制府州一级官吏的一切行动。请参见陈茂同著《中国历代职官沿革史》，百花文艺出版社，2005 年 1 月第 1 版，第 337 页。

❹ 请参见陈茂同著《中国历代职官沿革史》，百花文艺出版社，2005 年 1 月第 1 版，第 337 页。

❺ 有学者认为，在宋代，太常寺卿为正四品或从四品。请参见陈茂同著《中国历代职官沿革史》，百花文艺出版社，2005 年 1 月第 1 版，第 329 页。

事，由此映照出特殊时期的人性或人性中善良的一面，这方面的代表人物就是这篇故事中的主人公单符郎、其乐于助人的同僚兼好友郑司理以及全州太守等人，当然，也包括后来为他的动人事迹所感动的同僚和上司官。因此，人性中光明的一面应当是令我等阅读这篇小说后为之动容的一个重要的原因。由此，我们可以感受到小说所反映的南宋初年的官场对于类似单符郎这样的不忘旧约或不因此毁弃早年婚约的官员的赞赏和宽容，这种具有正能量的宽和风气殊为难得。

这篇故事当然也关乎当时的婚姻家庭与法律。例如，单符郎与邢家女儿春娘（即后来不幸堕入风尘的杨玉）的婚姻的缔结依然遵从传统的"父母之命"。而且，这种传统在古代中国社会历来获得法律制度的强力支持。

故事在后来的变化、转折抑或发展等，均与当时重大的历史事件的出现不无联系——金军南侵、北宋灭亡。这一重大的历史事件因此也改变了包括单、邢两家在内的诸多北宋君臣、军民人等的生活，其悲剧性的浓重色彩似乎非言语所能够表达。

古代中国社会几乎毫无疑问是一个颇为讲究身份的社会，人们被人为地分为三六九等，这种情况在这篇故事中也有一定的反映。譬如，春娘（杨玉）在遭遇乱兵劫掠并转卖给乐户之后，即不幸堕入贱籍，再想恢复官宦之后或者平民之身几乎成为不可能的事情。若非太守出手相助，加上单符郎父亲及单符郎自身的官员身份以及同僚的大力相助，春娘以及另一位不知何故堕入贱籍的李英恐怕是几无可能嫁给单符郎的。因此，冯梦龙的这篇小说在黑暗之中给我们投射出一片曙光，从而给读者带来的是喜悦和希望。

《杨八老越国奇遇》

元代的倭寇、社会、传奇及司法审判

故事梗概

故事先从宋朝的吕蒙正、杨仁杲等人的传奇讲起，然后才步入正题。

元朝至大年间（1308—1311），陕西西安府鄠屋（今周至）人士杨复（小名八老），祖上原在闽、广经商，娶妻李氏，生有一子已七岁，名世道。

杨复读书不就，经与妻子商量，决定带小厮（名随童）去东南经商。来到漳浦，寄宿在檗妈妈家。经过后者说合，入赘檗家，娶其新寡独生女，生下一子，取名檗世德。三年后，杨八老执意回关中（陕西）探望。

路途中，恰遇倭寇来犯，杨八老与许多中国百姓被掳往日本，成为假倭。

十九年后（元泰定年间），因为日本国年岁荒歉，众倭纠伙，再寇中国，杨八老也被裹挟在内，乘船随东北风来到温州。

元军在普华元帅领导下，大败倭寇。老王千户率人在顺济庙搜出杨八老等十三名假倭，恰好遇见老王千户贴身随从王兴（当年失散的随童）相救。在老王千户、王兴等人的禀告和请求下，普华元帅同意将杨八老一行人押解到绍兴郡丞杨世道处，"审明回报"。

经过李氏确认，杨八老父子、夫妻及儿媳相认，皆大欢喜，其他十二名假倭释放。闻听此事的檗太守前来庆贺，得知杨八老的奇特遭遇，回去告知母亲，后者建议太守"置酒留款"，确认其是太守生父，亦是合家欢聚。

最终，经历过多年磨难的杨八老巧遇其两房夫人、均已入仕的二子。而且，"普华元帅表奏朝廷，一门封赠"。檗世德归宗，仍叫杨世德。"八老在任上安享荣华，寿登耄耋而终。"

点　评

　　这是一个由于倭寇来华作乱而引发的悲欢离合的动人故事。之所以称为奇遇，是因为故事的主人公杨八老在多年之后，不仅死里逃生，而且还十分意外地遇到自己的两房夫人和业已成功进入仕途、成家的二子，并受到朝廷的封赠，高寿而终。

　　通常，我们将日本倭寇来华侵犯的时间定位在明朝。这一时间上的定位，可以见之于著名明史专家吴晗先生（1909—1969）和当前较为权威的历史教科书。❶ 近年来一些相关的深入研究显示，《高丽史》于1223年首次见到倭寇的文字。日本方面的《吾妻镜》记载，贞永元年（1232）肥田镜社的人在高丽当海盗的事。袭击朝鲜半岛的倭寇，其行动地域延伸到中国大陆，攻击了元、明。❷

　　因此，冯梦龙的这篇小说提到杨八老是在元朝至大年间（1308—1311）外出经商，大约三年后遭遇倭寇，在日本滞留一十九年，前后约22年方才侥幸与家人团聚。以此推算，故事的结局差不多是在元顺帝元统元年（1333）前后。所以，我们可以通过这篇故事来印证所谓倭寇来犯的时间并不限于明朝，而是更早地发生在元朝。

　　小说中还提到所谓"真倭"与"假倭"的问题，小说的主人公杨八老以及大批被掳掠的中国民众当属"假倭"，即被胁迫者。

　　本文的兴趣当然主要还是在于故事中提到的元代官制，如元帅、太守、郡丞、千户、统军以及审讯制度、科举任官等。

　　相关研究表明，忽必烈建立元朝后，因受汉族士大夫影响较深，其典章制度源自中原王朝尤其是金朝的较多。但是，在局部的配置上，仍有不少蒙古旧制掺杂其间，形成为元朝制度建设的一大特色，这一特色在其职官制度方面有比较典型的反映。❸ 以此来对照冯梦龙的这篇小说，我们可以发现，太守、郡

　　❶ 请参见吴晗著《吴晗论明史》，武汉出版社，2013年1月第1版，第85—88页。请参见郭成康、王天有、成崇德主编《中国历史·元明清卷》，高等教育出版社，2001年7月第1版，第197—200页。
　　❷ 请参见樊树志著《明史讲稿》，中华书局，2012年11月北京第1版，第236页。
　　❸ 请参见郭成康、王天有、成崇德主编《中国历史·元明清卷》，高等教育出版社，2001年7月第1版，第46—47页。

丞等官职很有可能沿袭了中原王朝的制度。❶

　　元帅是全军统帅或军事长官的尊称, 源自春秋时期。在元代, 外省和边疆常设有都元帅、元帅府或分元帅府及达鲁花赤、元帅等, 为地区军事长官。❷小说中多次出现的平江路普花元帅, 应当就是地方上的一位军事长官。出现"路"这一级行政机构, 可以对应历史上元代在行省之下设置的路这一级行政区划。❸

　　统军这一官职始于北魏, 金代于河南、山西、陕西、益都置统军司有统军使、副统军等官。❹ 因为前面说到, 元朝袭用中原王朝尤其是金朝制度较多, 因此, 统军这一官职很可能是学习金朝制度。

　　千户, 金初设置, 为世袭军职, 即女真语猛安之意译。统领谋克, 隶属于万户。元代相沿, 设千户所, 长官为千户, 即千夫之长, 隶属于万户。❺

　　对于抓获的"倭寇", 小说中交代, "明日解到军门, 性命不保"。这句话意味着, 如果交由军方处置, 则多有可能造成冤案。事实上, 小说中提到, 杨八老等十三名"假倭"被带到普花元帅处, 后者即称"既是倭犯, 便行斩首"。若非王兴、老王千户求情和嫌疑犯喊冤, 则这十多个人立马人头落地。

　　或许这种草菅人命的行为还算不了什么, 比这更恶劣的是当时的官军会因此杀人请赏。小说中对此有所描述, 真实的历史也不乏其例。❻

　　郡丞在小说中被认为是仅次于太守的职位, 类似于宋代的通判。小说中描写了杨郡丞即杨世道对于杨八老在内的十三名倭犯审讯的细致和认真, 最终, 因为其母确认, 这十三人终于获救。

　　最后, 谈谈元代的选官制度。相关研究显示, 元代选官制度较为独特: 高级官僚基本上为上层蒙古、色目贵族以及少数汉族勋贵; 中下级官僚中, 出身吏员者占了压倒多数, 而以儒晋身者仅占 5%。❼ 因此, 我们主人公的两个儿

---

　　❶　当然, 就金朝 (1115—1234) 而言, 其官职除了沿袭辽宋之外, 也有自身的一些特色, 譬如猛安谋克制 (军政合一, 仅在女真、奚、契丹人地区实行)。请参见张国刚、杨树森主编《中国历史·隋唐辽宋金元卷》, 高等教育出版社, 2001 年 7 月第 1 版, 第 264 页。

　　❷　请参见陈茂同著《中国历代职官沿革史》, 百花文艺出版社, 2005 年 1 月第 1 版, 第 565—566 页。

　　❸　请参见同上书, 第 403 页。

　　❹　http://baike.baidu.com/view/1110961.htm, 访问日期: 2013 - 06 - 18.

　　❺　请参见陈茂同著《中国历代职官沿革史》, 百花文艺出版社, 2005 年 1 月第 1 版, 第 549 页。

　　❻　请参见冯梦龙:《喻世明言》第十八卷"杨八老越国奇遇"。关于明朝历史上的这种情形 (诸如斩获"假倭"以求功赏等), 请参见樊树志著《明史讲稿》, 中华书局, 2012 年 11 月北京第 1 版, 第 233—234 页。

　　❼　请参见郭成康、王天有、成崇德主编《中国历史·元明清卷》, 高等教育出版社, 2001 年 7 月第 1 版, 第 47—49 页。

子能够通过科举即同进士出身，殊为不易。因为，元代从延佑元年（1314）恢复科举一直到元末（1368），科举仅举行9次，其规模、录取人数等与唐宋相比，显得十分微弱。❶

结　语

如果抛开这篇小说的传奇色彩暂且不谈，小说中反映的某些情况或许刚好与历史有着非常惊人的巧合。比如，倭寇对于中国的侵扰很可能不限于明朝（可能明朝的倭寇问题变得更为突出，因而也更加令人关注），而早在元代即已出现，并成为当时朝野关注的一个问题。

冯梦龙这篇小说的一个贡献或许在于其在不经意之间，除了谈到元代即已出现的倭寇及其对于当时社会尤其是东南沿海的侵扰和破坏，而且还谈到了当时的政治法律制度等。例如，元朝官制（包括其官名、隶属关系、各自享有的权力等）、任官制度（杨八老的两位同父异母的儿子均由当时极其不容易的科举一途进入官场）以及法律制度特别是对于倭寇的司法审判活动。

我们知道，自隋唐以来的科举制度到元代实际上大为衰落，当时的官员队伍中经过其他途径（如果科举被奉为正途的话）者所占比例大大超过经由科举进入者。所以，故事中的元帅、统军、千户等较为明显地反映出金元时期的特色，也比较能够体现当时蒙元勋贵占主导的社会现实。❷

司法审判活动自然是笔者重点关心的问题。在这篇小说中，元军针对"倭寇"的处置几乎可以说是十分的草率或曰到了草菅人命的地步。如果不是杨八老昔日的随童王兴和老王千户等人的极力相助，杨八老等十多名"假倭"早就被军法处置了。至于当时的官军如果滥杀无辜或杀人请赏，则无疑是对于法制的践踏和破坏。幸运的是，我们的主人公和其他十多名被胁迫的"假倭"遇到了王兴、老王千户以及审案认真、细致的杨郡丞（杨世道）等人，其命

---

❶　请参见叶孝信主编《中国法制史》，北京大学出版社，1996年10月第1版，第293页。

❷　近年来的相关研究表明，元朝建立以后，统治者按照被征服的先后等为标准，将全体人民分为蒙古、色目、汉人、南人四等，地位依次由高到低，其不平等表现在许多方面。例如，当时的蒙古人、色目人垄断高级职位，汉人、南人进入高层受到种种限制。即便一段时间有了科举，但总人数极为悬殊的四等人在录取的名额方面却平均分配。后两种人的法律地位也明显低于前两种人（尤其是蒙古人）。请参见郭成康、王天有、成崇德主编《中国历史·元明清卷》，高等教育出版社，2001年7月第1版，第84—85页。关于元朝的管制、军事、法律及官员铨选情况等，另可参见韩儒林、陈得芝、邱树森、姚大力著《元史》，中国大百科全书出版社，2011年1月第1版，第63—80页。

运才由此发生根本性的转变。因此，如果仅从这篇故事来看的话，我们实在难以获得元朝的法制执行得较好这样一种结论。❶

婚姻家庭问题在小说中也得到了一定程度的描述。例如，杨八老在陕西老家早已娶妻生子，但作为行商的他在福建漳浦又可以另行纳妾生子。这种情况在当时似乎十分正常，不成其为问题。根据我们的了解，元代的法制可以归纳为三个主要的特色：其法律的总体精神受唐宋法律（主要是唐宋法典）影响较大；二是继续保持蒙古族传统之余韵，在婚姻、宗教、刑罚方面尤其突出；三是南北异制，即强调在不同的民族区域实行不同的法律。❷ 如果上面所说的第一个特色即元代法律受唐宋法律影响较深的观点成立，则我们就不难理解冯梦龙这篇故事中的主人公杨八老在娶妻生子之后，又可以在商旅途中另行纳妾（入赘樊家）的行为不受当时法律和习俗制约的原因之所在。

---

❶ 例如，有学者认为，元代始终没有制定完备的法典，在司法活动中，随意性较为明显。这些或许可以说明，元代至少在立法和司法方面谈不上健全。请参见韩儒林、陈得芝、邵树森、姚大力著《元史》，中国大百科全书出版社，2011 年第 1 版，第 72—75 页。

❷ 请参见张晋藩主编《中国法律史》，法律出版社，1995 年第 1 版，第 321 页。

传奇、风俗与法制

故事梗概

　　南宋高宗年间（1127—1162），浙江永嘉人士杨谦之（杨益）授贵州安庄县令。出朝后，遇见镇抚使郭仲威，二人同见镇抚周望（见贬连州）。半个多月后，与被贬连州的周望同行。

　　众人（杨、周在内）从镇江雇船出发，乘客中，有一位游方僧人去武当山烧香，因为行为粗鲁，不受他人欢迎，但本领非凡。杨益安顿僧人在自己舱里住下，后者感激杨益的款待和平易，决定先不去武当，而是陪伴杨益去广里。

　　半个多月后，周望与杨益告别去连州，将杨益托付给僧人，后者与杨益另乘小船来到偏桥县僧人的故乡。

　　僧人安排其寡居的侄女李氏等人伴杨益同行赴任。一路上，由于有李氏，杨益躲过天灾（大风沉船的危险）、人祸（都堂购自南越国的进献朝廷的奇味蒟酱被人偷窃卖给杨益，后退还给追兵）。

　　上任后，杨益得知附近的马龙有位薛宣慰司，为唐朝薛仁贵之后，便设法与之相识，结为知己和异姓兄弟，并获得后者厚赠。

　　其间，有一妖人庞老人与李氏斗法被击败，后者在杨益离任时，送银二千余两。又因为当地给地方官送礼成风，因此，杨知县在任三年有余，"得了好些财物"。

　　杨益后来才知道，李氏为僧人向其夫借来相伴，现在要送归其夫。杨益将其任上所获"宦资"称作十份，自取6份，李氏3份，僧人1份。杨益与李氏依依不舍而别，僧人护送杨益到临安，杨益又厚赠僧人若干，"又修书致意李氏，自此信使不绝"。

点 评

这是一篇颇具传奇色彩的故事，意在告诫人们为人应谦和、低调。

南宋虽然有主战派极力主张收复失地，但主和派占据上风，故在军事方面少有作为，宋金于战和之间，后来形成对峙，先后为蒙元所灭。❶

故事发生在高宗年间（1127—1162）。此时的大宋失去了近半壁河山❷，1141 年的宋金议和，更是使得金宋成为君臣关系。但是两国的关系或许因此相对稳定下来一段时间。其后，虽有交战，但也难改双方对峙的大局。❸

古代官员上任、到任之后并非一帆风顺，不时有诸多意外或凶险。在《三言二拍》中，这种情况占一定比例。比较惨烈的如《醒世恒言》中的第三十六卷《蔡瑞虹忍辱报仇》：在父亲上任途中，一家四口与多名童仆、丫环被不良船家勾结船上水手杀害，财物被歹徒瓜分，家中长女蔡瑞虹受尽侮辱，多次被转卖，最后才寻得机会使众多凶犯绳之以法。❹

杨谦之的遭遇倒没有这样悲惨，但是也不乏凶险。由于其赴任的是贵州安庄县，该县在当时人们心中，"地接岭表，南通巴蜀，蛮獠错杂。人好蛊毒战斗，不知礼仪文字；事鬼信神，俗尚妖法，产多金银、珠翠、珍宝"。因此，在建炎二年（1128），杨益奉旨辞朝时，宋高宗也动了恻隐之心："卿处殊方，诚为可悯；暂去摄理，不久取卿回用也。"❺

---

❶ 两宋的"对外关系"尤其是与辽金元的关系值得探究，这方面的相关研究已经颇为丰富和深入。北宋灭亡于金，南宋灭亡于元，其政治、经济、军事、法律制度等方面的欠缺或欠妥应当是主要的原因。

❷ 南宋国土比北宋约减少五分之二。请参见邓广铭、漆侠、王曾瑜、陈振著《宋史》，中国大百科全书出版社，2011 年 1 月第 1 版，第 132 页。

❸ 请参见晏振宇编著《中国皇帝传》，中国人事出版社，2003 年 12 月第 1 版，第 501—504 页。

❹ 请参见冯梦龙著《醒世恒言》第三十六卷《蔡瑞虹忍辱报仇》。关于中国古代官员上任的风险或凶险，有学者有一定的研究。请参见郭建著《非常说法——中国戏曲小说中的法文化》，中华书局，2007 年 8 月北京第 1 版，第 105—108 页。

❺ 请参见《喻世明言》第十九卷。当然，这篇小说还提到杨益在建炎二年辞朝，皇帝临轩亲问，此为宋朝制度，并与宋高宗有一段简短的对话。关于临轩亲问，有学者认为至少在唐玄宗年间即已出现过。信息来源：http：//xy. eywedu. com/29/013html/mydoc13022. htm，访问日期：2013 - 06 - 20. 那么，这一制度就不能算是宋朝首创，但或许为其沿袭，并成为制度。关于蛊毒及其对于蛊毒的恐惧，请参见郭建著《非常说法——中国戏曲小说中的法文化》，中华书局，2007 年 8 月北京第 1 版，第222—225 页。

由于当时条件的限制，杨谦之（杨益）赴任行程所花的时间在我们今天看来实在是很漫长：他们一行三十多人雇船从镇江出发，半个多月后才到达广东琼州，在此与遭贬同行的周镇抚告别。❶ 然后，来到偏桥县等候侠僧及其推荐的侄女李氏等人。又经过十多天，来到牂牁江。避开天灾（大风沉船的危险）与人祸（都堂❷购自南越国的进献朝廷的奇味蚳酱被人偷窃卖给杨益，后退还给追兵），最后才到达上任所在地。❸ 因此，加上路途中等待的时间，杨益一行到达安庄县共计花去了一个多月。

杨益的聪明在于他出发之前刻意结识遭贬去广东连州的镇抚周望。由于他的谦和、平易，又赢得为他人不喜的侠僧的相助（通过其法力同样高超的侄女李氏）。因此，在后来任职期间，无论是妖人庞老人如何难缠，还是与临近的薛宣慰❹如何相处，李氏均起到了极其重要的作用。当然，杨益本人的为人处世之道及其出众的知识与文采等也给他自己带来了诸多的收益。❺

从这篇小说来看，直接涉及法律的似乎不多。但是，在极其有限的信息当中，我们还是可以窥见一些值得玩味的东西。譬如，在法律与地方风俗之间，当地普通民众的一般选择：夷人告纸一状子，不管准不准，先纳三钱纸价。每限状子多，自有若干银子。如遇人命，若愿讲和，里邻干证估凶身家

---

❶ 镇抚使：官名。南宋始置。高宗建炎四年（1130），以参知政事范宗尹议，以武装集团首领李成、桑仲、郭仲威、许庆为镇抚使。在诸使所据地区，除茶盐由朝廷置官提举外，其余均归镇抚使便宜行事。以后诸使或战死，或降伪齐，仅余荆南解潜。赵鼎为相，召潜主管马军，遂罢不置。据史料记载，同年，抗金名将岳飞也被任命为通泰镇抚使。信息来源：http://baike.baidu.com/view/983773.htm，访问日期：2013-06-21.这样看来，小说中的郭仲威在历史上确有其人。但是，如果这一官职设于高宗建炎四年（1130），那么，与小说提到的建炎二年又有不同。

❷ 都堂：尚书省总办公处的称呼，"都"是总揽的意思。唐、宋、金称尚书省长官处理全省政务的厅堂为都堂。明称各官署长官为堂上官，简称堂官，都察院长官都御史、副都御史、佥都御史，以及差遣在外总督、巡抚之带有上述官衔者，皆通称都堂。http://baike.baidu.com/view/57397.htm，访问日期：2013-06-21.这样看来，小说中所说的都堂应该是明代"所谓差遣在外总督、巡抚之带有上述官衔者"。

❸ 牂牁江景区位于贵州省六枝特区西部，距离六枝特区中心区67公里，系珠江流域、北盘江水系。六枝牂牁江源于司马迁史记："夜郎者，临牂牁江，江广百余步，足以行船。"http://baike.baidu.com/view/610447.htm，访问日期：2013-06-21.在冯梦龙的这篇小说中，对于杨益一行人经过的这条牂牁江所处的地理位置和行船之艰难等，有较为清晰的描述。

❹ 宣慰使：唐宪宗元和十四年（819）设宣慰使，宋代不置。元代设宣慰司，长官为宣慰使，下有属官若干人，掌郡县军民事务。请参见《中国古文明史辞典》，第73页。

❺ 笔者以为，在严格的意义上来说，杨益还算不上贪得无厌的贪官。根据小说的描述，其所得财物，基本上属于他人的自愿给予和当地一种给地方官送礼的陋习所致。换言之，其似乎并无索贿之举动或因此为他人谋求不正当利益。当然，如果放在今天，无论是索贿还是"被行贿"或"被送礼"，以如此巨大的数额，杨益无疑均构成受贿罪或巨额财产来历不明罪。

事厚薄，请知县相公把家私分成三股。一股送与知县，一股送与苦主，留一股与凶身。如此就说好官府。蛮夷中另是一种风俗，如遇时节，远近人都来馈送。杨知县在安庄三年有余，得了好些财物。❶ 上述这段文字不太好理解，但我们似乎依然可以读出金钱在"讲和"（如果我们理解无误的话，应当意为和解或调解）中的重要作用。如此一来，身为县官的杨益，想不发财都难。

最后，关于安庄及其当地人是否果如小说开头所说"地接岭表，南通巴蜀，蛮獠错杂。人好蛊毒战斗，不知礼仪文字；事鬼信神，俗尚妖法，产多金银、珠翠、珍宝"。这里，我们不必考证当地的物产及风俗。单就当地民众而言，如曾经与李氏斗法的庞老人等人所言"这地方虽是夷人难治，人最老实一性的，小人们归顺，概县人谁敢梗化？"所以，蛊毒在小说中并未出现。妖法有之；金银、珠宝等有之，杨益所谓宦资捞得不少。

所以，这篇小说，用今天我们的眼光来看，对于安庄的风土人情似有一定偏见。

结 语

总体而言，冯梦龙的这篇小说涉法程度不太高，展现更多的或许是当时偏远、落后地带的一些不同于内地的风土人情或传奇，其中不乏某些超现实主义色彩的描述，例如妖法。当然，在超现实的迷彩之外，我们还是可以瞥见内中的一些现实的人物与事件。

例如，限于当时的交通条件等，古代官员（包括其家属、随行人员）赴任似乎隐藏着一定的安全风险，这篇小说的主人公杨益似乎也不例外。不同的是，由于其自身低调、谨慎的风格，他并非完全意外地获得了侠僧及其侄女李氏等人的相助，而且还在任期内轻轻松松得到一大笔钱财。

所以，撇开故事中的传奇性，这篇小说的现实色彩依旧比较浓厚。例如，关于宋朝（南宋）官职的获得、任期（每一任期似乎在三年左右，任满再行分配）、升降等，在故事中均有一定体现。

尽管小说对于法律涉及得不是太多，但还是在无形中有所体现。当然，由于民俗或曰教化程度的差异等原因，杨益所在的安庄民众所表现出来的似乎更

---

❶ 请参见《喻世明言》第十九卷。

多的是民俗与法律的混杂，因而显得不那么典型，与我们想象的南宋法制在文化程度较为发达的地区的实施有一段距离。❶

---

❶ 例如，近年来我国台湾学者刘馨珺的相关著作对于南宋时期的县衙及其司法活动等有着深入的研究，其中专门提到官员（县官）三年一次迁转。一个比较突出的问题就是庶民好讼、健讼成风带来的问题（包含对于地方衙门的压力）。因此，相对于以上的健讼或好讼，冯梦龙这篇小说中的主人公、同样身为偏远地区县官的杨益几乎可以说是幸运的。请参见刘馨珺著《明镜高悬：南宋县衙的狱讼》，北京大学出版社，2007年第1版。

北宋宣和年间的传奇与现实

故事梗概

北宋徽宗宣和三年（1121），东京汴梁城内虎异营中一秀才陈从善（名辛）参加科举，登三甲进士，御笔除授广东南雄沙角镇巡检司巡检，携妻子如春（张待诏之女）一同赴任。

考虑到路途遥远、艰险，陈从善夫妇诚心斋供并因此感动紫阳真人，后者吩咐大慧真人化作道童罗童，陪伴陈从善夫妻及当直王吉等人上路。

路途中，陈妻如春不堪罗童的有意哭闹，让后者离去，因而被梅岭之北申阳洞主申阳公（猢狲精）摄去。如春不从，被罚做苦工。

陈巡检三年官满，与王吉离开任所的路上，于"红莲寺"长老处得知申阳公来历及自己妻子的近况，并与之争斗。

经长老指点，陈从善与妻子相见，后者建议他求紫阳真君相救。最终，天将将申阳公押入丰都天牢问罪。

陈从善回到东京，夫妻二人团聚，百年而终。❶

点 评

这是一篇类似《西游记》风格的小说，讲述了官员上任途中的艰险。

---

❶ 请参见冯梦龙：《喻世明言》第二十卷。

而且抢夺陈从善浑家（妻子）的猢狲精申阳公恰好也叫齐天大圣。❶

因此，与冯梦龙的类似题材的小说有所不同的是，这篇小说应当属于超现实主义的，同时又不乏现实色彩。故事中的人物除了凡人，还有神仙、妖精等。

也许，对于相关历史和制度感兴趣的读者来说，故事中的有些东西值得关注和考究。例如，当时的官制如巡检、府尹、官员任期、科举以及故事中出现的强人（其首领镇山虎被陈从善刺杀于马下，小喽啰因此被杀散）。

巡检：官署名巡检司，官名巡检使，省称巡检。始于五代后唐庄宗。宋时于京师府界东西两路，各置都同巡检二人，京城四门巡检各一人。又于沿边、沿江、沿海置巡检司。掌训练甲兵，巡逻州邑，职权颇重，后受所在县令节制。❷ 小说中提到陈从善文武双全，而且从其与镇山虎的交战来看，确实可以当此重任。

府尹：唐、宋、明、清各代京师地区长官专称，地方上长官称知府。故事中称府尹，可能不太恰当。

官员任期：三年任满。这种情形及其描述，在冯梦龙的小说中多次出现。

强人：当为强盗之类，为中国历朝重点打击对象。小说中出现的这股强人，规模不算太大，五百人左右，而且一击即溃，成不了气候。

结　语

这篇小说情节算不上复杂，但其超现实主义的色彩又使得它与冯梦龙的其他白话小说有所区别。

北宋宣和年间已是北宋末年，当时的社会业已潜伏诸多危机，只不过可能不太为时人所知或有所预感。因此，尽管这篇小说信息量有限，我们还是可以感知一些隐藏于字里行间的东西。例如，古代官员上任途中，除了交通不便造成的诸多困难，更有其他一些人为的困难或危险，猢狲精申阳公抢夺官员之妻可谓这种人为危险的一种表现。但是，对待这样的对手，文武双全的陈从善也

---

❶ 谭正璧先生认为，猿精的故事很早，由汉到宋朝的《陈巡检》，已经一千多年。请参见谭正璧著《三言两拍源流考》（上），上海古籍出版社，2012年第1版，第128—130页。考虑到吴承恩（约1510—1582）的《西游记》的影响的可能性的存在，笔者以为作为后来者的冯梦龙在撰写这篇小说的时候，估计无形中或者有意借用了《西游记》的人名诸如"齐天大圣"以及猢狲精的外形。

❷ http://baike.baidu.com/view/58157.htm，访问日期：2013 – 06 – 22.

是无从下手或不是对手，只得由代表上苍的紫阳真人发落。

北宋建立之初，囿于之前五代十国时期武人擅权的教训，确立了"重文轻武"的政策，由此带来一些问题。但是，在这篇小说中，陈从善却是一位十分另类的文武双全的官员，这一点充分体现在他领军勇斗强人头领镇山虎。

官员三年任满需要交接，这一点在小说中同样得到证实。由此我们可以断定，上述这样的规定在宋代已成为一项较为成熟的制度。

此外，当时的科举取士、各种官职及其相互之间的隶属关系、奖赏制度以及对于强盗的严厉打击等均在故事中得到不同程度的反映，在此不再赘述。

唐末时期的传奇与法制

故事梗概

故事从唐末著名诗僧贯休的两首诗说起，引出钱镠早年的发迹史，其中不乏传奇色彩。❶

钱镠出生之前即有异象，其父钱公见到一只巨蜥，以为不祥，欲将其溺死。幸得东邻王婆相救，故取名婆留。

婆留五六岁后，便显出超出同龄儿童的身材、勇力和智慧，颇有孩儿王的风范。十七八岁时，十八般武艺，无师自通，粗通文墨，"在里中不干好事，惯一偷鸡打狗，吃酒赌钱"，且不听父母管束，时常离家出走，与一班不良人士混在一起。

因为抢劫王节度使家的财物，婆留一伙被官府通缉。幸得其结拜兄弟钟明（录事之子）报信、毁弃通缉者名单和上下打点等，暂时逃脱法网。

术士廖生，认为东南方向有王气，且应在钱镠，于是说服故人钟起（录事）放掉钱镠，后者依言并嘱咐二子与钱镠"勤学枪棒，不可务外为非，至损名声。家中乏钱使用，我当相助"。

黄巢兵起，攻掠浙东，杭州刺史董昌募兵，钟起建议二子和钱镠投军。

---

❶ 贯休（823—915），俗姓姜，字德隐，婺州兰溪（一说为江西进贤县）人，唐末五代时著名画僧。他的一生，能诗善书，又擅绘画，尤其是所画罗汉，更是状貌古野，绝俗超群，在中国绘画史上，有着很高的声誉。贯休痛恨贪官污吏，不肯依附权贵，他在杭州时曾给吴越王钱镠写诗：《献钱尚父》。钱镠读后大喜，但要他把诗中的"十四州"改为"四十州"。贯休断然回答："州既难添，诗亦难改。"后游历荆州，入蜀而终。贯休身处唐末乱世，但对国家前途仍抱有信心，希望有贤良之士挽救颓势。信息来源：http://baike.baidu.com/view/100696.htm，访问日期：2013 – 06 – 23.

石鉴镇一役，身为兵马使的钱镠利用当地山路险隘，以少胜多，击溃数万黄巢军，临安得以保全。

越州观察使刘汉宏见天下大乱，有吞并董昌、割据一方之异志。钱镠建议将计就计，利用结拜兄弟顾三郎打入刘汉宏内部，乘机斩杀刘汉宏。

唐朝政府升董昌为越州观察使，钱镠为杭州刺史，钟明、钟亮、顾全武（顾三郎）俱有官爵。钱镠娶钟起之女为妻，钱家父母均来杭州居住，"一门荣贵，自不必说"。

董昌亦有反志，且嫉妒朝廷累加钱镠官爵，假称朝廷诏命，称越王。经过一番较量，钱镠率众击败董昌，董昌及其家属三百余口一并被杀。钱镠则先后加官拜爵，直至被封为越王、吴王，统领润、越十四州，属下俱有封赏。自此，"钱氏独霸吴越凡九十八年"。

点 评

这是一篇根据史实编写的故事，虽然不乏传奇或谶纬神学的色彩。

唐朝自玄宗后期即已陷入贪图享受的风气之中，政治上多有失误之处，尤其是在任用宰相、节度使等方面的制度性过错，使得唐王朝最终陷于难以自拔的境地。宦官、朝臣之间的党争、藩镇三者构成唐朝最终崩溃的主要原因，其中，藩镇势力的不断坐大是主因，也给后世提供了拨乱反正的诸多经验和教训。北宋建立之初所确定的治国方略，可谓建立在唐灭亡的教训之上。

钱镠就生于这样一个乱世，此时的唐帝国业已号令不统。而黄巢等人发起的起义，可谓给了这个衰弱的帝国最后一击。可以设想，如果不是因为这样一种乱世，而是依靠正途，作为地方上的一个类似于混混的钱镠断难称王称帝，独霸吴越十四州。

当然，以钱镠的生存能力极强来看，他能够成就王业，也并非偶然。故事通过他智退黄巢大军、巧杀刘汉宏和董昌等事迹，展现了他在军事、政治斗争中的智慧与勇敢。

历史上的钱镠之所以没有被父亲当作异物溺死，其实是有赖于其祖母的苦苦阻拦。同样在真实的历史中，我们发现钱镠的生存智慧：无论是后梁，还是后汉，他均能巧妙奉承，自己的利益则不受任何损失。❶

---

❶ 请参见晏振宇编著《中国皇帝传》，中国人事出版社，2003 年 12 月第 1 版，第 446 页。

小说中描写的早年的钱镠与历史上的其本人较为相近：不喜劳作，好舞枪弄棒，泼皮无赖，贩卖私盐。贩卖私盐，为中国古代历朝政府所打击，但因利润可观，总是会有人铤而走险。例如，唐末农民战争的发动者和领导者王仙芝、黄巢就都是早先贩卖私盐，一贯与官军为敌。❶ 小说中的钱镠等人也从事过此类勾当以及杀人越货，官府也计划捉拿，但由于人为因素（身为录事的钟起及其二子的包庇与通风报信）的阻碍，最终逃脱法网。

结　语

中国历史上确有钱镠其人，所谓五代十国时期（907—960）中的"吴越国"就是这位钱镠建立起来的，"吴越国"先后存续了将近一百年。太平兴国三年（978年），钱俶（钱弘俶，谥号忠懿王）纳土降宋，吴越亡。❷

冯梦龙的这篇小说更多地讲到了钱镠的发迹变泰，重在其早年的传奇。例如，其出生时不同于凡人的地方以及作为一名不良青少年的不太光彩的往事等。

当然，笔者更为感兴趣的是即便是在唐末，唐代的法律制度似乎还是在继续发挥作用，唐朝的地方政府对于贩卖私盐、杀人越货的钱镠等人也没有姑息养奸，而是依照法律程序处理。只是因为其他一些人为的原因，业已触犯当时法律且十分严重的钱镠等人最终逃脱了法律的制裁。

---

❶　请参见胡如雷著《唐史》，中国大百科全书出版社，2011年1月第1版，第142页。

❷　请参见张国刚、杨树森主编《中国历史·隋唐辽宋金卷》，高等教育出版社，2001年第1版，第36页。

《木棉庵郑虎臣报怨》

南宋末年的政治与法制

故事梗概

　　故事从张志远的一首诗谈起，揭露宋朝南渡之后，无恢复中原之志，忘社稷之忧，犹如吴官被西施迷惑一般，由此痛陈南宋任用四大奸臣秦桧、韩侂胄、史弥远、贾似道，导致最终亡国。

　　这篇小说主要讲述的是贾似道。因为父亲、伯父（贾似道幼年寄养在伯父家）早逝，失去管教，成为不良少年。其后来发迹，主要是由于堂姐贾妃之力，从此飞黄腾达。

　　贾似道除掉政敌吴潜兄弟，成为右丞相。因为"破解"鄂州之围有功，再受封赏，似道"俨然以中兴功臣自居"。

　　好大喜功的贾似道又先后推行限田之法、推排打量之法，导致怨声载道。

　　太学生对于贾似道的行为多有讥讽，后者极力打压。右丞相马庭鸾、枢密使叶梦鼎与贾似道对诗，似有讥讽之意，均被似道设计罢官而去。

　　襄阳被元军久困，贾似道封锁消息，蒙蔽宋度宗，杀害言及此事的女嫔。

　　贾似道率军，在丁家洲一役为元军全数击溃。宋恭宗贬其为高州团练副使，其田产等尽数没收。监押官为当年被贾似道杀害的太学生郑隆之子郑虎臣，在漳州木棉庵，郑虎臣击杀贾似道及其二子。

　　贾似道家业仅剩葛岭大宅，但已人去屋空，日益荒落，游人来此，多有感慨。

点 评

宋朝（960—1279）在中国历史上多少有些不太走运：赵匡胤在唐亡及五代十国的经验、教训之上，确立了强干弱枝、集权于中央的治国方略，并重用文人参政、控制武人专权等，达到了拨乱反正的效果。

但是，北宋建立之前和之后不久就发现，在自己的东北有一个强邻，此即契丹（辽）。在辽之后，取而代之的是更为强大的金。最终，定都于开封汴梁的北宋被金攻灭。宋室南迁，宋得以延续约一个半世纪。其间，宋金对峙，再之后，代金而起的蒙元灭宋。辽夏金元相继给宋制造的麻烦甚或灾难说明：北宋初年赵匡胤等人确立的治国方略，并非没有缺陷。而无论是在北宋，还是在南宋年间，腐败、内斗及争权夺利、自甘堕落与贪图享受、不思进取、碌碌无为等，均是由宋一代乃至一切王朝走向衰亡的重要原因。所以，与其说宋亡于北方游牧民族，倒不如说其内政不修或逐渐出了问题。所以，这是一座十分脆弱的大厦，"只要蛮族用力地推它一把，就会倒塌下来"❶。

就南宋君主而言，称得上称职者寥寥数人，其中当以宋孝宗为最（1162—1194）。即便是这位为后人称道的君主，在数次北伐不成功的情形下，也萌生退意。再以南宋将相而言，呈现过不少忠烈有为之士：前有韩世忠、岳飞等人，后有文天祥、陆秀夫等人，其事迹令人感动，其精神为后世钦佩。即便是谢太后、全太后携小皇帝一行人在杭州投降，陆秀夫、张世杰等人仍不屈服。因此，较之于同样作为亡国之君的明代末帝崇祯，宋朝因为宽待文人，不惜以身家性命乃至举家、举族为其殉葬者可谓多矣。❷

一个王朝的覆灭，责任主要在其领导者。北宋的灭亡，主要责任当然在宋徽宗与宋钦宗的昏聩无能。南宋的灭亡，同样也是一个积重难返的过程，主要责任当然也在君主身上。因此，片面地将所有责任归之于某一个或某几个人，恐有违史实。❸

小说中的贾似道历经理宗、度宗、恭帝三朝。因为堂姐贾妃的缘故，一步

---

❶ 请参见［法］谢和耐著《蒙元入侵前夜的中国日常生活》，刘东译，北京大学出版社，2008年12月第1版，第4—7页。

❷ 仅在崖山之战中，追随陆秀夫、南宋幼帝赵昺蹈海而死的南宋臣民即不下十万人。请参见游彪著《宋史十五讲》，凤凰出版传媒集团、凤凰出版社，2011年1月第1版，第128—130页。

❸ 清代学者王夫之认为，南宋光宗以后，"君皆昏瘝"，权奸当道，酷刑泛滥，贪腐成风。请参见（清）王夫之著《宋论》，中华书局，1964年4月北京第1版，第248—249页。

登天，步入南宋政治权力核心层，并成为举足轻重的大人物，掌握大权 17 年之久。这一点，与真实的历史颇有几分相合之处。当然，流氓并不可怕，有文化的流氓或许更可怕。我们知道，历史上的贾似道（1213—1275）并非市井小混混出身，而是嘉熙二年（1238）进士。在政治上，这位外戚也并非一无是处或完全缺乏想象力。但是，作为一位才能、德行、业绩均严重不足的人，处于与自己不相匹配的高位，掌握着众多人的命运与王朝生死的大权者，贾似道无疑是不称职的。❶ 从这个意义上，我们认为，游彪教授的观点颇为贴切：南宋的失败并不在于没有人才，而是在于合适的人没有出现在合适的位置上，并做出合适的抉择。❷

在阅读这篇小说的过程中，我们还可以发现一个颇为奇特的现象，那就是太学生们对于朝政等的点评和议论（多以诗文的形式，并在民间、官方有一定的影响力），实际上可以反映出宋朝的士大夫积极参政、尤其是议政的精神和胆略。这种出自非官方渠道的舆论，对于当时的政治应当有一定的引导或规劝作用。可惜的是，在贾似道等人的一再打压和利诱之下，这种声音逐渐变得微弱。❸

最后，作为一个权奸或祸国殃民的贾似道，历史上似乎早有定论。当然，其中也有个别试图为其翻案的论点。关于这些不同的声音，我们在这里暂且搁置不提。我们只想谈谈作为一个常人，在小说中，贾似道的几处为人处世之道的算得上闪光点的地方：1. 赌博场中的陈二郎告知贾妃消息，贾似道后来获得刘八太尉的许多奉承，贾似道马上转赠陈二郎百金，"谢了报信之故"；2. 贾似道寻到生母胡氏，秘密杀掉其后夫（石匠），奉养老母近四十年，使其"寿八十余方死"。

相关法律问题：在宋代，夫卖妻与他人为妾属于违法。小说中的贾似道生母即是一例。但是，买方（贾父）与卖方（胡氏原夫王小四）通过卖妻文契，达成交易（四十两银子）：王小四在村中央个教授来，写了卖妻文契，落了十字花押。一面将银子兑过，王小四收了银子，贾涉收了契书。❹

---

❶ 请参见邓广铭、漆侠、王曾瑜、陈振著《宋史》，中国大百科全书出版社，2011 年 1 月第 1 版，第 105—108 页。

❷ 请参见游彪著《宋史十五讲》，凤凰出版传媒集团凤凰出版社，2011 年 1 月第 1 版，第 130 页。

❸ 游彪教授认为，宋朝有两个舆论中心：以台谏为中心的官方舆论中心、以"三学"（太学、宗学、武学）为中心的社会舆论中心。贾似道对于上述这两个舆论中心采取软硬兼施的手段，为己所用，埋没了一大批人才，这是南宋灭亡的一大原因。请参见游彪著《宋史十五讲》，凤凰出版传媒集团凤凰出版社，2011 年 1 月第 1 版，第 1115—116 页。

❹ 请参见冯梦龙：《喻世明言》第二十二卷"木棉庵郑虎臣报怨"。另请参见［美］伊沛霞著《内闱——宋代的婚姻和妇女生活》，胡志宏译，江苏人民出版社，2004 年 5 月第 1 版，第 196 页。

从另一个方面来看，贾似道的生母胡氏也是一个身不由己的可怜人，其先后三次嫁人，至少第一次、第三次均非自己的意愿所为。而且，如上所述，贾涉与王小四的买卖行为实则构成违法。如果严格地依照宋代的相关法律，此二人当徒二年。❶

宋元之间的学者周密（1232—1298），在其著作《齐东野语》里谈到贾似道生母胡氏，与小说的叙述大体相同。关于其母子关系，周密仅用八个字描写，读来颇为生动：性极严毅，似道畏之。❷

结　语

宋朝起始于五代十国的乱世之际，于一片混乱之中收拾旧河山，尽管就疆域而言，不如盛唐辽阔，气势上似乎也不如盛唐恢弘，然而其拨乱反正，尽自己所能，也有一番作为。两宋延续时间之久达 300 余年，这是许多王朝难以企及的。尤其在制度建设方面，其可圈可点之处甚多。也是在制度建设方面，两宋尤其是北宋给我们留下了不少的历史经验与教训。

例如，科举制度始自隋唐，在宋代得以发扬光大，由此极大地开放了士人向上流动的门槛，使得社会上一大批优秀的精英分子进入到国家政治生活的舞台，其科举取士的开放性与广泛性是隋唐乃至元朝均难以相提并论的。

宋朝对于制度建设的重视还有其他许多方面的表现。例如，北宋建隆四年（963），宋太祖赵匡胤的工部尚书判大理寺窦仪等人奏请修律，并在同年七月完成《宋建隆重详定刑统》即后人较为熟知的《宋刑统》。这是中国历史上第一部刊印颁行的法典，虽经数次修改，但"终宋之势，用之不改"。国内专家认为，宋代法律的内容极为广泛，涉及官名的舆服、官制、选举、文书、催禁、财用、赋役等，这些内容带有时代的特点。❸

作为一个政治、法律制度相对较为发达，商品经济颇为繁荣，科学技术程度甚高的宋朝，也给我们留下了一些值得思考的教训。例如，在用心防范武人擅权，避免其再度出现拥兵自重、黄袍加身的同时，这种十分明显的"重文轻武"的政策或许就埋下了日后军队虽然人数不少，但却兵不知将、将不知

---

❶ 请参见周密著《宋代刑法史》，法律出版社，2002 年 4 月第 1 版，第 214 页。

❷ 请参见（宋）周密撰《齐东野语》，中华书局，1983 年 11 月第 1 版，第 272—273 页。

❸ 请参见邓广铭、漆侠、朱瑞熙、王曾瑜、陈振著《宋史》，中国大百科全书出版社，2011 年第 1 版，第 126—127 页。

兵，军队整体素质低下、战斗能力偏弱等的病根。集权于中央的最初设计或许不无道理，但矫枉过正的结果是地方权力太弱，不足以拱卫中央。守成有余而锐意改革不足，造就了北宋后期的不可救药。还有，北宋定都于开封（"四战之地"）或许就是一个比较错误的选择，这使得它在与金军的周旋中，即便有了第一次开封保卫战的胜利，却也难以抵挡女真军队的第二次猛攻。

两宋的"外交"政策失当或许是它相继堕入深渊的主因。如果说联金灭辽的"海上之盟"导致了北宋的败亡，那么，南宋联合蒙元夹击金国则只能再次证明此时的南宋君臣再度陷于复仇的情绪之中不能自拔，而无清醒的大局认识。

当然，回到冯梦龙给我们讲述的这篇故事，我们不难发现，南宋业已进入积重难返的境地：它的君臣不复有其当年的开国元勋锐意进取的气概，奢靡之风或许早在北宋末年即已主导朝廷和官场。所以，在这样的历史时期，我们不可能奢望像贾似道这样的人能够有什么作为。一个不能够担当大任的人出现在他不该出现的位置上，最终的结局极有可能或曰无一例外地就只能是一出悲剧。所以，这篇小说的一大贡献或许在于通过小说的形式生动地描述了真实的历史、人物（很不幸的是，主人公是当时那位至今依然存有争议的权臣贾似道）和事件。

或许，南宋在灭亡之前留下的亮色就是士人包括一大批普通军民宁死不屈的慷慨豪情。

宋朝的法律在这篇小说中也有不少反映。比如说，贾似道的父亲贾涉为了贾家有男性的继承人，于前往临安府听选途中与家贫自愿卖妻的王小四订立的卖妻文契似乎符合法律的形式要件。当然，严格地说起来，此二人的买卖胡氏（贾似道生母）的行为实属违法，当受法律的处罚。

此外，同样也是涉及了法律问题：贾似道率军兵败丁家洲，被贬为高州团练副使，其田产等尽数没收。监押官为当年被贾似道杀害的太学生郑隆之子郑虎臣，在漳州木棉庵，郑虎臣击杀贾似道及其二子。这里，我们注意到：宋廷并未想置贾似道于死地，而只是流放了事。所以，身为监押官的郑虎臣理应押解贾似道等人到达高州即可。因此，无论是出于什么原因或动机，擅杀朝廷官员（即使是此时的贾似道不复为一人之下万人之上，但其身份依旧是官员）无疑是严重的犯罪。但是，考虑到当此之时风雨飘摇，赵宋王朝正在苦苦挣扎之中并不久即归于灭亡，乱世之中，遑论法制？

另一种婚姻自由

故事梗概

　　实际上，这篇小说包括两个故事：一为北宋徽宗年间（1100—1125）的东京汴梁，京中的一个贵官公子张生元宵节看灯时，偶然拾得一红绢帕子，上有一首诗，约定拾得者来年正月十五夜相会。后来，方知是霍员外家第八房妾故意所为，该女因为员外老病，不甘寂寞，想与一人私奔，在乾明寺与张生"就枕，极尽欢娱"。后在老尼帮助下，隐居苏州平江，偕老百年。

　　第二个故事方为正文，时间不详，估计为元朝年间（故事发生地：杭州）：越州人张舜美偶因乡试❶来杭，不能中选，滞留邸舍，半年有余。元宵节夜，舜美与一女子一见钟情。二人也是通过诗词传情（四首《如梦令》），终于私定终身。故事的曲折性在于：因为女方刘素香小脚，二人在私奔时被人冲散，刘乘船到约定的镇江，却忘记男方亲族姓名住址，只好寄身于当地的大慈庵为尼。男方在杭州三年，得中首选解元❷，上京会试，经过镇江，遇大风停泊，信步到大慈庵巧遇刘素香。惊喜不已的二人先后拜见双方父母，就任莆田县尹。后来，舜美官至天官侍郎❸，子孙贵盛。

---

　　❶　乡试：亦称秋闱。秋指秋天，闱指考场，为元明清时期科举制度的一部分。请参见王家范、谢天佑：《中华古文明史辞典》，浙江古籍出版社，1999年，第125—126页。

　　❷　解元：科举考试中乡试第一名。请参见王家范、谢天佑：《中华古文明史辞典》，第128页。

　　❸　天官：《周礼》六官之一，后世习称吏部为天官。请参见《中华古文明史辞典》，第69页。因此，小说中的天官侍郎可能就是吏部侍郎。

点　评

古时男女婚姻依据"父母之命，媒妁之言"，一般无婚姻自由一说。所以，婚姻的缔结有如博彩，当事人双方在婚前了解或接触不多甚至于无。其结果很可能是男女双方交往有限，未必有利于婚后的生活与幸福。

上述两个故事可谓对于"父母之命，媒妁之言"的反动，因为结局为当事人所喜，所以，一般意义上的读者估计会比较能够接受。

第一个故事的男女当事人会有一定的触犯法律的危险。因为，女方为他人之妾，故有违反拐带人口罪的嫌疑。因此，我们看到当事人只得依老尼所言，"变更姓名于千里之外，可得尽终世之情也"。

第二个故事的曲折性在于女方小脚即缠足，表现出至少自宋代以来，女子缠足的普遍化。❶

无独有偶，两个故事均表现佛门（通过老尼）对于当事人的宽容和收容。

因为是才子佳人的私奔，促成他们相识并暗结同心的是诗词这样一种较为隐晦的形式，这也可以反映出在当时这样一个资讯欠发达的时代，诗词的私下唱和或巧对，是一种既文雅又聪明的举措。

结　语

古代中国社会相当漫长的一段时间内，青年男女的婚姻难称自由。很早以来，主流社会的观念和相关制度即已确立了"父母之命，媒妁之言"。又由于婚姻家庭的稳定对于社会治理有极为重要的意义，所以，其是法律制度关注的一大内容。在这样一种情形之下，也会带来一些负面影响或者悲剧性的结局。仅就冯梦龙的"三言"来说，这种悲剧即不少见。

冯梦龙在这篇小说中先后讲述了两个几乎同一类型的故事，这两个故事均与相关人物的情感有关，但也与当时的法律不无关系。如果说故事的引言部分中的贵官公子张生与霍员外家第八房妾的私奔意味着巨大的法律风险，那么，正文中的张舜美与刘素香的爱情不仅是对于"父母之命，媒妁之言"的反动，

---

❶ 请参见［美］伊沛霞著《内闱——宋代的婚姻和妇女生活》，胡志宏译，江苏人民出版社，2004 年 5 月第 1 版，第 234 页。

而且经受了时间的考验。并且，十分幸运的是，获得了双方父母的认可与支持。有意思的是，两个故事的主人公终成眷属均有赖于女尼的帮助。因此，从这意义上，我们似乎可以说作为佛门形象代言人的女尼缓解了当时主流社会的制度性、观念性的僵硬和压力，代表着一种宽容或仁厚。

悲剧何以产生

故事梗概

北宋徽宗宣和三年（1121），海宁郡武林门外北新桥下，有一机户沈昱，娶妻严氏，家境丰足，只有一子沈秀，年满十八，未婚，只好游手好闲，养画眉过日，外号"沈鸟儿"，每日五更，带画眉来城中柳林与人比试。而且，俱获全胜。

春末夏初时节的一天，沈秀到柳林迟了些，斗鸟之人均已散去。沈秀有些沮丧，加上"小肠疝气"发作，两个时辰之内不省人事。

有个箍桶的张公恰好路过，打算顺走沈秀的画眉，被刚刚苏醒的沈秀一顿臭骂。恼羞成怒的张公杀了沈秀，将其头丢到一棵空心柳树内。

在不知情的情况下，来杭经商的东京汴梁人李吉以一两二钱银子买下张公抢来的画眉。

沈秀的尸体被人发现，一时惊动全城，临安府"发放各处应捕及巡捕官，限十日内要捕凶身着"。

为找到沈秀人头，沈昱夫妻和官府分别悬赏一千贯和五百贯；捉获凶身，各赏二千贯和一千贯。"告示一出，满城轰动。"

南高峰脚下，轿夫黄大宝、二宝兄弟为获赏钱，杀掉父亲黄老狗，将其头冒充沈秀头颅，获得一千五百贯。

身为东京机户的沈昱，解段匹到京。完事后，在御用监禽鸟房偶然见到儿子的画眉。大理寺官差人火速捉拿李吉到案，刑讯逼供之下，李吉被屈打成招，并被"押发市曹斩首"。沈昱则"提了画眉，本府来销案"。

对于李吉案的判决颇感不平的同行者贺、李二位东京商人来杭州将药材发卖之后，探得真凶，人证、物证均在，张公抵赖不得，沈秀头颅被找到，黄家二兄弟的恶行也大白于天下。三位真凶被凌迟处死，"剐二百四十刀，分尸五段"，"枭首示众"。张婆因为受到惊吓而死。

至于造成李吉冤案的大理寺官经过勘问，贬为庶人，"发岭南安置"。"李吉平人屈死，情实可怜，着官给赏钱一千贯，除子孙差役。"

一场因为画眉鸟引发的奇案终于落幕。❶

点　评

这是冯梦龙的白话小说"三言"中涉法程度较深的一篇，反映出宋代司法活动的一些轨迹、当事人的诸般行径，案件不乏诸多偶然性及其关联性等。

关于这篇小说，有学者已经进行了一定的研究。例如，陈浩的著作就专门探讨过❷。

因此，这里不必赘言。但还是有几点疑惑与读者共享：

1. 李吉冤案的形成，当然主要是主审官员即大理寺官的先入为主、没有深入调查即草率得出结论所为。但是，最终决定处死李吉的"圣旨"就没有问题吗？如果此案发生在徽宗朝，则这位经常喜欢审案的皇帝似乎也应当承担一定责任。当然，考虑到当时的社会背景，是不可能也不敢追究圣上的。

2. 张婆获知其夫张公谋财害命，没有报官，是否也应承担一定的法律责任？我们知道，在古代中国社会，长期以来实行亲属相隐不为罪。如此，则张婆无须承担法律责任。因此，小说非常黑色幽默了一把，让其受惊吓而死，也算是报应吧。

3. 从这篇故事来看，司法官员基本称职（审理李吉案的官员除外）。而且，在充分掌握证据的前提下审案，被告也不得不服。例如，张公案的最终告破就是一个成功的例子。当然，反过来说，李吉之所以成为冤案的受害人，原因主要还是主审官员的主观臆断、刑讯逼供造成。根据国内学者的相关研究，在宋代，官司出入人罪，是要受到惩罚的。具体而言，包括司法官员或者采用假证据，或者虚构犯罪情节，用情枉法，屈打成招。❸

---

❶ 请参见冯梦龙：《喻世明言》第二十六卷"沈小官一鸟害七命"。

❷ 请参见陈浩编著《奇案悬案漫谈——听狱寻思录》，中国法制出版社，2006 年 9 月第 1 版，第 30—42 页。

❸ 请参见周密著《宋代刑法史》，法律出版社，2002 年 4 月第 1 版，第 407 页。

4. 故事中李吉的冤案主要在于大理寺审案官员的屈打成招所致。宋朝对于大理寺的司法审判活动的监督是较为重视的，因为其承担重大案件的审理，且案件数量较大。北宋规定有针对大理寺法官失出入人罪法，南宋绍兴六年（1136）在此基础上，还有进一步的规定。此外，南宋绍兴十二年还规定有所谓残酷之法，意在抑制法官胡乱用刑、草菅人命。❶

最后，我们要说，冯梦龙的这篇小说极有可能源自明代英宗天顺年间（1457—1464）的一桩真实的案件，即"一鸟五命"。❷

此外，故事中的张公、黄家二子的作恶或者犯罪原因，均因见利忘义。

结　语

如果仅仅从标题来看，《沈小官一鸟害七命》似乎罪在沈小官的画眉鸟引发了一桩桩的血案。当然，阅读之后，我们不会得出这样的结论。

冯梦龙的这篇小说涉及法律（用今天法律人的眼光来看，该案主要涉及当时的刑事司法，与当时的刑法以及司法活动相关）的程度颇高，最终主宰该案走向与结果的自然是审理该案的司法人员（因为中国古代行政兼理司法的特色较为浓厚，所以，在该案审理的过程中，我们不难发现临安府所起的重要作用❸）。

我们知道，宋代是一个比较讲究法律控制、治理社会的朝代，后世学者对此做出了较高的评价。❹ 在冯梦龙的这篇小说中，我们发现，除了中国古代传统的行政兼理司法这一特色继续保留之外，实际上，大理寺官员审理案件似乎可以说司法官员的专业化程度较高，分工已经较为细致、明确。遗憾的是，由于这位大理寺官员的主观臆断色彩太浓，疏于深入调查和思考，迷信口供等，以致酿成李吉冤死的悲剧，这位官员自己也因此付出一定的代价。这样可以反过来表明：有宋一代对于司法官员的失职与渎职行为，法律上有着较为清晰的

---

❶ 请参见戴建国、郭东旭著《南宋法制史》，人民出版社，2011 年 12 月第 1 版，第 250—251 页。

❷ 请参见宋月航主编《中国古代经典奇案》，金盾出版社，2008 年 4 月第 1 版，第 366—367 页。

❸ 顺便说一句，"临安府"几乎可以肯定是南宋之后才有的机构和称谓。因此，估计这篇小说中冯梦龙使用这一称谓极有可能属于失误。

❹ 例如，有学者称宋朝的法制成就前所未有。请参见张晋藩主编《中国法律史》，法律出版社，1995 年，第 254 页。

处罚性规定。❶

故事中几位罪犯的行为（包括其主观恶性等）值得研究。无论是那位见财起意因而杀人掠货的张公，还是贪图赏银而杀父冒领的黄家两兄弟，似乎均表现出对于他人生命的漠视。我们不赞赏那种残酷的凌迟刑，但对于张公和黄氏两兄弟的刑事处分（死刑）我们应当不会反对。

刑讯逼供似乎是古代社会（当然不仅仅是古代中国）的一种通病或无奈的选择，部分原因或许在于当时的刑侦技术欠发达，但更多的原因则极有可能属于审理案件的官员的粗疏或先入为主、迷信口供等。所以，无论是无辜者李吉还是真正的作恶者张公、黄家兄弟，均在审讯过程中遭遇了刑讯。如果说李吉的冤死与刑讯逼供有关，那么，张公、黄家兄弟也有可能是被冤枉的。当然，考虑到当时先入为主、有罪推定的盛行，且相关证人或证据均分别指向真凶，我们这篇小说中对于张公、黄家兄弟的拷打似乎又算不了什么。因为，如我们所理解的那样，冯梦龙作品的主要意图在于喻世、警世或醒世，而非普法。

---

❶　请参见陈玉忠著《宋代刑事审判权制约机制研究》，人民出版社，2013 年 8 月第 1 版。

《金玉奴棒打薄情郎》

门第、法律与人情

故事梗概

故事开始，给读者展现一首二十八字的《弃妇词》，意在劝导世上妇人，从一而终。

接下来，讲述的是我们较为熟悉的西汉年间的会稽人朱买臣夫妻的故事：穷儒生朱买臣以卖柴为生，酷爱读书，常遭市井小儿嘲笑戏弄，但买臣不以为意，坚信自己五十岁上必然发迹。其妻不堪忍受，弃他而去。

五十岁时，汉武帝下诏求贤，朱买臣"西京上书，待诏公车"，经人推荐，被拜为会稽太守。前妻（已经再婚，与后夫同被唤到新任太守面前）"愿降为婢妾，服侍终身"，朱买臣则以覆水难收作比喻。"羞极无颜"的买臣前妻于是投河自尽。

故事正文讲述的是南宋绍兴年间（1131—1162），临安府杭州城中的一个十分富有的第七代团头金老大丧妻无子，只有一个女儿玉奴，才貌双全，想嫁给士人，但高低不成，年满十八。恰好有一穷书生莫稽，二十岁，刚补上太学生，"只因父母双亡，家贫未娶"，经邻翁撮合，双方成亲。

一日，金老大宴请莫稽的学友，但惹恼了族人金癞子，后者因为未受邀请而不平，鼓动一批乞丐在金家闹事。

玉奴鼓励丈夫苦读，后者二十三岁时发迹，"连科及第"。不久，莫稽得授无为军司户，开始后悔自己的婚姻。

莫稽携妻登舟赴任，行至江心，假意请玉奴起来赏月，推其入水而去，后者被也是新来上任的淮西转运使许德厚夫妇救起，并收为义女。

数月后，许厚德请人为女儿做媒、招婿，众僚属齐推新近丧偶的司户莫稽。

成婚之夜，莫稽被玉奴一顿暴打，一通臭骂。

经许公夫妇劝解，莫稽和玉奴终于冰释前嫌。

莫稽迎接金团头，奉养送终。许公夫妇去世后，玉奴"皆制重服，以报其恩。莫氏与许氏，世世为通家兄弟，往来不绝"。

点 评

两个故事分别讲述妻弃夫、夫弃妻，揭露了人性之丑恶，同时，也彰显了人性之美好。

第一个故事中的朱买臣之妻，不能忍受贫困与他人嘲笑，终于弃夫而去，反映了夫妻关系中的坚守之不易。因为就两汉而言，婚姻关系的解除，主动权在男方。❶ 故而，对于朱买臣前妻的擅自离弃行为，在法律上，作为一般读者而言，我们还是会产生一些疑虑。

对于富贵之后的朱买臣的表现抑或人一阔脸就变，我们则不以为然。作为一个儒者和政府高级官员，缺乏基本的善良和宽和之心，未免显得有些刻薄。不过，这也好像符合其后来的做派：因为陷害张汤，他和丞相庄翟等人被汉武帝怒而杀之❷。

第二个故事亦即故事的正文讲述的是金玉奴棒打薄情郎君莫稽。本来，小说中清楚地告诉我们，双亲去世的孤苦书生莫稽接受他人建议和撮合，娶了家境殷实的七代团头之女，双方并无异议甚或均感满意。拿现在的话说，可谓优势互补。而且，虽然金家出身团头，属于丐户，但还不算低贱，地位高于娼、优、隶、卒。当然，在古代中国社会，士农工商为社会地位排前者，尤其是士，更是显得尊贵。这也是为什么金老大刻意用尽心事培养女儿，原因是"金老大倚着女儿才貌，立心要将他嫁个士人"。换言之，金老大的想法无外乎是借此改换门庭或社会地位，以便活得更为体面或更有尊严。毕竟，当时是一个身份社会。

莫稽的错误抑或恶行在于：为了摆脱不太体面的妻子和岳父乃至今后将会

---

❶ 请参见叶孝信主编《中国法制史》，北京大学出版社，1996年10月第一版，第105页。

❷ 请参见王家范、谢天佑：《中华古文明辞典》，浙江古籍出版社，1999年，第499页。

出生的孩子的体面，于赴任途中，谋害妻子金玉奴，其行为实则构成故意杀人罪。当然，由于金玉奴后来侥幸获救，故其行为构成杀人未遂。

当然，我们读到的这篇小说并未提到被害人一方追究莫稽的刑事责任。但是，棒打薄情郎并加以痛骂，实际上表达了作者和普通读者对于莫稽罪恶行径的唾弃和否定。莫稽的薄情甚或寡义，不仅违法，而且也违背基本的道德准则，实在是为人所不齿。

故事还是给读者一个皆大欢喜的结局，也是作为今天的读者的我们可以勉强接受的一个结局。对此，我们只能说：被害人的宽厚，尤其是义父母的劝解和颇为巧妙的婚宴安排等，使得原本十分对立的双方的关系得以缓和。作为一时的作恶者或加害人一方，莫稽应当知道自己的行为所造成的巨大伤害。从小说来看，他似乎已经认识到自己的罪恶，并有所反省和忏悔。

此外，在这场实则残酷的夫妻关系恶变的过程中，作为受害者一方的金玉奴所受到的伤害可以想象。我们不太清楚，此后的漫漫岁月中，当她回想到被推堕江心的这一幕，她会作何感想。我们知道的是，作为一个善良的女子，其对于在自己的人生困境中予以援手的许氏夫妇，她是心存感激，也是懂得报恩的——"后来许公夫妇之死，金玉奴皆制重服，以报其恩。"

所以，在我们看来，这篇小说主要关乎天道人心，彰显人性之善美，鞭笞丑恶与不义。

结　语

这应该是冯梦龙的"三言"中一个较为出名的故事，彰显了天道人心，其喻世的含义无疑十分明显。同时，与古代中国社会历来较为看重的身份、等级以及法律也不无关系。

婚姻家庭关系是人类进入文明社会以来即极为看重的，因为其关涉社会的稳定与发展。冯梦龙这篇小说的引言讲到了西汉年间的大儒朱买臣的遭遇：在其家贫之时，其妻因而弃他而去，尽管当时的法律对于男性在离婚的主动权方面更为优先。朱买臣后来发迹变泰，对于前妻表现出来的刻薄则实在无法令人恭维，这种性格特点也使我们理解其后来何以在政坛上不得善终。

小说的正题或主要内容当然是我们更为熟悉的金玉奴棒打薄情郎的故事。在一个讲究身份、等级的社会中，穷书生莫稽与第七代团头之后金玉奴的联姻似乎显得不够般配，但却似乎是某种意义上的优势互补。❶ 这桩婚姻的失衡发生在莫稽得到岳父家的资助，从而在科举上顺利一举获得功名之后。试图除掉此刻与自己似乎不大相称的妻子，无疑是故意杀人，其罪实不可赦。

当然，作者并不想将故事的情节推向不可救药的境地。故而，在义父母（身为淮西转运使的许厚德夫妇）的转圜或巧妙安排下，金玉奴原谅了这位负心汉。法律可以不再追究，但情理上却不可饶恕，这或许就是金玉奴棒打薄情郎的个中之义吧。

---

❶ 有学者专门谈到了宋代的行团与前代（主要指隋唐）有了较大的发展，但并未明确指出这种"行团"是否包括身为乞丐头的团头是否也涵盖在其中。请参见赵向标、刘松岭、张满弓主编《中国通史》，新疆人民出版社，2002年第1版，第1032—1033页。

《月明和尚度柳翠》

现实与超现实之间的思考

故事梗概

　　南宋绍兴年间（1131—1162），宁海军临安府尹柳宣教携夫人高氏上任。参拜人员中，唯独缺少城南水月寺竹林峰住持玉通禅师。

　　心中愤懑的柳府尹暗中安排歌妓吴红莲引诱玉通，致使后者犯了色戒自杀（圆寂）。

　　接到玉通圆寂前写就的八句《辞世颂》，柳府尹深感后悔。

　　柳府尹夫人高氏在玉通火化当日，做了一个奇梦，不久怀孕，生下一女，取名翠翠。翠翠八岁时，柳宣教官期将至，感染流行病疫而亡。无亲可投的高氏和女儿只得赁一间房屋，与仆人赛儿住下。八年后，赛儿逃走，陷入贫困的高氏母女只得借钱（三千贯）度日。后来无力支付，只好将女儿翠翠嫁给债主杨孔目做妾。

　　两月后，杨孔目妻子父亲告女婿停妻娶妾。无力还债的高氏，只得将翠翠官卖。工部邹主事将翠翠养做外宅，柳翠翠改名为柳翠。

　　身居行首窟里的柳翠不甘寂寞，做了私娼，邹主事与之决绝。柳翠虽然堕入风尘，但却有心向佛。

　　月明和尚与法空长老度柳翠，与柳翠生前往来之人，都来探丧吊孝。"闻知坐化之事，无不嗟叹。"❶

---

❶　请参见冯梦龙《喻世明言》第二十九卷"月明和尚度柳翠"。

点　评

这篇故事在今天看来，与其说是超现实主义的，还不如说荒诞不经，迷信色彩严重。或许，现代学者谈到冯梦龙小说中的糟粕，即应指此类作品。

抛开因果报应、轮回等宗教色彩浓厚之处，故事中的人物关系其实并不复杂：

1. 柳府尹上任，有些居官自傲。而故意安排歌妓引诱玉通和尚，不仅缺德，而且有违法律，即有唆使或胁迫他人犯罪之嫌。

2. 歌妓吴红莲在故事中迫于官府压力，引诱和尚，虽然无奈或作为他人工具，但也有一定罪错。

3. 玉通和尚犯了色戒，羞愧难当，圆寂或许是最好的结局，说明其慧根不稳。而在圆寂之前，心怀怨恨，只能说明此非出家人所为——自己犯戒，反怨他人，且缺乏慈悲为怀之心。

4. 清廉的官员在古代社会一旦去世，其家属如果没有其他的生活来源，境况堪忧。柳宣教的家人就是如此，其遗孀和女儿几次不幸的遭遇，均能说明这一问题。

5. 法空长老与月明和尚联手度柳翠之举，在今天看来，似有杀人嫌疑，类似邪教之所为，当为今天的我们坚决反对和禁止。我们认为，真正的宗教，不会让人轻生；更不会轻视生命，漠视人们理应承担的种种义务与责任。试问：柳翠被度之后，其母高氏，年老体弱，对其的赡养由谁来承担？遗憾的是，这篇故事并无交代。因此，对于弱者的侵害，也是应当为佛门禁止的行为。

总之，放在今天，上述两个和尚很可能被作为故意杀人罪的嫌疑人被抓并必须予以审讯，得到应有的惩处。

结　语

佛教宣扬轮回，这一点在冯梦龙的这篇小说中即有所反映。此外，因果报应是"三言"一再张扬的主题，在《月明和尚度柳翠》中再次得到印证。

抛开一些所谓超现实的色彩，这篇小说或许更多的是释放出了一些我们读来感到不舒服的、具有负能量的东西，难称真善美。譬如，身为新上任的官员柳宣教缺乏宽宏之心，故而指使歌妓吴红莲勾引和尚玉通导致后者羞愤自杀身亡，报应却落到柳宣教的遗孀和女儿身上，似乎也算不上公平。而且，两位"度"柳翠的和尚如果放在今天无疑有杀人之嫌，应该追究其法律责任。

此外，故事中的柳宣教似乎算不上是一个贪官，这一点从他去世后家属生活失去依靠可以清楚地看得出来。因此，古代官员致仕（退休）或死于任上，其生活（包括其近亲属的生活）保障无疑是一个问题，这一问题至少在冯梦龙的这篇故事中并未获得很好的解决。

《闹阴司司马貌断狱》

汉初四大冤案的另类审判

故事梗概

东汉灵帝时期，蜀郡益州人司马貌（表字重湘）颇有才学，但不得志。

当时灵帝开始卖官鬻爵，司马貌家贫，无人提携，年已五十，空负一腔才学，心中不平，写下《怨词》一首。

玉帝得知，大怒。经过太白金星劝解，勉强应许押司马貌到阴司半日，暂替阎罗王审理几百年滞狱。"若断得公明，来生注他极富极贵，以酬其今生抑郁之苦；倘无才判问，把他打落酆都地域，永不得转人生。"

司马貌接手了西汉初年的四桩案件（至今三百五十余年不决），即屈杀忠臣案，原告韩信、彭越、英布，被告刘邦、吕氏；恩将仇报案，原告丁公，被告刘邦；专权夺位案，原告戚氏（戚夫人），被告吕氏；乘危夺命案，原告项羽，被告吕马童等五人。司马貌一一做出自己的判决意见，并根据不同情况，对于不同的人的命运，做了不同的安排，"都发在三国时投胎出世"。司马貌的判决堪称快速、公平。

阎罗王看了，"叹服，替他转呈上界，取旨定夺"。

玉帝对于司马貌的审判也十分赞赏，并批示其托生在司马之家，即司马懿。❶

---

❶ 请参见冯梦龙《喻世明言》第三十一卷"闹阴司司马貌断狱"。

点　评

这无疑是一篇超现实主义的故事，但与历史有交错，想象力极为丰富，批判精神较强。当然，其缺陷在于未能脱离因果报应之主题或其俗套。

汉代官员的选拔并未也不可能实行隋唐以来的科举制，制度上不够健全。而且，东汉灵帝时期，公然卖官鬻爵，造成极坏的影响和后果。在这一特定的历史背景下，类似司马貌这样的人才被埋没，也就不是偶然的了。

故事针对汉初的四大冤案，显示司马貌的过人才华或大手笔以及对于相关历史的熟悉和把握，读来有痛快淋漓之感。

阎君与司马貌的一段对话实则反映了作为被埋没的读书人的不平或反不公正宣言以及作为现存秩序的代表的阎君有关因果报应的观念。值得注意的是，阎君的观念似乎带有一定的哲理——"天道报应，或迟或早，若明若暗；或食报于前世，或留报于后代"。

玉帝的形象可谓生动、有趣，其在后来对于司马貌的处置亦无不当之处，最终还是体现出较为公正的立场，与其在《西游记》中碌碌无为的形象有所不同。

而且，请遭受不公正待遇的凡人暂代阎君之位，实际上表现了作者非同寻常的思路或思维角度。

结　语

在冯梦龙的"三言"中，超现实主义的作品不算少，《闹阴司司马貌断狱》算得上是一篇不错的故事，其想象力之丰富超出常人。因此，其思想主题也是颇为鲜明。

中国东汉时期的官员选拔制度主要分选举和征召两种，但也不乏流弊。❶我们读到的冯梦龙的这篇小说中的主人公司马貌或许就是这种选官制度下的不得志者，因而其愤懑之情溢于言表。

小说中提到的西汉初年的四桩冤案，在历史上都是真实存在的，也是为后

---

❶　请参见陈茂同：《中国历代职官沿革史》，百花文艺出版社，2005 年第 1 版，第 133—136 页。

人所熟悉的。而且，多数与西汉开国皇帝高祖刘邦及其妻子吕后相关。冯梦龙通过司马貌在阴司审理这四件历史上著名的大案，估计原因在于显示当时屈沉人下的司马貌确实因为不完善的选官制度被埋没，因而这种制度理应遭受抨击。如果还有其他的意义，则几乎可以肯定的是故事一方面宣扬因果报应，另一方面则谴责刘邦、吕后等人滥杀无辜的残忍行径。

《简帖僧巧骗皇甫妻》

奇案的背后

故事梗概

　　冯梦龙的这篇故事其实包括两个。一个是"错封书"，估计发生在唐代。咸阳县书生宇文绶来长安赶考，一连三次不中，妻子王氏写词开他的玩笑，他有点挂不住，后来成名。王氏不知道丈夫的情况，写词、诗各一首调侃，实则问候。宇文回一首词调侃，但寄给妻子的是空白纸。好在其家离长安不远，误会不久可以化解。

　　第二个故事"错下书"估计发生在北宋年间的东京汴梁开封府，左班殿直❶皇甫松，年26岁；妻杨氏，24岁；丫环迎儿，13岁。

　　一日，皇甫松在住家附近的一家茶坊见到有人转交其妻的三件物事：一对落索环儿、一双短金钗、一个简帖儿。在简帖儿中，有一封信和一首词，显示寄信人与其妻有不正当关系。

　　恼怒之下的皇甫松对妻子、丫环拳脚相加，并将二人和送信的僧儿（卖小吃的，僧儿为其小名）由巡军（又称"联手"）押解到开封府。

　　因为没有证据，官府不便断案，皇甫松要求休妻，大尹台判："听从夫便。"

　　无家可归的杨氏在冒名的姑妈和简帖僧的合谋下，只得改嫁给后者。

　　来年的正月初一，在大相国寺独自一人来烧香的皇甫松巧遇一直追赶曾经偷盗某寺银器的简帖僧的行者。二人（皇甫松、行者）赶到简帖僧住处，

---

　　❶　宋武散官名。有左班殿直与右班殿直。政和二年（1112）改左班殿为成忠郎，右班殿直为保义郎。信息来源：http://baike.baidu.com/view/1038701.htm，访问日期：2013－07－09.

及时制止并押解正要杀害杨氏的简帖僧。

大尹责令左司理院审讯，简帖僧对于所犯罪行一一招认，依据《杂犯》，"合重杖处死"；假冒杨氏的姑妈的那位属于同谋不首，"亦合编管邻州"。皇甫松责领浑家归去，再成夫妻，行者当厅给赏。

点　评

第一个说故事讲说的是夫妻之间的误会和调侃，多少还有一些幽默、温情。第二个故事则失去了上述这些特质，更多的是悲剧色彩。

这里主要讲讲"错下书"——这是一桩事涉偷盗、诈骗、杀人（未遂）等的案件，反映了简帖僧的狡诈和皇甫松的愚蠢。其中，也包括古代社会的男性特权。例如，在闻知其妻有出轨嫌疑后，头脑简单的皇甫松对于其妻和丫环拳脚相加。后来，又不顾事实，片面休妻——尽管这种休妻的行为有违"三不去"的原则，但官府却并未加以制止。

开封府在针对皇甫松休妻案件的审理过程中，对于"静山大王"的刑讯从一个侧面反映出当时刑讯逼供可谓寻常，尽管此举意在恫吓杨氏。

应当说，至少就杨氏一案，开封府的审理还是较为慎重的，坚持证据的原则。至于后来杨氏被休弃，只能说是皇甫松的愚蠢所致。

对于婚姻、家庭等的维护，是古代中国社会的一个重点，体现在法律上就是相对重视。当然，法律给予男性更高的地位，反映其是一个男尊女卑的社会。简帖僧从一个盗窃较大数额的银器的不良僧人到通过欺骗手段夺得他人之妻并企图杀人的恶棍，少有令人同情之处，罪有应得。

总体而言，皇甫松值得同情，但却不无过错。

结　语

婚姻家庭在古今中外均是社会极为重要的，其意义几乎可以说是不言自明。冯梦龙的这篇小说说得很清楚：对于婚姻家庭制度的危害者，当时的法律毫无商榷的余地，是一定要严厉处罚的。

片面休妻的男性特权在故事中得到了再次印证，即便是官府也不好干预这一特权。

　　司法活动在这个故事中有不同程度的描述。例如，作为官府形象代言人的开封府尹在故事中对于皇甫松案的审理似乎并无不当：皇甫松要求休妻，大尹台判："听从夫便。"与其说尊重了丈夫片面休妻的特权，倒不如说是因为此时皇甫松之妻杨氏与简帖僧的所谓奸情明显地存在证据不足的问题。后来，因为案情明了，大尹责令左司理院审讯，简帖僧对于所犯罪行一一招认，依据《杂犯》，"合重杖处死"；假冒杨氏的姑妈的那位属于同谋不首，"亦合编管邻州"。皇甫松责领浑家归去，再成夫妻，行者当厅给赏。上述这段文字似乎足以说明：宋代的司法专业程度较高，分工比较明确，处罚于法有据且得当。

《宋四公大闹禁魂张》

北宋年间"老鼠"戏"猫"的故事

故事梗概

　　故事先讲晋朝石崇因为帮助上江老龙王致富，后因与国舅王恺斗富等结怨，落得个人财两空。

　　故事正文中的禁魂张本是北宋东京一个员外，家有巨资但为富不仁、十分吝啬。宋四公是郑州泰宁军人，是"小番子闲汉"，实为江湖大盗，在张家杀人越货后逃走，被官府通缉。

　　宋四公师弟赵正（平江府人）更是手段高强，几次较量均高出师兄一头。此二人勾结另一盗贼侯兴（夫妻开黑店者）以及东京城的王秀合伙作案，使得禁魂张以及奉命捉拿盗贼的官府中人马翰（观察）、王遵（殿直）两家妻小均被栽赃陷害。

　　禁魂张被官府逼迫"退赃"，上述马、王屈死狱中。

　　直到包龙图做了开封府尹，这伙盗贼才各散去，"地方始得宁静"。❶

点　评

　　这是一个"老鼠"戏"猫"的故事。

　　故事中的"老鼠"分别是宋四公、赵正、侯兴夫妇、王秀等黑道人物亦即行走于江湖的大盗，其作案对象主要是富户如十分吝啬的张员外（禁魂张）。

　　❶　请参见冯梦龙《喻世明言》第三十六卷"宋四公大闹禁魂张"。

官府对于上述这些大盗（有的还背负人命案）似乎没有什么办法，这也是当时治安糟糕的一种表现。而且，负有追缉使命的官府人员如马翰、王遵等人居然被陷害致死。

与其说是老鼠太猖狂，还不如说是负有职责的官员如开封府尹太无能。

小说最后说到包龙图到任后，情况才为之改变。这意味着盗贼在什么时候都存在，但只要措施得力，社会治安就会好转。譬如，包拯在开封府任上，也有所谓 "五鼠闹东京" 的事情，但他照样处理得当，收到较好效果。

结　语

对于违法犯罪的打击和惩处，是任何一个王朝都会面临的一个重大现实问题。否则，极有可能出现冯梦龙这篇小说描述的 "老鼠戏猫" 的不利情况。这种局面的出现，与其说是宋代的法制不健全，倒不如说是制度建设方面即使没有什么问题，换言之，有了较为完善的法律制度，但如果执行不力，也只能是流于形式或形同虚设。因为，我们深知，"徒法不足以自行"❶。

---

❶ 请参见《孟子．离娄上》。

悲剧过后的思考

故事梗概

南宋光宗朝（1189—1194）临安府巨富张员外的川广生药铺主管任珪，年二十五，为生计，早出晚归，母亲早丧，老父双目失明，祖居江干牛皮街上。娶妻梁圣金，二十岁，非常漂亮。该女对于自己的婚事不甚满意，且婚前与邻居周待诏之子周得有奸情，任珪对此并不清楚。

八月十八潮生日，周得冒充梁氏表兄来任家与之私通；元宵节再来，引发任父怀疑，但被梁氏瞒过。梁氏、周得设计诬陷任父，梁氏借机回娘家暂住。二人正奸宿之时，不料任珪半夜前来，周得乘乱逃走，任珪反倒被梁家四个人以抓小偷的名义一顿痛打。

满怀疑窦的任珪在候潮门等候开门时，不巧听到有知道内情的人将自己的遭遇当作笑话讲给众人听，心中登时有杀人之意。

尽管任珪父亲和张员外劝导，但任珪却在激愤之下，连杀五命（梁氏、梁氏父母、周得、使女春梅）。之后，为不连累邻居，任珪与众人到临安府出首。

临安府大尹和手下商议：尽管任珪有情可原，但杀人五口，手段残忍，只得申呈刑部，刑部官奏过天子，判决为奸夫淫妇理合杀死，但其他三人非死。"着令本府待六十日限满，将犯人就本地方凌迟示众。梁公等尸首火化，财产入官。"

任珪受刑前，突然飞沙走石，日色无光，众皆惊散。"少顷，风息天明，县尉并刽子手众人见任珪时，绑索长钉，俱已脱落，端然坐化在木驴之上。"依照圣旨，任珪尸首火化，不再适用凌迟。

任珪托言一小儿，称玉帝已封其为牛皮街土地，"汝等善人可就我屋基立庙，春秋祭祀，保国安民"。

点 评

这是一桩发生在家庭内部的惨剧，而且，悲剧本可以避免。但是，遗憾的是，故事的主人公任珪在可以选择休妻的情况下，却因一时激愤，作出不理智的行为，最终从一个被伤害者成为一个令人恐怖的杀人重犯。这一案件再次说明：冲动是魔鬼。好在还有一个姐姐可以依靠，否则任父无人赡养。

被害人一方当然也有自身的过错。从情理上来说，既然周得与梁圣金先前即有染，作为双方的父母最好的选择应当是为此二人成婚，或许从根本上可以避免后来悲剧的发生。然而，他们对于已经出嫁的女儿的行为不加制止，反而姑息、纵容和包庇，最终遇难，并非偶然。周得、梁圣金当然有过错：放纵自己的情欲，罔顾法律与道德、舆论等的约束。

从法理上来看，当时的法律对于奸夫淫妇似乎不予保护。这一点，通过故事中官府（临安府）的判决可以得到印证。

故事还向我们展示了当时活生生的司法实践，表现了连坐、出首、审讯、判决（凌迟刑）等古代司法程序。❶

结 语

这篇故事无疑讲述的是一场巨大的悲剧，其带来的伤害不仅涉及杀人者本身、婚姻家庭关系中的出轨者、第三者，而且祸及女方父母和使女春梅（尽管被杀者五个人均有不同程度的过错）。这个故事如果有什么启示或曰教训，则首先应当是冲动不仅于事无补或解决不了任何问题，只会将其导向不可收拾的境地。其次，从被害人一方来看，存在着一些值得探讨的问题或过错，在此不再赘述。

对于该案的审理，临安府似乎没有什么问题，一切均在当时法制的范围内进行。假设此案发生在今天，我们几乎可以肯定的是当事人更有可能选择和平分手的方式。

---

❶ 关于凌迟刑的由来，请参见王云海主编《宋代司法制度》，河南大学出版社，1992 年 7 月第 1 版，第 389—391 页。

《汪信之一死救全家》

南宋乾道年间的"谋反"案

　　小说先从南宋高宗提携酒家宋五嫂（东京人）、某酒肆致富的故事讲起，意在说明南宋承平之际，无意中受到朝廷恩泽者甚多，但也有不少的人才被人陷害，由此而引出正文。

　　乾道年间，严州遂安县汪孚为一乡之豪霸。因为杀人，本应问配吉阳军，因为攀上魏国公张浚，汪孚"得脱罪籍回家，益治资产，复致大富"。

　　其弟汪革，字信之，文武全才，因与哥哥争论一句闲话，负气而出，称"不致千金，誓不还乡！"

　　汪革来到安徽宿松麻地坡，以古庙为家，纠合无籍之人，以铁冶起家；还占了本处酤坊，每年得利若干；又承佃望江县的天荒湖，成为当地一霸。

　　江淮宣抚使皇甫倜在地方上招募"忠义军"，并加以训练，为宰相汤思退所忌，使人弹劾，由其心腹刘光祖替代，遣散"忠义军"。"这伙军士，也有归乡的，也有走绿林中道路的。"其中有二人程彪、程虎，荆州人士，都有一身好武艺，经教头洪恭（居住太湖县）推荐，来汪家教导其子汪世雄武艺。

　　三个多月后，汪革计划出门，二程也欲告辞。因为汪世雄武艺未精，留下二程。

　　汪革在临安府布衣上书，力主请战，朝廷对此未决，汪革因此逗留。

　　又过了一年，二程执意告辞，见所获不多，不免失望。来到洪恭家，又遭到其吝啬的小妾细姨的慢待。心怀不满的二程于是向官府告发汪革、洪恭有谋叛之意，案情经刘光祖密报枢密院，枢密院因汪革事先获知逃跑，上奏天子，天子责令追捕，具体由安庆李太守负责，"转行太湖、宿松二县，拿捕反贼"。

宿松县尉何能因为惧怕汪家势力，假称汪革谋反属实而回。李太守与都监郭择商议，后者对何能所言表示怀疑，愿意亲到汪家见机行事。太守同意，另派缉捕使臣王立等同行。

汪世雄之妻张氏建议汪革挺身出辩，汪革以郭都监为自己的故人为由，不予采纳。

郭择本不想接受汪家厚赠，但恐汪革心疑，权且收下，不料却遭到心存嫉妒的王立的指斥。混乱中，庄客杀死官方随从，王立假死躲过一劫，郭择被锁在耳房，后被杀。汪革已无退路，决意聚众造反，但从众大部逃散，只得设法逃脱。

汪革先到城北厢官白正家求见，诉说冤情，"次早报知枢密府，遂下于大理院狱中"。严刑拷打之下，汪革称妻小死于火中，儿子世雄不知此事，其他人与此无关。因为贿赂到位，官府上下不太为难汪革，后者在狱中上书，表示愿意与二程对质。"问官再四推鞠无异，又且得了贿赂，有心要周旋其事。当时判出审单……"

汪革死后，手下刘青（遭通缉在逃）将其葬在临安北门外，告诉另一手下董三，然后自首。严刑之下拒不招供，死于狱中。

汪世雄和二程发配。因为贿赂，世雄并未受罪，二程则吃大亏，程彪病故，程虎解去，"不知下落"。董三等人将汪家家小送到严州遂安县汪孚处。

汪孚赶走汪革以前的手下钱四二，收回汪革管业，七十里天荒湖又属于汪家。

汪孚与汪世雄商量：前者在麻坡地，后者接受前者在遂安的产业。从此，汪氏分作二宗，往来不绝。汪世雄之子汪千一后来中武举，做到亲军指挥使之职，子孙繁盛无比。

点　评

谋反在古代中国社会是一种十分严重的犯罪，针对皇权而为，故而相当长时间里，是重点打击的对象，为"十恶"之首，处罚颇为严酷，且常常适用连坐。

小说中的汪信之就是因为被人诬告有谋反的嫌疑，最终导致难以预料和控制的结果，相当一部分人因此受牵连。

故事发生在南宋乾道年间（1165—1173）。这是一段比较特殊的时期，北宋业已被灭亡多年（1127 年，北宋被崛起不久的金国灭亡，徽钦二帝等人被俘并押至黑龙江，遭受非人待遇并死于异乡，靖康之耻成为宋人心中永远的痛），宋金进入对峙状态，战或者和成为当时宋朝君臣、百姓必须面对的一大难题，这一大难题在小说中也有所反映。汪信之的出彩之处就在于他以一介布衣的身份上书朝廷，请求对金作战。

给汪家招来杀身之祸的原因有诸多偶然，但汪信之自身的过失确实是存在的。假设他处理得当，例如，在去临安府办事之前，厚待儿子的武术教师二程，给予其足够多的钱财（以他的财力，这笔钱不在话下），则不太可能招致此二人的激烈反应。就官府而言，如果在收到二程送来的汪信之给其老友洪恭教头的书信时，不至于误读或被人利用。再说到汪信之，得知二程诬告，可以与之当面对质，而不必逃走，这或许是一个更好的选择。遗憾的是，不知道是出于什么样的考虑，无论是官府还是汪信之，都没有做出正确的选择和判断，最终酿出悲剧。

事情的发展在后来已非当事人所能控制：县尉何能的谎报军情（因为畏惧，没有实地调查，而是谎称汪信之等谋反属实）；王立因为没有收受到贿赂而发作，导致事件一触即发；汪信之对本意帮助自己脱困的郭择带来的官兵痛下杀手、干脆公然造反，等等，均使得事情无法挽回。

所谓汪信之一死救全家，实际上是其最初即应有的最佳选择，其儿媳张氏在他与郭择见面之前即有此建议。同样遗憾的是，汪信之居然不予采纳。所以，我们以为，小说中的这位所谓的"文武全才"其实名不副实。

最终挽救了汪氏全家的除了汪信之迫于压力自首，并成功地与二程对质，还有一个重要的因素，那就是金钱的作用。这也反映出在当时的社会，贿赂之风早已盛行。所以，我们后来看到，同为杖脊和发配刑的汪世雄和二程，命运何其不同也。

至于诬告者二程，因为待遇问题（在今天，属于工资报酬过低或不如个人之预期。但因为事先并无约定，也不好主张自己的权利）一时激愤，最终导致一场大悲剧，可谓是害人终害己。

最后，撇开汪家金钱的作用不谈，宁国府代表官府做出的判决（审单）还是相对公允的：汪革凌迟处死，仍枭首示众，决不待时。汪世雄、二程分别杖脊、发配二千里外和一千里外。"凶党刘青等到后发遣。洪恭供明释放。县尉何能捕贼无才，罢官削职。""狱俱，复奏天子。圣旨依拟。"当然，汪革并未被凌迟，而是被刘青"预先漏于狱中，只劝汪革服毒自尽"。

结　语

这应当是一篇读来令人五味杂陈、事关"谋反"大案的故事。

我们知道，隋朝建立后不久，在《北齐律》的基础上，制定《开皇律》，并在开皇三年（583）颁行于天下。该律的一个重要特色就是将北齐的"重罪十条"修改为"十恶"，首当其冲的就是对于"谋反"的严厉惩处。所谓"十恶不赦"估计源于此，唐以后一直到明清的法律均保留了十恶的规定。❶

冯梦龙的这篇《汪信之一死救全家》讲述的故事之所以最终走向不可收拾的地步，主要就是因为有人向官府告发汪信之等人"谋反"。

当然，读完冯梦龙的这篇小说，我们应当清楚地知道，汪信之等人实际上并未"谋反"或者有这方面的犯意。真实的原因是作为汪家少爷汪世雄的武术教师的二程感到自己的报酬低于个人的预期，因而心怀怨恨而去诬告；作为当事人一方的汪信之没有做出正确的选择；官府的一些对于案件具体进行调查的人员因为某种原因未能尽职尽责，从而造成错误的判断；等等。于是，原本一件并不复杂的事情，以悲剧收场。好在悲剧并非是故事的全部，在以己身换来家庭乃至家族的保全及后来的繁盛的前提下，汪信之确实如同小说标题所言"一死救全家"。因为，我们知道，"谋反"是十恶之首，如若真正地追究起来，则会祸及整个家庭甚至于整个家族。

笔者更感兴趣的是宁国府代表官府做出的判决（审单）还是相对公允的。这或许是这篇小说给读者在悲剧色彩过于浓厚之际添加上的一抹亮色。

---

❶　请参见张晋藩主编《中国法律史》，法律出版社，1995 年第 1 版，第 175—177 页。

明朝嘉靖年间的一段往事

故事梗概

明朝嘉靖年间，严嵩父子把持朝政，有"大丞相、小丞相"之称。绍兴人士沈炼（别号青霞）生性耿直，任锦衣卫经历，不满严家所为，在一次酒宴上，得罪了严嵩之子严世蕃（官至工部侍郎）。

沈炼上书朝廷，备说严家父子欺君误国十大罪。不料，圣旨下，称沈炼谤讪大臣，着锦衣卫重打一百，发口外为民。

沈炼携夫人徐氏、三个儿子（长子沈襄，本府禀膳秀才，一向留家）来到保安州属宣府，为宣府卫舍人贾石收留，并结义为兄弟。

在宣府，沈炼仍不改对于严家父子的仇恨，招致对方报复，被严家党羽、新任宣大总兵杨顺及心腹路楷构陷，沈炼与二子、三子被害，同时因连坐致死者有数十人。徐氏和第四子（年幼，尚在襁褓）免罪，另徙云州极边。

再说沈炼长子沈襄（号小霞），绍兴府学禀膳秀才，也被牵连，方知父亲及二个弟弟被害等情况。二位公差张千、李万押解沈炼上路，沈炼与妻子孟氏、岳父告别，后者送公差金银若干，请其看顾。沈炼小妻（妾）闻淑女已有两个多月身孕，执意陪伴沈炼。

沈炼在济宁府借机遁入父亲老友冯主事家中，闻淑女则因此怪罪公差谋害了丈夫，贺知州决定：闻氏且发尼姑庵住下。差四名民壮，锁押张千、李万，追寻沈炼，五日一比。店主释放宁家。将情具由申详兵备道，道里依缴了。

朝中兵科给事中吴时来风闻杨顺横杀平民冒功，将其尽情刻奏一本，并劾路楷朋奸助恶。嘉靖皇帝大怒，将二人削爵为民。

八年后，严世蕃因为居丧作乐，皇帝不乐。方士蓝道行写下十六字，意指严氏父子专权误国，严家父子逐渐失去皇帝青睐，御史邹应龙乘机弹劾。最终，严嵩发养济院终老，严世蕃处斩，抄没家财。

沈襄终于平反冤案，兄弟相见，家人团聚，在保安贾石家中，重会父亲生前手书《出师表》。后来，沈襄儿子与四弟同年进士。"子孙世世书香不绝。"

冯主事因救沈炼，京中感其义气，累官至吏部尚书，后去世，与沈炼"俱已为神矣"。❶

点　评

明朝嘉靖年间（1521—1567），严嵩父子把持朝政二十余年，排斥异己，不少正直的官员遭到迫害，故事中的沈炼一家可谓其中受迫害的一个典型。

值得注意的是，故事中的严氏父子挟嫌报复还是受到一定的限制的。因此，我们看到，沈炼一家（长子除外）先还只是"发口外为民"。后来的构陷也是借助于其党羽所为。

这里，值得注意的是：

1. 嘉靖皇帝并未失去对于朝政的控制或被架空成傀儡。后来对于严氏父子的处置，可以说明这位皇帝的至高权威不容忽视。换言之，其一段时间不理朝政并不等于其大权旁落，而是收放自如。当然，总体而言，在明朝的皇帝中，嘉靖难称为一个好皇帝。

2. 制度虽好，但如果实施不力，也会出现问题。明初朱元璋开始即建立了以皇权为中心的政治制度，一段时间也运行得不错。但是，在后来，由于种种原因，对于实际上的相权（朱元璋通过几次大的政治清洗，一度废掉宰相制度，但后来取而代之的内阁制实际上可以说是宰相制度的复活）少有牵制。一旦权奸上台，朝政就会出现一些问题。严氏父子即为一例。

3. 沈小霞的遭遇令人同情。但是，通过小说，我们还是发现这位忠臣之后有一点问题，那就是：为了有后，三十岁的沈小霞即娶妾。我们知道，大明律对此有严格限定——"妻妾失序"中，"其民年四十以上无子者，方许娶妾。违者，笞四十"。当然，这种情况估计古代社会的现实生活中会有不少，官府未必认真追究。但是，一旦追究，也会给当事人造成不便或麻烦。例如，

---

❶　请参见冯梦龙《喻世明言》第四十卷"沈小霞相会出师表"。

冯梦龙《喻世明言》第二十九卷《月明和尚度柳翠》中，陷入贫困的高氏母女只得借钱（三千贯）度日。后来无力支付，只好将女儿翠翠嫁给债主杨孔目做妾。两月后，杨孔目妻子父亲告女婿停妻娶妾。柳妈妈诉说贫乏无措即无力还债，只得将翠翠官卖。工部邹主事将翠翠养做外宅，柳翠翠改名为柳翠。

结　语

正如国内明史专家所言：嘉靖朝长达四十五年，除了杨庭和、张璁等在位期间有所兴革外，后三十五年内阁可以说毫无建树，不仅如此，还倒行逆施，成为皇帝腐败的催化剂。❶

当然，嘉靖朝的腐败第一责任人应该是那位统治明朝四十五年的嘉靖皇帝本人，所谓"上有所好，下必趋之"。

沈炼一家的悲剧就发生在嘉靖年间，主要的幕后推手就是严嵩父子。但是，至少就这桩冤案来说，嘉靖皇帝却有着不可推卸的责任——因为，圣旨下道："沈炼谤讪大臣，沽名钓誉，着锦衣卫重打一百，发去口外为民。"考虑到嘉靖帝久不理朝政，❷ 严嵩把持朝政（内阁辅臣 20 年，其中首辅 15 年），则很有可能是严嵩父子对嘉靖帝施加了一定的影响。至于说严嵩父子会不会因此而假传圣旨，笔者以为这种可能性倒不是很大。

沈家的悲剧却是在当时法律的程序内进行和发展的，形式上似乎与明代的相关法律规定并无冲突。当然，作为一种政治斗争背景下的产物，这一冤案在其对立面严氏父子失势后，也就得以平反。

故事的真实性似乎是存在的。这一点，可以参照谭正璧先生的相关考证。❸

---

❶ 请参见张显清、林金树主编：《明代政治史》（上册），广西师范大学出版社，2003 年第 1 版，第 347 页。

❷ "朱厚熜从嘉靖十八年（1539）便不再视朝，……严嵩入阁在嘉靖二十一年（1542）……"请参见上书，第 346 页。

❸ 请参见谭正璧：《三言两拍源流考》（上），上海古籍出版社，2012 年第 1 版，第 293 页。

《吕大郎还金完骨肉》

善恶报应与法律

　　浙江嘉兴府长水塘有一富翁金钟，家财万贯，世代都称员外，为人十分吝啬，人称"金冷水""金剥皮"，尤其不喜欢僧人，因为僧人希望获得布施。但是其妻单氏与之相反，喜欢吃斋念佛。金员外夫妇四十岁上方才连生儿子，分别名为福儿、善儿。因为二子为单氏祷告而来，因此单氏对于金家附近的福善庵颇为接济。

　　心中十分怨恨的金员外竟然私下里购买砒霜，拌在点心里，欲将上门回覆醮事的和尚杀掉。没有想到的是，福善庵的僧人并没有吃金员外的点心，而是转赠给金家的两位少爷，后者因而毙命。在得知丈夫的恶行之后，单氏自杀，金员外不久也命丧黄泉，偌大的家产居然被金氏族人一抢而空。

　　小说的正文讲述的是江南常州府无锡县东门外的一个小户人家，兄弟三人，老大吕玉、老二吕宝、老三吕珍（年幼未娶）。吕玉娶妻王氏，吕宝娶妻杨氏，"俱有姿色"。王氏生下一子，小名喜儿，六岁时随邻家儿童看神会走失。吕玉一连寻找了四年，均无儿子下落，到第五年，远去山西经商，染上性病，无颜回家，又过了三年等到花柳病痊愈，结清了账目，得了些利物等，决意返乡。

　　在陈留，吕玉拾得他人遗失的银两（约合二百金），等了一日，不见失主。在南宿州的一家客店，吕玉结识一位在扬州经商的徽州商人陈朝奉。经过仔细询问，陈朝奉正是银两的失主。感激之余，陈朝奉主动提出与吕玉结为儿女亲家，并自述数年前出银三两购得一个小厮喜儿。因为喜儿还记得幼年一些事情，故而吕玉父子就此团聚，与陈朝奉结为亲家（陈有一女，年方十二岁），后者又送吕玉父子白金二十两。

辞别陈朝奉不久，吕玉偶见江中有人落水，出钱捞人，不想其中一人为三弟吕珍，后者正要寻找多年未见的吕玉（吕宝欲逼迫大嫂改嫁给一位江西客人，王氏不从，请三弟打听吕玉下落）。

再说吕宝，因为赌博输钱，"没处设法"，接受江西客人银子三十两，打算在王氏不知情的情况下，于黄昏时分由江西客人"抢亲"。不想，因为错认，吕宝妻子杨氏被抢走。自觉无颜见人的吕宝因此出门，不知去向。❶

点　评

《吕大郎还金完骨肉》讲述的其实是两个故事，且两个故事均与法律的关联度较深：故事一的主人翁是那位守财奴加故意杀人犯金员外。假设其杀害僧人的阴谋得逞，估计也很难逃脱法律的制裁。小说给他一个家破人亡、偌大的家私为金氏族人哄抢一空的结局，意在警世。在掩卷之余，我们不禁会为无辜丧生的金员外的两个未成年的儿子以及自杀身亡的妻子单氏给予同情。

至于金员外一家四口横死，其偌大财产的归属似乎也是一个值得探讨的法律问题。因为，对于所谓户绝财产，《大明律·户律》有较为明确的规定：无子者许令同宗昭穆相当之侄承继，先尽同父周亲，次级大功、小功、缌麻，如俱无，方许择立远房及同姓为嗣。❷

所以，在金员外一家四口惨死之后，金氏族人哄抢其家产的行为显然与《大明律》的相关规定不相符合，极有可能受到官府的追究。当然，冯梦龙先生在小说中对于官府是否出面干预金氏族人的哄抢行为，并未予以说明，我们也就无从获知该事件的最终结果。

故事的正文自然是围绕吕玉三兄弟的命运展开叙述，其主题与引文相一致，也是宣扬因果善恶报应。如果说有所不同的话，那就是吕大郎及其家人的故事尽管曲折，但至少不像那位爱财胜过一切的金员外的结局如此惨烈。

作为一个小户人家，吕大郎（吕玉）及其兄弟的故事不仅具有一定的传奇色彩，而且，与法律的联系较为密切：喜儿走失（后来通过巨额财产的失主徽州商人陈朝奉的自述，可见这名幼童被人拐卖）实则与拐卖儿童罪联系

---

❶　请参见冯梦龙《警世通言》第五卷"吕大郎还金完骨肉"。
❷　请参见张晋藩主编《中国法律史》，法律出版社，1995年第1版，第375页。

在一起。而且，买方就是那位陈朝奉。依照《大明律·刑律一》"略人略买人"条的规定"凡设方略而诱取良人，及略卖良人为奴婢者，皆杖一百，流三千里。为妻、妾、子、孙者，杖一百，徒三年。因而伤人者，绞。杀人者，斩。被略之人不坐，给亲完聚。……"❶ 按照小说中陈朝奉的自述，其似乎并无"设方略而诱取良人"，只是从不知姓名的人贩子手中花三两银子买下喜儿作为陪伴"小儿在学堂中上学"的伴读，且无虐待、伤害等情节。加上吕玉的宽厚以及双方业已有意结为儿女亲家，很显然，作为数年之间一直遭受忽然失去亲子（而且是家中唯一的孩子）痛苦的吕玉不会因此追究陈朝奉的法律责任。否则，一旦告官，陈朝奉估计难逃法律的严厉惩处，其家人无形中也会受到牵累。

婚姻家庭在这篇小说中是一个较为突出的问题。例如，喜儿的突然走失（后来证实是被人拐卖）给吕玉（吕大郎）一家带来极大的负面影响，连续四年吕玉均在不懈的努力寻找之中，可以想象，夫妻二人难以走出这一事件带给他们的阴影。

出于感激，巨额资金失而复得的陈朝奉自愿与吕玉结为儿女亲家（在吕玉父亲重逢之前）以及吕玉的回应，均再次说明古代中国社会在婚姻的缔结等过程中，"父母之命"的主导性作用。

吕玉在外经商多年，有传闻称他因为患有花柳病业已在异乡去世。只是因为其妻王氏可能是出于"生要见人，死要见尸"的传统思维，才不至于"被改嫁"。至于吕玉的那位不成器的二弟吕宝，由于贪图钱财，将自己的妻子杨氏错嫁给江西客人。就后者的所谓"抢亲"行为而言，似乎并无法律上的依据。因为，《大明律》明确规定，对于强占良家妻女者予以严惩。而吕宝先前意欲将大嫂王氏卖给江西客人的行为，亦有法律上的风险。因为，在《大明律·户律》"强占良人妻女"条之后的"问刑条例"中对此行为有十分严厉的惩处规定（"凡强夺良人妻女，卖与他人为妻妾者，比照强夺良家妻女奸占为妻妾，绞罪，奏请定夺。"❷）。

在小说中，吕玉的好运与其拾金不昧、宽厚待人等联系在一起。例如，就拾金不昧而言，从山西经商踏上返乡之路的吕玉，拾得他人遗失的巨额银两。幸运的是，他经受住了这笔飞来之财的诱惑。当然，从当时的法律来看，作为得遗失物人，只要处置得当，他是可以获得一定酬谢的。因为，《大明律·卷

---

❶ 请参见（明）雷梦麟撰《读律琐言》，怀效锋、李俊点校，法律出版社，2000年，第331页。
❷ 请参见（明）雷梦麟撰《读律琐言》，怀效锋、李俊点校，法律出版社，2000年，第157页。

第九·户律六·钱债》对于"得遗失物"有明确规定：凡得遗失之物，限五日内送官。官物还官，私物招人识认。与内一半给与得物人充赏，一半给失物人。如三十日内无人识认者，全给。限外不送官者，官物坐赃论，私物减二等。其物一半入官，一半给主。❶

结　语

　　毋庸置疑，冯梦龙的白话小说集"三言"历来重点在于警世、喻世或醒世，而非重在宣讲法律或强调法律的重要性。但因为小说反映的是中国古代的诸多现实，自然不可能不反映当时的法律在其中发挥的重要作用。

　　《吕大郎还金完骨肉》可以说是冯梦龙的一篇涉法程度较高的白话小说。小说的曲折、生动以及种种巧合使得这篇小说具有较强的观赏性，而其间讲述的故事多与法律相关联。如果说故事的引文更多地与刑法联系在一起，则故事的正文似乎更多地表现出婚姻家庭、财产法的色彩。当然，值得注意的是，无论是守财如命终至利令智昏以致于故意杀人的金员外，还是宽厚为人的吕大郎（吕玉）的案件似乎都没有通过法律的途径解决，而是交由善恶报应。这一点，与冯梦龙的警世主题恰好又相一致。

---

　　❶　请参见（明）雷梦麟撰《读律琐言》，怀效锋、李俊点校，法律出版社，2000年，第198页。

《玉堂春落难逢夫》

不只是风花雪月的故事

故事梗概

明朝正德年间，礼部尚书王琼因弹劾刘瑾擅权，被圣旨发回原籍。王琼第三子王景隆（三官）是一位风流才子，此时正在北京读书。王琼吩咐家人王定与三官在京讨债读书，不得胡来。讨债事毕，于大街闲逛时，三官遇见老鸨一杆金，沉迷于酒色之中。王定无奈，只得独自一人拜别而去。不觉一年匆匆过去，三官手内财空（三万余两银子居然所剩无几），遭妓院冷落，正所谓"有钱便是本司院，无钱便是养济院"。玉堂春（"玉姐"）倒是不嫌弃三官。

鸨子使出"倒房计"，三官遇劫，"自思无路，乃到孤老院里去存身"，讨饭度日。一日，在街上巧遇熟人王银匠。三官得王银匠与卖瓜子的金哥暗助、玉堂春资助三官发奋读书。玉堂春与鸨子、亡八翻脸，众人"我们只主张写个赎身文书与你罢"，由此书契写就。

三官告别玉堂春回家，父子相会并不愉快。幸亏三官的两位姐姐和姐夫等人劝导。父亲王琼认为"家无读书子，官从何处来？"三官决意苦读，乡试中得第四名。

再说山西平阳府洪同县商人沈洪来北京贩马，迷恋玉堂春，鸨子与亡八设计陷害玉堂春，将其强卖给沈洪。三官得知后，怒砸本司院，但也只得父母之命，娶刘都堂之女为妻。

沈洪之妻皮氏与间壁监生赵昂有染，二人设下毒计，欲毒死沈洪、玉堂春，玉堂春因为未吃，幸免于难，但却被知县大人暂押在南牢。赵昂接到也被关押在南牢的皮氏的指令，上下打点。结果，玉堂春被屈打成招。幸亏刑房吏刘志仁访得冤情，并暗地告知皮氏与赵昂有奸情，日后但凡有机会就叫怨。

三官在真定府为官年余，"官声大著"，后经吏部考选，出任山西巡按。经过暗访以及刘推官审案、柜里书吏录口供，案情终于真相大白。于是，刘推官提笔定罪，皮氏、赵昂分别处以凌迟和斩刑，王知县贪酷罢官，苏淮买良为贱充军，一秤金立枷三月。王景隆报答王银匠与金哥，正了刘氏与玉堂春的妻妾之分。❶

点　评

因为有文字及戏曲等方式的传播，故而这是一个广为人知的故事，涉法程度也比较深。❷

故事反映出多方面的信息。例如，正德年间的政治，宦官刘瑾的一度猖獗。王琼因为弹劾此公，丢官发回原籍，故事因此而展开。少年王景隆（三官）的风流、少不经事使其落入妓院鸨子、亡八的陷阱，三万银两居然因此挥霍一空，最终陷入十分窘迫的境地。科举到明代自然是进入官场的主要途径，因此，无论是一度贵为礼部尚书的王琼，还是贱为娼妓的玉堂春等均鼓励王景隆通过此路线进入官场。而王景隆最终得以与玉堂春团聚，主要还是依靠日后自身显赫的官方身份。

故事中与法律相关的场合不少。例如，山西商人沈洪之死引发的案件，暴露出官府的黑暗与贪婪。刘推官的审案，可以较为清楚地展示当时正常情况下对于人命官司的认真以及对于口供的重视。正因为如此，所以，隐藏在柜里的书吏对于皮氏、小段名（沈家丫环）、王婆的对话的记录足可证实皮氏的阴谋。

刘推官的定罪文书虽然简洁，但对于参与杀人的皮氏、赵昂的死罪判决以及王婆、王知县（贪酷罢职）、苏淮（亡八）、一秤金（妓院老鸨）的处理似乎并无不当之处。

值得注意的是，王景隆在正妻刘氏之外，另娶玉堂春为妾，有违《大明律》的相关规定。但我们知道，这是小说家言，且在当时小说的语境下，不

---

❶　请参见冯梦龙《警世通言》第二十四卷"玉堂春落难逢夫"。
❷　例如，京剧《玉堂春》反映的就是这一故事，其中的《苏三起解》的唱段尤其令人听来耳熟。

少的故事多次显示相关当事人并未严格遵守这一法律的规定。

毕竟，皆大欢喜的结局是多数读者的期盼和愿望。

结　语

这篇小说与婚姻家庭有关，与当时社会可以容忍的风气有关，故而有若干围绕着两位主人公王景隆（三官）与玉堂春（玉姐）之间的风花雪月的故事。当然，它并不只是一个风花雪月的故事。因为，除了两位主人公之间得之不易的、坚贞不屈的爱情与婚姻等，还有一系列与当时的法律相关的问题。

就法律问题而言，首先就是身为官员子孙的王景隆与青楼女子玉堂春的最初的交往，无论是否出自真正的爱慕之情，似乎也难以见容于当时的法律。试看《大明律·刑律》的相关规定：凡官吏宿娼者，杖六十。媒和人，减一等。若官员子孙宿娼者，罪亦如之，附过，候荫袭之日，降一等，于边远叙用。❶

玉堂春与妓院的赎身文书的完成应当是基于双方的自愿行为，由此意味着玉堂春成为良人。因此，后来妓院老鸨等人将其强行卖给山西商人沈洪的行为无疑就是对于当时法律的触犯。因为，依照《大明律·刑律一》"略人略买人"条的规定，已经赎身的玉堂春此时是一位良人，受法律的保护。所以，在故事的后面，估计在山西巡按王景隆的授意下，刘推官对于妓院老鸨等人的处罚（苏淮买良为贱充军，一秤金立枷三月）可以说是于法有据。

沈洪之妻皮氏因为与间壁监生赵昂的私情，直接导致家庭财产的大量流失。因为害怕奸情败露，皮氏曾有意与赵昂逃走。如果此二人就此私奔，则无形中又与当时的法律相违背。当然，他们最终选择了杀人，并嫁祸于玉堂春，因此也将自己逼上了绝路。

从小说来看，在司法活动中，行政兼理司法的色彩依旧浓厚。例如，在牵涉到玉堂春与沈洪之妻皮氏涉嫌谋杀沈洪的案件中，山西洪同县王知县依照职权审理案件。至少，其开始的审判活动还是比较正常的。只是在后来，由于收受赵昂的"打点"即贿赂一千两银子，才做出了枉法裁判，将玉堂春屈打成招。当然，这位王知县后来为自己的贪酷付出了代价。

除了行政兼理司法的特色，冯梦龙的这篇小说中，再度出现作为山西巡按

---

❶　请参见（明）雷梦麟撰《读律琐言》，怀效锋、李俊点校，法律出版社，2000 年，第 454 页。

的王景隆（三官）。对于明代御史，我们前面已有较多的了解，在此不再赘述。❶ 因为《大明律》有"听讼回避"制度的明文规定，故而王景隆并未亲自出面审理事关玉堂春的这件案子，而是由刘推官来审案。❷

古代社会在审案过程中，也是讲究证据的，尤其是当事人的口供。例如，为了取得玉堂春的口供，知县指令手下刑讯逼供。同样，也是为了得到当事人的口供，刘推官暗藏书吏在皮氏、赵昂、王婆（沈、皮奸情的牵线人）、小段名（沈家丫环）的监牢。结果，"刘爷看了书吏所录口供，再要拷问，三人都不打自招"。

笔者以为，之所以出现这样的取证方式，很有可能是古代社会中刑侦技术手段等的相对落后或欠缺，是限于当时的现实情况而做出的一种相对好的选择。当然，这样的取证方式（无论是刑讯逼供，还是暗藏书吏记录当事人之间的对话等）均有其自身的缺陷，放在今天来看，会遭受质疑。

---

❶ 请参见本书第二讲对于《陈御史巧勘金钗钿》的点评。

❷ 根据陈茂同先生的相关研究，唐代在节度使、观察使下置推官，掌勘问刑狱。宋代沿用此制，为一郡之佐官。元明于各府亦置推官。清初尤置，后废。请参见陈茂同著《中国历代职官沿革史》，百花文艺出版社，2005年第1版，第621页。

27

《卢太学诗酒傲王侯》

当财富遭遇权力

故事梗概

《卢太学诗酒傲王侯》❶ 的故事梗概：

先说说故事的主人公卢太学。卢太学本名卢楠，大名府濬县人氏，少有才名，为当地首富。故事里说他"一生好酒任侠，放达不羁，有轻世傲物之志"。与他来往的，俱是名公巨卿。

因为家庭条件好，他也十分会享乐、好客。卢楠也曾参加过几次科举考试，但未能如愿。"他道是世无识者，遂绝意功名，不图进取"。至于"太学"，经过查证，我们知道，是古代大学或高等学府的意思，设于西周。但在元明清时期，仅设有国子学或国子监，不设太学。❷ 因此，故事里人们称卢太学，其实很可能不是指该人的一种身份，而是一种尊称或谐称。

卢楠的惬意生活本来可以一直延续下去。但是，他却在无意之中得罪了本县知县大人汪岑。

对于汪岑，小说的描述是"少年连第，贪婪无比，性复猜刻，又酷好杯中之物，……平昔也晓得卢楠是个才子，当今推重，交游甚广。又闻得邑中园亭，推他家为重，酒量又推尊第一。因这三件，有心要结识他"。

卢楠本不想与这位知县交往，数次"只推自来不入公门"。奈何这位汪知县执意相见，碍于情面，只好礼请。

---

❶ 注：冯梦龙的这篇小说收录在他编著的《醒世恒言》第二十九卷。另，这篇文章载郭义贵主编《司法的印迹：中外经验及思考》，法律出版社，2016年第1版，收录本书时，略有改动。

❷ 请参见王家范、谢天佑主编《中国古文明史辞典》，浙江古籍出版社，1999年12月第1版，第288页。

没有想到的是，知县大人一而再再而三地因公或因私几次爽约，终于惹恼卢楠。又由于家人传话有误，一大早在家恭候的卢楠以为知县"绝早"来赏菊，却不料公务繁忙的知县大人已牌时分（早上九点至十一点）迟迟未到，因此怒而狂饮至大醉。等到汪知县匆匆赶来，见到的是酩酊大醉、衣冠不整的卢楠，以为是对自己的不尊重，由此记恨在心。

刚好此后不久，卢楠的家人卢才等人殴打长工钮成致死，钮家鸣冤，卢楠被陷害下狱，最终被问成死罪。

卢楠诉冤，引发友人的同情和关注，汪知县数日之内收到数十封书信，都是为卢楠"求解的"，更为惊恐，设计就在狱中杀害卢楠。幸亏巡捕县丞董绅及时制止。汪知县"只得把蔡贤问徒发遣。自此怀恨董县丞，寻两件风流事过，参与上司，罢官而去"❶。

为了主导舆论，汪知县遂具揭呈，将卢楠描黑，使他人不敢贸然干预或过问此案。而且，汪知县因为扳倒有名豪富，"京中多道他有风力，到得了美名，行取入京，升为给事之职。他已居当道，卢楠纵有通天彻地的神通，也没人敢翻他招案"。

只到新任知县陆光祖到任，卢楠冤案才被平反。

结局：汪公（原汪知县）罢官而去，其以前的令史谭遵已省察在家，因为"专一挑写词状，最终问边远充军"。陆公最后累官至南京吏部尚书，卢楠则家已赤贫，得陆公资助为生，后来随一赤脚道人去庐山隐居。

点　评

当财富遭遇公权力的时候，财富也只得低头让路、俯首称臣，这几乎是中外古代社会的一种通行准则。

冯梦龙的这篇小说名为"卢太学诗酒傲王侯"，在阅读之前，包括笔者在内的众多读者很可能以为这位卢太学可以凭借诗酒傲视王侯，但在阅读了这篇小说之后，我们可以清楚地看到，卢太学并非李太白，汪知县也并非高力士，而是一个手中握有决定他人命运的"破家县令"。二人的命运走向之所以如此，是古代中国（具体就这篇小说而言，应在明代）的社会制度以及当事人

---

❶　小说对于两件什么样的风流事过并未交代，但我们知道，就《大明律》而言，其中有对于官吏的特殊规定，例如"官吏宿娼"（包括官员子孙宿娼）会受到较为严厉的处罚。

的性格等因素决定的。

先从制度的层面来试着分析。中国古代社会郡县制的形成大致始于春秋战国时期，至明朝，这一制度已比较成熟。考察县一级长官（知县或县令❶），其权力颇大，有"父母官"一说。这一称呼可以证明，在古代中国社会，官民关系不会也不可能是平等的。

中国古代社会，出于统治的便利和需要，很早就建立起一个庞大的官僚队伍，成为君主与数量更为庞大得多的百姓之间的沟通者以及统治阶层的一个重要组成部分，知县或县令就是官僚队伍中的重要一环。

这篇小说的两位最终十分敌对的主人公汪知县以及卢楠其实就代表了当时社会中两类重要的社会角色：官与民。而且，比较特殊的是，卢楠不仅家底厚实，而且也是一位监生❷，有一定的社会身份，在当时比较讲究身份的社会中，并非完全的弱势群体中的一分子。只是因为没有通过科举考试这一正途，被阻隔于正式的官场之外，否则，他的命运很可能不会是最终为人任意宰割。

我们知道，科举始于隋唐，在宋代达到顶峰，元明清三代继续沿用这一取士制度。就明代而言，其科举多为后人诟病。例如，吴晗先生在《明代的科举情况和绅士特权》一文中，对其批评就极为严厉，说它（包括清朝科举）"在中国文化、学术发展的历史上作了大孽，束缚了人们的聪明才智，阻碍了科学的进展，压制了思想，使人们脱离实际，脱离生产，专读死书，专学八股，专写空话，害尽了人，也害死了人，罪状数不完，也说不完"。既然科举制度存在着如此之多的弊害，那么，为什么还是有非常多的读书人不惜拼尽全力在这条道上呢？原因就是一旦科举成名，则脱离苦海，进入仕途，成为统治阶级的一员，享受种种特权。❸ 所以，我们可以理解小说中的主人公卢楠也曾数次参加科举考试，只是因为屡试不中，才不得已而放弃。否则，他的命运有可能如同《儒林外史》中的范进等人一样，大好的光阴与八股文为伴，幸而最终成功，跻身于所谓正途。

小说中两位主人公在开始的时候，其实都不想有意与对方发生碰撞，尤其是作为卢楠这一方。尽管从心里不喜欢这位科举考试的成功者和自己的父母

---

❶ 相关辞典明确显示，知县为一县之长，宋以前称县令、县长，因为宋以朝官、京官出知县事，有知县之称。明清沿袭，成为正式官称，正七品，掌全县教化、赋役、狱讼等事。请参见《中国古文明史辞典》，第 77 页。

❷ 监生：唐至清国子监学生的统称。明清监生来源多元化，有所谓贡监、举监、荫监等。估计小说中的卢楠极有可能是贡监。请参见王家范、谢天佑：《中国古文明史辞典》，浙江古籍出版社，1999年第 1 版，第 129 页。

❸ 请参见吴晗著《吴晗论明史》，武汉出版社，2013 年 1 月第 1 版，第 223—225 页。

官，卢楠还是一而再再而三地宽容了知县的屡次爽约。两人发生冲突的原因或许是误会所致，但并不排除卢楠积累于胸的负面情绪，尤其是他豪放不羁的性格，所谓性格决定命运于此可见一斑。

公权力一旦被人恶意利用来对付私敌或假想敌，则它的危害性、残暴性等不亚于洪水猛兽。

汪岑知县很快就找到了报复的机会，这个机会就是卢楠的家人卢才惦记着长工钮成的妻子金氏，因此借钱给穷汉钮成（后者因为生了个儿子，大办宴席款待众人）。钮成得知卢才的不良企图后，"把卢才恨入骨髓，立意要赖他这项银子"。在发放工银时，钮成与卢才发生肢体冲突，并被卢才及其他一些家人一顿殴打，次日在家不治身亡。

汪知县当然不会放过这一千载难逢的机会，当即"差人捉卢楠立刻到县"。早已等候的知县大人连夜升堂，给卢楠按的罪名是"强占良人妻女不遂，打死钮成"；卢楠则辩解"钮成本系我家佣奴，与家人卢才口角而死，却与我无关。即使是我打死，亦无死罪之律；若必欲借彼证此，横加无影之罪，我卢楠不难屈承，只怕公论难泯！"盛怒之下的汪知县自然不会给卢楠更多辩解的机会，先下令将其痛打三十，然后"并家人齐发下狱中监禁"。

故事后来的情节我们都已知道，在这里不必赘述。总之，古代社会的官与民的关系难以处在平等的层面上，所以，至少就我们这篇故事而言，权力与财富碰撞的结果是前者胜出。

谈到官与民，这里我们还是想谈谈同为县官，这篇小说中的两位县令其实差别很大。一位就是汪岑知县，因为误认为卢楠对他不恭敬即心生不快，加上其夫人的挑拨，顿生陷害之意；另一位则是为卢楠翻案的知县陆光祖，其奉行的理念是"既为民上，岂可以私怨罗织，陷人大辟"。虽然在古代官僚体系中，知县的品级不高，但在其管辖的范围内，却可以说是一县百姓的天，集多种权力于一身，代表着最高统治者在特定区域内进行治理。在某种意义上，其职权就显得非同小可。如果假借手中的权力陷害他人，则不仅有违公论，而且也有违当时法律的规定。

由于知县掌管的事务涉及教化、赋役、狱讼等诸多方面，而且，于公于私，需要处理的问题确实是太多，所以，我们说古时的"知县很忙"。看看故事中的这位汪知县，我们就可以发现属于他个人的时间其实不多：除了本县的公务繁忙，单就迎来送往的事情就够他招架的了。作为读者和后人，我们似乎可以理解他的数次爽约确实是身不由己，不一定就是傲慢的表现。当然，作为一位本县的父母官，作为一位心高气傲的仕途得意者，汪知县却缺乏对于他人的宽容和理解。因此，最终刻意造成卢楠等人的悲剧性结局，汪岑应当承担几乎全部的责任。故而，对于后来他的被罢官而去，我们不会给予同情，只会感觉对其处罚轻了一些。

汪知县的断案能力似乎也值得怀疑。且看他审理发生在卫河的打劫案中的表现：一伙强盗已被抓捕，审理过程中，其中的一名强盗石雪哥因为怀恨以前与之有过节的王屠，将其扳害（诬陷为同伙）。小说告诉我们，因为当天汪知县急于去卢楠家赏菊、喝酒，竟然草草了断，在用刑仍无王屠口供的情况下，仅凭石雪哥一人的口词（口供），"葫芦提将王屠问成斩罪，将其家私尽作赃物入官"。最后，王屠含冤而死。对于汪知县的昏庸无道和草菅人命，小说没有作进一步的严厉批判。作为读者的我们，可以想象的是，这一草率的处理，不仅是对于无辜者及其家庭的严重不负责任和伤害，而且，也是对于官府形象（换言之，官府的"公信力"）的极大损害。

所谓"一夫在囚，破家灭身"。小说中王屠及其家庭的悲惨遭遇是这一说法的一个极好注脚，尽管上述说法针对的是南宋时期的县衙与县狱。❶ 至于卢楠，虽然侥幸生还，偌大的家业在他遭遇一场天大的冤狱后，其家已破却是不争的事实。

如果说汪知县对于王屠的定罪是草菅人命的话，那么，其对于卢才等人失手打死钮成一案的审理，则纯属故意陷害卢楠。在对于卢楠的审理过程中，汪岑的行为可以说是令人发指：为了报复这位无意中使他丢面子的卢楠，汪知县早早即吩咐手下的令史谭遵等人寻找卢楠的过失；卢才等人因为失手而打死长工钮成，与卢楠并无直接关系，但由于汪岑急于报复卢楠，指使和暗示仵作、地邻等人硬是将所有罪名按在卢楠头上；钮成被打，实际上属于轻伤，至于其后来死亡，主要是由于饱食后突然遭受一顿暴打，且工银被卢才等人强行夺去充债，"转思转恼，愈想愈气"所致；钮成的佣工文契也被汪知县"只认作假的，尽皆撕碎"。至此，汪岑的行径就是一个无赖，与一县之长的身份相去甚远。至于后来收到数十封为卢楠求解的（求情）信札后，指令谭遵、狱卒蔡贤在狱中暗害卢楠（幸亏被县丞董绅救下），则为故意杀人。因此，我们前面说汪岑只是被罢官而去，其受到的处罚太轻不是没有根据的。

此外，尽管《大明律》中有"听讼回避"和"诬告"的明文规定，但我

---

❶　请参见刘馨珺著《明镜高悬：南宋县衙的狱讼》，北京大学出版社，2007 年 9 月第 1 版，第173 页。

们看到的这篇小说中的汪岑对此毫不顾忌。❶ 这个故事再次说明孟德斯鸠的名言"一切不受约束的权力必然腐败"的正确性。

再说说为民的卢楠。故事中的卢楠当然不是一般意义上的小民或草民，而是广有财富、优游士林、颇具才华的地方绅士。监生的身份，也意味着他并非任人宰割之辈。也就是说，他并不是汪知县口中的"土豪"。对于这类地方上的豪富之家，古代中国的官方其实一般会持警惕的态度。所以，我们看到，小说中提到汪知县扳倒卢楠以后，居然升为给事之职❷。知道了汪岑"已居当道"，我们也就很好理解：后来即便有官员想为卢楠翻案，不是丢官，便是不敢发声。

卢楠非但不是一般意义上的民，而且，在一个身份等级森严的社会中，他也可以主宰他人的命运，亦即他也是他人之主。例如，作为富户的卢楠，手下养有一批家人、佣奴。对于这些身份更低的人，卢楠自然具有主导性的权力。小说中提到他"家法最严"，可谓这方面的一种体现。当然，根据小说的描述，我们不会将他与横行乡里的土豪劣绅联系起来。小说中的主奴关系无疑是存在的，家法也是存在的，但卢楠并非是土豪也是一个不争的事实。从他对于不良家人卢才的处置以及对于众长工工银的预发，还有与钮成的佣工文契等，均足以证明他并非官府忌讳的豪横之人，而是一个较为正派的守法良民和地方绅士。

卢楠之所以遭受汪岑知县的极力报复，当然与卢楠自身的性格、才华、自负、家境极为富裕、衣食无忧、优游士林等内外在条件或者因素相关。我们注意到，在小说的结尾冯梦龙留下的两首诗。第一首显然是对于卢楠诗酒傲王侯等的赞许，诗云：命蹇英雄不自由，独将诗酒傲王侯。一丝不挂飘然去，赢得高名万古留。第二首则是对后世文人的警戒：酒癖诗狂傲骨兼，高人每得俗人嫌。劝人休蹈卢公辙，凡事还须学谨谦。这两首诗，很可能是冯梦龙假托后人名义所做，尽管寓意比较对立，但也可以统一起来理解。如果说，第一首诗于赞许之中，不乏凄美或悲壮，则第二首诗的意义不言自明。

翻案绝非容易之事，尤其是你的前任（并且官居你之上，还特意关照过你不得翻案）挟嫌报复造就的一桩冤案。因此，对于小说后来出现的新任知县陆光祖的过人胆识和能力等，我们只能表示钦佩。当然，陆知县绝非鲁莽之

---

❶ 《大明律·刑律五》"听讼回避"条规定：凡官吏于诉讼人内，系有服亲，及婚姻之家，若受业师，及旧有仇嫌之人，并听移文回避。违者，笞四十。若罪有增减者，以故出入人罪论。

❷ 给事中，官名，始设于秦代。明太祖洪武六年（1373）分别在吏户礼兵刑工六科，设置都给事中一人为长官，左、右给事中及给事中为属官，协助皇帝处理政务，驳正六部违失，并纠弹官吏。请参见《中国古文明史辞典》，第 58 页。

人，经过仔细研读卷宗，他做出了立即拿获卢才，最终做出判决：……雇工人死，无家翁偿命之理。况放债者才，叩债者才，殴打者亦才，释才坐楠，律何称焉？才逭不到官，累及家翁，死有余辜，拟抵不枉。卢楠久陷于狱，亦一时之厄也！相应释放。

卢楠与其恩公陆公之间后来成为至交绝非偶然，一则确实因为卢楠有才学，二则两人精神气质投合。至于那位帮凶谭遵，因为离职后在家"专一挑写词状"，"问边远充军"。其实，笔者以为，谭遵之罪应在遵从汪岑授意，暗害卢楠未遂。或许由于时过境迁，证据难以收集，故以上述罪名对其处罚，也算是罪有应得。

卢楠虽然在陆光祖这样的正直、得力的官员保护下重获自由，但一场天大的官司后，其付出的代价不菲，"家已赤贫"，最后只得独自一人流落异乡，随一赤脚道士到庐山五老峰下结庵而居。所以，"破家县令"之言不虚。❶

结　语

在古代中国社会，与权力相比较，拥有巨额的财富也很可能是不安全的。❷ 如果无意中得罪了权贵，则无异于一场巨大的灾难。因此，所谓"破家县令"一说并非空穴来风。冯梦龙的《卢太学诗酒傲王侯》这篇小说就给我们展示了一个极好的例子或曰若干启示。掩卷之余，于中国古代法律与文学的交叉地带这一特定的语境，我们自会留下诸多感慨与思考。

冯梦龙的这篇故事发生在明朝嘉靖年间（1522—1566），主要讲述作为知县的汪岑与作为当地首富与士人的卢楠之间的冲突，由此展现出一幅丰富多彩的社会生活画卷，表现了在古代中国社会财富遭遇公权力之后的通常结局。也为我们了解古代中国社会的政治、经济、法律等提供了颇为直观、生动的场景或素材。❸

---

❶　台湾学者刘馨珺的相关研究表明，自南宋以下，社会上流传一句谚语"破家县令"，意在警诫县令行政小心，此外，也是劝诫庶民在打官司前要三思而后行。请参见刘馨珺著《明镜高悬：南宋县衙的狱讼》，北京大学出版社，2007年9月第1版，第174页。

❷　注：西方历史上也曾经有过专制主义集权颇为强大的时期。只是近代以来，这种专制主义的权力逐渐受到限制。所以，权与钱的较量或合作，并非古代中国社会独有的现象。

❸　当然，笔者于此还是想强调：本文所依据者并非真实的史料，而是冯梦龙先生的小说，其依赖的对象是文学作品，故而是一种基于法律与文学的研究。

至少自秦汉以来,中国君主对于社会的治理所依赖者主要是官吏。官吏作为君主的代理人,拥有颇为广泛和集中的权力。当然,对于官吏并非没有约束。例如,早在战国时期,当时法家的一位著名代表人物韩非(前281—前233)就明确提出"明主治吏不治民"的观点❶,这一观点被后来的中国历代君主奉为千古不变的治国之道。

当然,与韩非子所处的年代相比,冯梦龙的这篇小说发生的时代背景又有所不同——自隋唐以来,科举取士成为普通人进入仕途的正途或主要途径,而在明代,科举之弊端又远大于前朝,为时人和后人所诟病。反映在冯梦龙的这篇小说里,官民身份之不同、命运之迥异等,则更为明显。

小说给予我们的一个主要启示或许就是当权力集中在一人之手,而此人又不恰当地使用了这种过大的、难以制约的权力时,则其危害无疑是巨大的。因此,流传于古代中国社会的"破家县令"一说似乎并非空穴来风,而是真实存在的。所以,即便有颇为成熟、明晰的《大明律》的规定,如果出于挟嫌报复的目的,如果缺乏权力的分散化与制约,则事态只会向着非常不幸的方向发展。或许,这个故事只是再次印证了孟德斯鸠的名言"一切不受约束的权力必然腐败"的正确性。

---

❶ 请参见《韩非子·外储说右下》。

元朝末年的现实与传奇

故事梗概

元朝天顺年间❶，江南苏州府吴趋坊有一长者施济。其父施鉴"为人谨厚志诚，治家勤俭，不肯妄费一钱"，五十余岁时得子施济。施济八岁那年，被送与里中支学究先生馆中读书，与其子支德同桌。后来，支德为官，施济则屡试不捷。施济好散财结客，施鉴心疼，"密将黄白之物，埋藏于地窖中，如此数处"。一日，施鉴突逝，年九十有余，未留遗嘱。

施济年过四旬、三年孝满后生子施还。一日，偶遇穷途潦倒的早年同窗桂富五。桂富五（桂生）因为做生意本利俱耗，宦家索债，妻与二子均被扣押（"亦被其所有"）。施济赠银三百两，桂生发誓："今生倘不得补报，来生亦作犬马相报！"次日，施济另凑银三百两到水月观音殿完了心愿。❷

第三日，桂生携妻、长子登门拜谢。施济"为人须为彻"，将胥门外桑枣园管业留给桂生一家存生。桂生之妻此时怀孕五个月，与施济之妻指腹为婚。桂生及妻子在桑枣园树下获银一千五百两，夫妻二人决意侵吞这笔财产，私下置产于会稽。等到施济正式提起两家儿女亲事时，桂生借故推托。

后来，施济病逝，桂氏迁居会稽，施家中落，支德致政，往聘施还为养婿，让其向桂生（改名为桂迁）讨还三百两银子。施还被桂家慢待，仅获银一共二十一两。因为没有书契（借据），施还与母亲严氏也无可奈何。不

---

❶ 据笔者了解，"天顺年间"似应为"至正年间"（1341—1370），后者是元惠宗（"元顺帝"）统治时期的一个年号。1368年元朝灭亡（"北元"延续到1388年），明朝建立。

❷ 请参见冯梦龙《警世通言》第二十五卷"桂员外途穷忏悔"。在这篇小说中，施济生子之前许愿："生子之日，舍三百金修盖殿宇。"

久，严氏病逝，暴发户牛公子（其父牛万户，久在李平章门下用事，"说事过钱，起家百万"）与其门下的郭刁儿低价收购施家房产。一日，施还偶见祖父遗笔，决计赎回房产，被牛家告到官府，幸得本府陈太守公断。牛公子不想就此罢手，但幸红巾贼起，牛万户受牵连，牛家因此遭祸灭门。

施家自发藏镪，得财巨万，重为巨富。"只有内开桑园银杏树下，埋藏一千五百两，止剩下三个空坛。"

再说桂生，因为官府生事侵渔，不堪其苦。经不得近邻尤生（外号"尤滑稽"）的蛊惑，决意"入粟买官"。桂员外买官被骗，不仅搭上家产，还向外举债不少，被债主追索。心怀怨恨的桂生在京打算杀掉一同进京的尤生，梦见施济、严氏以及施还，而桂生一家皆为犬形。桂生返乡，却见桂门惊变（二子、妻孙氏俱死，再遭大火），仅有二媳一女幸存。桂生重回苏州，幸亏老友李翁帮忙求情，桂生之女被纳为侧室。施还最终宽待桂氏父女。桂生此后持斋悔罪，得以善终。施还乡试高中，尤生则因为受贿枉法，受到言官弹劾，"受刑不过，竟死于狱中"。桂迁养老于施家，施还则及第为官，妻妾各生二子，施、支二姓，子孙繁衍，成为东吴名族。

点　评

这是一个情节曲折、复杂、时间跨度较大的故事，读来自然耐人寻味，劝诫的意味也十分浓厚。

就其与法律的关系而言，也比较密切。

例如，赠与是否需要受赠与一方归还？故事中的施济对于昔日的同窗、落魄的桂生援手相救，更多地可能出于慷慨解囊，并无要求其回报的意思。所以，即便是对方要求"愿留借券"，施济也不图回报，并不作此要求。从法律上来讲，既然施济不求回报，则桂生并无此方面的义务。

关于桂生的毒誓——至少在今天我们看来，并无法律约束力。但是，对于当时的人们来说，却不无道德方面的约束意义。就桂生本人而言，似乎并非一个完全忘恩负义之人。只是因为缺乏主见，听从妻子孙氏自私的意见，最终成为一个不义之人。这种不义主要表现为：在施家提供的桑枣园偶然获得施鉴生前埋藏的白银一千五百两，非但不归还，却占为己有。实际上，对于这笔巨额的有主物的非法侵占已经构成违法。

桂生家的女儿与施家公子施还的婚事，因为没有法定婚书的形式，尚不构成违法。至于后来，桂家突遭厄运，桂家仅剩桂生和女儿以及二媳，如果还想以之前的所谓约定，亦无法律上的约束力。施还后来接受桂生之女为妾，只是因为父亲生前的好友李翁作伐而成。

施还与牛公子的房产交易——理应受到法律的保护。当然，具体交易过程中，牛家有乘人之危、压价收购的嫌疑。后来，在施家发现祖父施鉴遗笔，获得施鉴生前埋藏的数额巨大的银两后，牛家不愿意其加倍回赎，实则于法无据。至于太守审理并对此案作出判决后，牛家不服，可以上诉，但企图借助李平章的关系干预此案，则有违法律精神。

桂生（桂员外、桂迁）买官，原因在于"田多役重，官府生事侵渔，甚以为苦"。这表现了元朝末年的吏治腐败、社会黑暗。至于从中欺骗、渔利的尤生其人，无疑是一个骗子。尤生后来不得好死，说明小说的警世意义。

桂员外二子不成器，私下将家产半价卖与他人的行为在今天可能难以得逞，因为其很可能无权处置不属于自己的财产。但在这个故事发生的年代，其荒唐行为却有效。

再说桂迁，家道忽然败落后，携女来施家为侧室，实际上使得施还违法（依照《大明律》来说的话）。另外，因为其当初在妻子孙氏的鼓动下推托，故而，其与施家并未缔结婚约。换言之，在某种意义上，此时的施还接受其女，更多的不是因为两家婚约的成立，而是在正妻之父支德等人的劝解下，给再度落魄的桂迁及其女儿的一次宽容和接纳。

骗子尤生最后死于狱中，传递出的信息很可能是当时监狱的条件恶劣或狱政的黑暗等。

法律之外的思考也不少。例如在当时，几乎无社会保障可言，当事人的生存环境其实很脆弱，例如，富室之家的施家由于父亲施济的不善理财或过度慷慨，竟然衰败，幸而有祖父施鉴生前的远见（事先埋藏巨额银两）。

在交易的过程中，不无巨大的风险。例如，小说第一次出现的桂生，想通过做生意发财，却落得妻、子为他人所有，本利皆无的下场。施家衰落后，与牛公子的房产交易也充满风险。

官场虽然并非全然黑暗，例如陈太守还算公道处理牛公子与施家的房产回赎案，但小说反映的元末社会买官、卖官或许并非个案或偶然，富而不贵如桂员外者在社会上也难免受到官府的骚扰或"侵渔"。

小说无疑是充满警世色彩的，故而冥冥之中的惩戒或因果报应是主线。桂家妻子孙氏、死去的二子以及牛公子一家、尤生等即为此例。

对于施济、施还父子的慷慨大度、急公好义，小说无疑是持赞赏的态度的。自然,对于桂生及其妻子孙氏的忘恩负义、过于功利的行为,小说不仅予以鞭笞,而且通过超现实的描绘,赋予其极为悲惨的下场——不仅化身为犬,而且难以超度。

受到尤生蛊惑的桂员外花钱买官被骗,一时冲动,有杀掉尤生的打算。幸而最终控制了自己的行为,才不至于走向更为糟糕的境地。与其说他具有一定的法律意识,还不如说是奇异的梦境给他某种启示。当然,如若他真的杀了尤生,则后果无疑会更为严重。

显然,这篇小说还是体现了中国的一句古话:不是不报,只是时辰未到。看一看忘恩负义的桂生一家、贪婪的牛公子一家以及靠行骗得逞于一时的尤生等人,最终皆无好的下场。桂生(桂迁)之所以得以善终,实乃有改过之心所致。因此,如同冯梦龙先生"三言"中的诸多小说一样,这篇小说的警世、喻世、醒世意味也是十分浓厚的。

结　语

在冯梦龙的"三言"系列作品中,《桂员外途穷忏悔》算不上十分出名或为人所熟悉,但其警世、喻世、醒世的风格却与冯梦龙"三言"中的许多小说的主题是一致的。

这篇小说之所以落入笔者的研究视野,主要原因还是其与中国古代法律的关联性颇深。此外,或许就是故事中的主人翁桂员外身上体现出来的难能可贵的忏悔意识。如果说还有哪些法律之外的话题,那就是施济的急公好义、施鉴的深谋远虑、施还的宽宏大度以及支德的扶危救困、李翁的成人之美、施还之妻支氏的容人之雅量、桂生之女(施还之妾)的温柔善良……因为,我们知道,冯梦龙撰写"三言",其主旨与追求并不在于宣讲法律,而是更多地褒扬人性的真善美,尽管无形中多少与法律有涉。

《罗知县罗衫再合》

明朝永乐年间的奇案*

故事梗概

　　冯梦龙的这篇小说一如既往地可以分为引言和正文两个故事。

　　在引言中，冯梦龙先给我们讲述了杭州府的一位才子李宏（生活的时代不详，估计在明朝），颇有才华，但却三科不第。郁闷之余，乘舟往严州访友。途中，于江口的秋江亭停舟游览，发现亭子墙面上多有留题，其中有一首《西江月》，"是说酒、色、财、气四件的短处"。李宏不以为然，和词一首。神思昏迷中，李宏（李生）遇见美女装扮的酒、色、财、气四神，于是，有了一番关于酒、色、财、气的颇为精彩的讨论乃至四女的撕扯。醒来后的李生再题一首七言绝句"饮酒不醉最为高，好色不乱乃英豪。无义之财君莫取，忍气饶人祸自消"。

　　正文由此引出，且与财色有关。正文中的故事发生在明朝早年永乐年间（1403—1424）的北直隶涿州，苏家兄弟二人，长兄苏云，24岁那年科举成功，"除授浙江金华府兰溪县大尹。赴任之前，与夫人郑氏商议，将家中财产十分之三留给老母供膳，其余带去任所使用，次子苏雨在家侍候母亲"。

　　苏云夫妇与家人苏胜夫妇，从张家港坐船顺流而下，过了黄河、扬州广陵驿，将近仪真。因为船只陈旧，加上"带货太重，发起漏来"，苏云忙将家眷、行李搬上岸来，因此遭遇私商徐能及其手下的一班不良水手，苏胜夫妻双双毙命，苏云被捆绑后抛入江中，郑氏被强抢回徐家，幸而被行善的徐能之弟徐用私下放走，为附近老尼收留。

---

　　* 参见冯梦龙《警世通言》第十一卷。

郑氏产下一子，无奈之下，只得由老尼放在半里之外的大柳村，为徐能收养，交由姚大妻子抚育。郑氏则被老尼送到当涂县慈湖老庵中潜住。

苏云并未被淹死，被徽州客船上的客人陶公所救，安排在陶公村中教学。

苏老夫人三年不见长子音讯，派苏雨远赴兰溪县衙打听，却不料现任知县是来自江西的高知县，痛苦煎熬的苏雨病逝于临时居住的城隍庙中。

徐能收养的孩子（取名徐继祖）聪明出众，"十五岁上登科，起身会试"。路过涿州时，恰逢自己的祖母。因为继祖酷肖苏云，苏老妇人颇为感伤，临行前将珍藏的罗衫一件赠与继祖。徐继祖科场得意，中举授官（二年后，"选授监察御史，差往南京刷卷，就便回家省亲归娶，刚好一十九岁"）。

再说郑氏，希望通过往仪真方向化缘来寻觅亲子、报仇雪恨。在一户人家的帮助下，决意告状。接状子的正好是徐继祖。

审慎的徐继祖密将奶公姚大唤来，了解实情。在压力之下，姚大只得招供。

几乎同时，苏云在梦中拜祷求签，后去南京操江御史衙门自书告状。接案者是徐继祖的同年林御史，徐继祖此时对于案情已基本掌握。

恰好徐能、徐用、姚大等八人前来祝贺继祖高升，于是，一并被捉拿。徐继祖与自己的亲生父母团聚，徐能等先行处以杖刑（徐用得免）。徐继祖草下奏章，"俱奏天子"。而后，改姓归宗（姓名改为苏泰）。奏章不久"准了下来，一一依准"。徐能等七盗，"延颈受死"。强盗六家的家人也因此受到牵连，被扫地出门，财物没官。出于怜悯，苏泰私下赠银五十两给乳母姚大的老婆。

故事发展到后来便是报恩、结亲（租赁船只给徐能的王尚书虽然法律上没有太大的过错，但为了补过，愿将幼女嫁给苏泰）。苏云在家，奉养老母至九十余岁方终。苏泰则历官至坐堂都御史，王夫人所生二子俱登第，其中第二子承继苏雨之后。一场悲喜剧到此结束。

点评

酒色财气历来为世人谈论甚多，是因为其与人们的生活、理想、追求等联系紧密，也因此衍生出诸多的爱恨情仇。冯梦龙的这篇小说引文从一位落第才子李宏传奇性的经历谈起，抒发了对于化身为四位美女的酒、色、财、气四神的不同见解，借李宏最后的题诗表明了作者对于酒、色、财、气的基本认识——如果我们的了解不至于太偏差的话，只要是不过度，则酒色财气均是可以接受的。

当然，冯梦龙这篇故事的正文则并非仅仅是用作恶者禁不起财色二字的诱惑即可以言尽的。杀人越货兼而企图夺人之妻，在任何朝代均为重罪，这一点似乎并无争议。因此，徐能等人最终伏法没有什么冤屈可言。

迟到的公正毕竟还是公正，尽管它给受害人一方留下了诸多的伤害与阴影——在这个故事中，苏雨为了寻觅多年杳无音信的哥嫂病逝于他乡；苏云侥幸逃脱，在遥远的异乡作为一名私塾先生暂且栖身，遑论仕途；苏云妻子郑氏也只好遁入空门 19 年；苏云老母孤苦伶仃 19 年。一起凶案给被害人一方造成的伤害，恐怕仅仅算一个经济账或曰法律的经济分析，是无论如何也说不过去的。

此外，作为今天的我们，实在难以想象，一桩杀人越货的重大案件只有延迟在 19 年之后才得以审理，最终，作恶者才得到应有的惩处。但是，考虑到故事发生的年代和时代局限，我们或许也就不难理解了。

如果说在悲剧之外还有什么亮色，那就是苏泰（徐继祖）通过科举走上仕途，成功地为自己的父母、叔叔伸冤报仇。当然，换言之，如果不是因为苏泰顺利地走上仕途，则苏云夫妇、苏雨等人的冤屈能否得以平复，正义是否得到伸张，殊难预料。非常可能的结局是，受害人一方最终会冤沉大海。

在这篇故事里，我们似乎再次看到某些之前和之后在"三言"中并不陌生的东西：即便在和平时期的中国古代社会，行走在上任途中的官员及其家属、随从人等，有时也缺乏安全保障。苏云夫妇是一例，这种十分相像的凄凉，在"三言"的其他一些故事中我们还会遇见。之所以出现这样的故事，很大程度上可能只好归因于当时交通、资讯等欠发达。

有些假设或许是令人沮丧的。例如，如前所述，假设苏泰（徐继祖）没有科举成功、没有偶然路过祖母家、没有发现徐能等人的罪行、没有被选授为监察御史等等，则我们也不会看到大快人心的故事结局。当然，冯梦龙先生在这篇小说中依然延续了他讲述故事的"无巧不成书"的风格。所以，巧合无疑是包括"三言"在内的中国古典文学作品打动读者的一种技巧或者吸引力。

结　语

酒、色、财、气在古代中国社会（包括今天）都是人之大欲，对待它的态度或许可以反映出一个人的人生态度、追求等。冯梦龙先生似乎很明显地想通过苏云等人（包括故事中的作恶者徐能等人）的故事，揭示人们应当保持一种正当的取舍。所以，过不了财色关的徐能等人最终招致"延颈受死"、家人凄凉的悲剧，正是由于其扭曲的人生观、财富观。

当然，徐能等人对于当时法律的无视或藐视，只能说令人惊讶。因为，至少就明代而言，在其立国之初，《大明律》等颇为严厉的法律业已问世，当事人不可能对此一无所知。或许，正是因为忌惮法律的威严，徐能等人才连伤数命，几乎不留活口（留下郑氏，也只是为了自身的色欲）。

正义的到来有些迟延，但毕竟还是有一个大快人心的结局。冯梦龙无疑并不是主要为了宣扬法制或法治的力量，而是宣扬因果报应关系，宣扬抑恶扬善。但是，透过小说，我们还是发现了其中反映出来的法制的作用。因此，在某种意义上，故事描写的明代社会，实际上更多地是依靠法律的治理或控制。

《范鳅儿双镜重圆》❶

乱世情缘中的严刑峻法

冯梦龙的这篇小说其实先后讲述了两个故事，一个是靖康之变时期陈州人士徐信与妻子的离别与重逢，另一个才是范鳅儿与妻子的双镜重圆。

故事的引文首先引用一首词，这首词最后一句借用了吴歌成语，借以表达"民间离乱之苦"。徐信娶妻崔氏，本来小康生活，幸福美满，不意生逢乱世，北宋灭亡，南逃路上，夫妻离散。出于同情，与郑州王氏结为临时夫妻。建炎三年（1129），徐信偶遇一位陌生男子列俊卿，才知道他是王氏的前夫；而列俊卿的临时妻子正是徐信的前妻崔氏。于是，"至晚，将妻子兑转，各还其旧。从此同家往来不绝"。

范鳅儿的故事发生在南宋建炎四年及其后一段时间，相对要复杂一些：宋室南迁，两浙残破，唯有闽地不遭战火，但因为遭遇荒年，民不聊生，而官吏依旧"催征上供"，终于逼迫建州部分百姓相聚为盗，草头天子范汝为应运而生，其族侄范希周（因为水性好、不想做劫掠勾当，人送外号"范鳅儿"）亦裹挟其中。

关西官长吕忠翊，职授福州监税，上任途中，在建州附近，其女（小名顺哥）被掳掠，后为范鳅儿救下并与之成婚。不久，韩世忠奉命讨捕，任命故旧吕忠翊为军中都提辖。范鳅儿夫妇自知建州旦夕不保，将范家祖传鸳鸯宝镜各分一面收藏。

绍兴二年（1132）春，建州城破，"只有范氏一门不赦"，正待自杀的

顺哥被父亲救下，范鳅儿不知所终。绍兴十二年，吕忠翊累官至都统制，镇守封州。一日，广州指使贺承信来投递公牒（官方文书），在后堂帘中窃窥的顺哥感觉此人就是自家范郎，但其父不以为然。半年后，贺承信再度前来公干，在顺哥的授意下，吕忠翊终于获知此人就是范鳅儿。于是，夫妻团圆，皆大欢喜。

点 评

如果说这篇故事的引言讲述的是一个乱世中的"交互姻缘"，那么，故事正文的夫妻重逢则无疑具有更多的难度，由此我们不难感受中国古代法律的严峻。

简言之，引文中故事的大背景是靖康之变给宋朝君臣以及普通民众带来的悲剧性后果。所幸的是，徐信夫妇、列俊卿夫妇虽然为战火所累，婚姻关系一度被人为地变化，但却有后来的偶遇和回归。当然，如果在和平时期，随意变动夫妻关系或曰"交互姻缘"的行为，无疑会受到法律的惩处。

范鳅儿与官宦之女顺哥的婚姻的缔结算不上传统的父母之命、媒妁之言，多少有些强差人意的地方，但还是为当事人双方认可和珍视的。最终，此夫妻二人能够重逢，实乃万幸。其中重要的原因就在于：对于谋反这种十恶重罪，至少隋唐以来就很难获得朝廷的赦免，所谓"十恶不赦"。

就南宋政府而言，尽管自其成立之初面临诸多困难，但是，对于维系自身的稳定，却并无丝毫的犹豫或含糊。所以，派遣岳飞镇压洞庭湖钟相、杨幺等人的反叛（起义）是一例。小说中描写的派遣韩世忠率军十万镇压范汝为领导的造反亦可说明南宋朝廷对于谋反等大罪的重视程度。根据笔者的有限了解，范汝为起义也并非纯属小说家言，而是确有其人、其事。而且，其经历比起冯梦龙这篇小说的描写更为复杂，有过受招安的经历。当然，最终再反，并败给韩世忠、自焚于建州城破之前等，与小说所述无异。❶

这段真实的历史，在冯梦龙的笔下有所反映，但很难说全面。现代相关历史学者的研究表明，范汝为等人的起义，主要与南宋政府对于私盐贩卖的打击有关。而当时私盐贩卖之所以有市场，其实就是民众对于官府的食盐专卖且不

---

❶ http://www.tcm100.com/ShuJuKu/ZhongGuoLiShiMingRen/zzZhongGuoLiShiMingRen1968.htm 访问日期：2016－06－11。

提供有质量的盐（甚至故意在盐中掺杂灰土）的政策或做法的反感。最终，死于官兵之手的起义群众有三万余人。❶

范鳅儿的故事就是以此大背景展开的。但是，作为小说的主人公，他是冯梦龙尤为关注的"这一个"。

结　语

冯梦龙这篇小说中的两个故事，都讲到了乱世情缘，但都与当时的法律相关。

第一个故事，大背景是金军南侵，北宋灭亡，徽钦二帝以及众多的宗室弟子等人被掳掠。我们的主人公先前平静、幸福的生活被打破，夫妻失散，后来侥幸重逢，两对结发夫妻各归其位，后来还有友好的往来。如果放在平时，这段夫妻关系是不可以随意变更的。但是，考虑到战乱等因素，这种"交互姻缘"无疑得到人们的理解和同情，法理上似乎也不好追究其责。

第二个故事（也就是小说的正文）的背景相对比较复杂，情节也更为曲折或曰生动，因为它与一桩谋反案件联系在一起。我们知道，至少，自中国战国时期开始，这种公然反抗朝廷的行为当然会受到极为严厉的惩处，所谓"王者之政，莫急于盗贼"❷。所以，即便在冯梦龙的小说中，范汝为及其范氏一门（包括其他参加起义的三万余人）均不得赦免，身为范氏一员的范鳅儿能够侥幸逃过一劫，实属万幸。另外，古代社会的身份信息当然不如今天这样健全、可靠。因此，范鳅儿得以脱身的可信度也就较高。

---

❶ http：//blog. sina. com. cn/s/blog_ 4a256cbe010005zg. html 访问日期：2016 – 06 – 11。

❷ 语出《法经》（战国时期李悝等人主持编撰）。

《三现身包龙图断案》❶

靠得住的还是证据

故事梗概

　　故事引文先讲述的是北宋元祐年间（1086—1094）太常太卿陈亚在任期间，偶遇一位金陵术士边㻌（盲眼人），后者仅仅通过江中顺江而下的画船橹声即推断出"橹声带哀，舟中必载大官之丧"。经查询，果然如此，不由得令人佩服。

　　故事正文相比较而言，要复杂得多：故事同样也是先讲一位神算子李杰给人算命，与边㻌不同的是，这位算卦先生却断言兖州府奉符县大孙押司当天三更三点死。而且，这位大孙押司果然就在这一时刻离奇死去（投河）。三个月后，押司娘子改嫁给同县的小孙押司（后者入赘）。

　　不久，使女迎儿自称夜间遇见大孙押司的鬼魂，小孙押司夫妇赶紧将迎儿嫁给王兴（"王酒酒"）。某晚，因为丈夫逼迫，迎儿去主母家讨要银两未着，再遇大孙押司的冤魂，并获得碎银一包。次日，迎儿陪同押司娘子到东岳庙烧香，单身一人时，庙中泥神判官忽然开言求她帮忙伸冤，并给她物事一件（一幅字，上有一首打油诗。王兴夫妇不解其意，但等来年二三月间有何事发生）。

　　来年二月，新任知县即为后人熟知的包拯。到任三日后的晚上，梦见自己坐堂，堂上一联对子：要知三更事，拨开火下水。

　　次日早堂，包拯请人解释对子，无人能解，于是，请小孙押司书写对子，悬赏十两银子。王兴知道后，在邻居裴孔目的帮助下出首。

---

❶　请参见（明）冯梦龙《警世通言》第十三卷"三现身包龙图断冤"。

押司娘子与小孙押司当然不会承认自己的犯罪行为，但在证据面前却无从抵赖——孙家井下，大孙押司的尸体赫然被打捞上来。最终，小孙押司与押司娘子双双问成死罪，包拯因为"断了这件公事，名闻天下"。

点 评

在中国古代，包公被誉为"包青天"，与之有关的故事、传奇也难以胜数。比较集中反映包拯传奇故事的恐怕得要数《包公案》这本据称是明代安遇时编撰的作品，这部作品同时也是中国古代三大公案小说之一。❶ 从法律与文学的角度对于包公故事进行较为深入研究的，当属中山大学法学院徐忠明教授的著作《包公故事：一个考察中国法律文化的视角》❷。

冯梦龙的这篇小说，反映的也是包公故事，而且，属于包公踏入仕途不久（出任兖州府奉苻县新任知县）对于本县一起因为奸情引发杀人案件的勘破与审理。

或许是由于中国古代刑侦技术的相对不够发达，冯梦龙的这篇包公故事无疑是神化了包公的断案能力。从一个现代法律专业人士的角度来看，真正站得住脚的证据或许就是大孙押司家井下的尸体。此外，死者大孙押司的三现身，且几乎每次都只是被其家中的使女迎儿发现，估计只能说明迎儿极有可能是这起案件的知情人之一。这也许可以解释：为什么押司娘子与小孙押司急于将迎儿嫁给好酒、赌博的王兴。

顺便说一句，小说中的那位王兴虽然对于案件的侦破出力不少，但是，以今天的我们看来，有对其妻迎儿家暴的嫌疑。当然，在北宋年间乃至于北宋之后相当漫长的一段时间内，这种打骂老婆的行为（算不上严重）似乎都不在法律管辖的范围之内。

知县在中国古代社会属于县一级一把手，其承担着狱讼、教化、钱粮等事务的管理职责。在"三言"中，对于知县（或称"县主""县尹""大尹"等）及其公务活动，我们并不陌生，也清楚地知道其依职权可以或应当审理刑民事案件。所以，对于身为知县的包拯，审案是其工作的一个重要组成部分。

---

❶ http://baike.so.com/doc/6725677-6939862.html，访问日期：2016-06-20。相关纸质版小说，可以参见无名氏撰《包公案》，山西古籍出版社，2002年元月第1版。

❷ 请参见徐忠明著《包公故事：一个考察中国法律文化的视角》，中国政法大学出版社，2002年7月第1版。

结　语

　　"龙图"在宋代应为"龙图阁直学士"❶。根据陈茂同先生的研究，馆阁学士（包括龙图阁学士），是宋代特殊的制度之一。凡朝官出任外官，都带这种头衔，并非兼职。❷当然，在冯梦龙的这篇小说中，主人公包拯还只是一个出仕不久的知县。所以，称之为"包龙图"更多地可能是沿袭后来人们一种习惯的称呼。

　　就真实的历史而言，包拯是否如这篇小说所说，在兖州府奉苻县出任知县一职并审理上述在当时看来颇为离奇的这一桩杀人案件，尚缺乏较为扎实的史料认证。而且，作为一名踏上仕途不久的知县，其神奇的审案能力从何而来，也值得今天的我们怀疑。当然，这里我们需要明确的是，这个故事是小说家言，因此，自然也不可以作为史料来看待。

　　将这篇故事的神秘色彩抽离之后，这桩神奇的案件站得住脚的或许就是证据，亦即沉入死者家井中的死者尸体。当真相大白于天下之后，一切的一切也就不难解释。

---

❶　请参见王家范、谢天佑主编《中华古文明辞典》，浙江古籍出版社，1999年版，第640页。

❷　请参见陈茂同著《中国历代职官沿革史》，百花文艺出版社，2005年版，第321页。

库银丢失之后

这个故事与冯梦龙"三言"中其他故事的共同之处在于：都是先有一个引言，然后是正文。

引言从始建于梁朝的苏州府城内的玄都观说起，并勾连起唐朝著名诗人刘禹锡关于玄都观的一句诗"玄都观里桃千树"❶，借以表达这座寺庙的古老及文化意蕴。当然，从历史悠久、负有盛名的玄都观说起，更多地是为了渲染其中的一位神奇的道士"张皮雀"。此人"有些古怪，荤酒自不必说，偏好吃一件东西"。这件东西，就是狗肉。

小说中，"张皮雀"的神奇事迹之一就是在接受了矫大户（从事典当行业、获利颇丰）的狗肉宴请之后，劝其行善布施。后者不以为意，遂有雷火之灾，加上"质当的人家"与之结讼等，不久一贫如洗。

故事的正文也是发生在苏州府（昆山县），主人公是金满。此人"少时读书不就，将银援例纳了个令史，就参本县户房为吏"。为人乖巧的金满颇有人缘，在县衙中可谓如鱼得水。

故事的深入围绕金满谋求库房令史这个美缺而展开。未及半年的户房司

---

❶ 刘禹锡（772—842）的这首诗题为《元和十年自朗州召至京，戏赠看花诸君子》，诗云："紫陌红尘拂面来，无人不道看花回。玄都观里桃千树，尽是刘郎去后栽。"因为这首诗触怒当权者，刘禹锡不久即被贬到连州达十四年之久。十四年后，刘禹锡再次故地重游，并留下《再游玄都观》："百亩庭中半是苔，桃花尽净菜花开。种桃道士归何处？前度刘郎今又来。"请参见刘允声编著《历代诗词佳句鉴赏》，北京出版社，1990 年 12 月第 1 版，第 305—308 页。无疑，正是因为刘禹锡的这两首关于玄都观的诗，玄都观为后人所知。

吏金满在暗中收买了吏房令史刘云和门子王文英以及县主（通过本县显要士夫，写书嘱托），在捻阄作弊的情况下，谋得库房令史。没有想到的是，不到半年的时间里，竟然一次丢失元宝四锭（二百两银子）。盛怒之下的县主责令金满十日内将银补库："如无，定然参究。"

库银盗窃案当然不会如此轻易结案。在请求宽限十日内，金满只得尽其所能，变卖家中财产，凑足四锭元宝，"当堂兑准，封贮库上"，内中苦楚，自不待言。

疑心重的金满竟然怀疑家中小厮秀童盗窃了库银，私刑之下，秀童只得屈打成招，但终究不见赃物之所在。

事情的转机在于除夕夜替人看守库房的张阴捕在酒醉梦中神道的两次提示。但是，遍查熟悉的人等，金满均不见陈大寿其人。

对于案件的侦破起到重要作用的还是与金满相熟的老门子陆有恩。由此，案件的疑点指向陆门子的邻居胡美（也是一个门子）及其姐夫卢志高，最终的结果自然是人赃俱获。

知县的审案还算公允、得当，金满的损失由此基本得到补偿。因为卢志高已病死于狱中，加上有多人求情，知县便将罪名都推在死者身上，"只将胡美重责三十，问个徒罪，以儆后来"。至于张阴捕梦中所见到的神道及其所说的话，居然"一字无欺"。

过意不去的金满将家中美婢金杏许配给秀童为妻，并收秀童为子，改名金秀，又因为家中无子，家业就是金秀承顶。金秀"也纳个吏缺，人称为小金令史，三考满了，仕至按察司经历"。故事的结局，自然是皆大欢喜。

点　评

就小说的正文而言，这是一篇涉法程度较深的故事，年代不详，估计发生在明朝。

故事主要围绕库银丢失展开，案件的侦破也具有一定的复杂性与曲折性。当然，故事的生动性在于不乏神明在其中的作用。当然，案件的终于告破主要还是得益于老门子陆有恩的怀疑。这也说明，即便是盗窃者如何的高明，总不免会露出破绽。

小说的信息量还是比较大的。例如，当时官与吏的区分——一般人做官，得通过科举。否则，想在衙门混，最有可能的或许就是像金满那样纳钱为吏，虽然进入不了官的行列，但也会有一定的社会、经济地位等，获取较为便捷的利益。

小说中还多次提及门子，指的是旧时在官衙中侍侯官员的差役，❶ 应当也不属于官员。颇有意思的是，作案者也是一个门子（伙同其姐夫），提出怀疑的恰好也是一个门子。

这篇小说还提到阴捕，也就是官捕（所谓"在官有名者"）的助手。此外，知县（或称县主）在这起案件中也是一个重要的人物，对于比其地位低者，无疑是位高权重。

所以，在某种程度上，仅仅就"三言"来看，在古代中国社会的县一级单位，知县以及六房书吏（令史）、捕快、门子等人构成了一个不大不小的权力系统，可以主宰其他相对弱势的群体。

至于秀童（金秀）以及金满家中的美婢金杏，起先都不算是完全自由的人，对于主人金满有一定的人身依附关系。金满对于金秀的私刑处分以及后来破案后将家中美婢嫁给秀童的处理，均可说明此二人的身份、地位。小说最后说到金秀三考满了为官，恰好说明当时做官的一般途径还是得通过科举考试。❷

此外，小说中的知县对于案件当事人的处理还算宽厚、公允，且似乎与法律不相违背，也算得上是一个不错的知县形象。

结　语

在这篇小说中，先后有两位道人出场，并有不同程度的表现。如果说引言中的"张皮雀"只是贪恋喝酒吃狗肉、于人并无大碍或许反而有益的话，那么，正文中的莫道人则至少对于秀童（金秀）的冤屈抑或金满等人的擅自动用私刑要负一定责任。所幸的是，秀童在私刑之下得以生还。否则，作为主人

---

❶　http：//baike.baidu.com/link？url＝LI1dYCH11x3iy00dgCclmWb8IqDS8fkQ6fHW3Mzn53KIqUf28yD9NC－cqav8N3CG，访问日期：2013－08－24.

❷　有关学者的研究显示，科举作为一种竞争十分激烈的选拔性考试，被选拔者（秀才、举人、进士）历来都是极少数。例如，明清时期的进士录取人数基本上控制在300人左右，各省乡试录取的人数总数也只是1000多人，而参加科举考试的人数却是有增无减，有些地区的录取比例仅在千分之一到千分之二。请参见刘海峰、李兵著《学优则仕——教育与科举》，长春出版社，2004年1月第1版，第141页。

的金满恐怕难以逃脱牢狱之灾。因此，我们可以理解事后金满美婢赠秀童并将秀童收为义子，实际上可以说是对于深受私刑残害的秀童的一种补偿。

故事正文部分主要围绕库银的丢失及其失而复得展开，从而也生动地反映了这一特定时期县一级的衙门组成及其政治生态环境等。"少时读书不就"的金满科举一途估计难以成功，故而"将银援例纳了个令史"。由此，我们看到在他的周围，是一个以县主为首的小型的衙门世界。

库银的丢失自然是非同小可，而且数额在 200 两之巨❶。好不容易谋得库房一职的金满只得倾其所有，赔钱了事。根据我们的了解，按照《大明律》"常人盗仓库钱粮"条的规定，盗窃八十贯者，应处以绞刑❷。所以，我们说在库银的盗窃者被捉拿之后，知县大人算是宽厚、仁慈——鉴于其中一人（卢志高）已经病逝于狱中，没有深究另一同案犯胡美，只是对其"重责三十，问个徒罪，以儆后来"。也就是说，从轻发落了。

根据相关学者的研究，到明中叶，原来被禁止使用的白银异军突起，成为主要货币。❸ 因此，如果我们推测这个故事发生在明朝，则极有可能在明代中叶或明代中叶之后。

另就法律地位而言，故事发生的年代也算不上是一个身份平等的年代。主奴关系无疑是存在的，而且，这一点，在冯梦龙的这篇作品中有较为清楚的表现。例如，金满对于秀童（后来的养子金秀）以及婢女金杏的处置，均可说明。

如果还有什么与当时的法律及社会相关，那就是因为家贫，秀童的亲生父母不得已将自己的孩子卖身为奴。至于后来金满处于某种考虑，又将秀童收为养子，也与法律有涉。当然，我们不大可能指望他们会如同今天的人们那样，严格遵从收养法的相关规定。

---

❶ 按照相关研究的估算，古代一两银子相当于一贯。请参见 https://zhidao.baidu.com/question/545147238.html，访问日期：2017 – 03 – 19.

❷ 请参见（明）雷梦麟撰《读律琐言》，怀效锋、李俊点校，法律出版社，2000 年 1 月第 1 版，第 315—316 页。

❸ 请参见许大龄著《明史》，中国大百科全书出版社，2010 年 10 月第 1 版，第 64 页。

《老门生三世报恩》

科举与官场、官司

故事模拟

这篇小说以一首八句诗开头，意在说明功名的成就有定数，不在乎早成或晚达。

故事的正文所占的篇幅自然较大，主要围绕鲜于同与蒯遇时二人的联系展开。

故事从在明朝（"国朝"）正统年间（1436—1449）广西桂林府兴安县的秀才鲜于同讲起：此人八岁时被举为神童，才华横溢，但却无缘黄榜挂名。又因为家境一般，自三十岁上让贡，先后让了八遍，一直到五十七岁，依然沉埋于世。幸而不改初心，"兀自挤在后生家队里，谈文讲艺，娓娓不倦"。

再说兴安县知县蒯遇时，可谓少年得志，只是"有件毛病，爱少贱老，不肯一视同仁"。有意思的是，蒯知县在将全县生员考试试卷密封阅卷的过程中，无意中选拔的第一名却正是时已五十七岁的鲜于同。

此后的鲜于同省试、赴京会试竟然一路顺利，并"得选刑部主事"，与蒯遇时（"蒯公"）有师生之谊。

不久，在礼科衙门任职的蒯遇时因为直言敢谏，得罪了大学士刘吉，被下了诏狱。幸亏鲜于同全力相救，才得以从轻发落。自此，蒯、鲜二人情谊加深。

鲜于同第二次出手搭救蒯家在六年后，起因是蒯公的公子蒯敬共在浙江仙居老家与当地毫户查家争坟地疆界，对方诬赖蒯公子打死其小厮（实则走失），告上官府。蒯敬共情急之下逃往云南其父任所。知道此事的鲜于同主动请求出任台州知府，在找到走失的查家小厮后，此案也就顺利了结——"鲜于太守准了和息，将查家薄加罚治，深详上司，两家莫不心服"。

鲜于同第三次报恩与法律关涉不大，但却与蒯家再次关联。这一次，是受业已致政在家（退出官场）的蒯遇时之托，提携其十二岁孙儿蒯悟的学业。后来，蒯悟与鲜于同的长孙鲜于涵同年进士，"两家互相称贺"。

点 评

科举在古代中国社会作为一种选拔人才的重要机制，延续了一千多年，其意义和影响等自不待言。小说讲述的是明朝，这一时期无论是官府还是民间的读书人，对于科举的重视程度可想而知。对此，吴晗先生在《明代的科举情况和绅士特权》一文中，有较为深刻的批判，在此不再赘言。❶ 清代吴敬梓所著的长篇白话小说《儒林外史》在 18 世纪中叶问世，更是道尽了科举中的种种弊端。

对于科举，单纯就成功者与失败者而言，其各自的感受自然大有不同。因为，这是一种千军万马过独木桥的激烈竞争，获胜者毕竟寥寥可数，绝大多数人注定是与之失之交臂或无缘。仅就冯梦龙的"三言"来说，就涉及不少与科举相关的故事，《老门生三世报恩》就是其中的一个。

当然，作为文学作品的"这一个"，故事的主人公鲜于同无疑是一位个性鲜明、经历独特的科举参与者。与之形成某种对比的是，少年得志的蒯遇时。或许是为了突出这种对比，我们的作者冯梦龙先生有意将第一位主人公命名为"鲜于同"，似乎意为与众不同，而"蒯遇时"则可以推测是科举考试中的顺利者的意思。

两位年龄悬殊、科举路上的早期获胜者与大器晚成者（严格说来，鲜于同早年也是一位少有才名的"神童"）就这样产生了交集。而且，十分有意思的是，开始的时候，作为兴安知县的蒯遇时并不看好时已 57 岁的"先辈"鲜于同。不仅不看好，甚至可以说这位蒯知县对于年长老成的考生，不乏一定的歧视。

小说的幽默之处在于，并不被人看好的鲜于同却从 57 岁那年开始转运，竟然一路高奏凯歌，由乡试、会试一直到殿试，大获成功。于是，鲜于同与不

❶ 请参见吴晗著《吴晗论明史》，武汉出版社，2013 年 1 月第 1 版，第 223—225 页。

看好他的蒯遇时有了师生之谊。

鲜于同的不同之处就在于他不计前嫌，以德报怨。换作一般人，或许早就与蒯知县疏远，甚或衔恨在心。所以，在此方面，我们说他是一位胸襟开阔的人士。

我们知道，自古以来的中国就是一个人情社会或曰关系社会。因此，门生与恩师这种颇为奇特的关系就是人情社会的一个缩影或表现。相关学者的研究表明，"门生"一词始于汉代，后多为科举时代及第者对考官的自称。因为有树党背公、派系之争等弊病，自唐武宗起，历代屡有禁称门生之令，但却难以奏效。宋开宝六年（973），宋太祖行殿试，及第者遂有天子门生之称。明清时，多为中试者对于乡试、会试主考及房官的自称。❶ 因此，从上述意义上来说，鲜于同应当称得上是蒯遇时的门生。而且，蒯遇时希望扶持的是年少有为者，以期后者在未来的仕途中对其有所助益。尽管古人不屑于言利，然而其功利的考虑却是可以感受得到的。

而且，有意思的是，正是这位不被人看好的老门生在后来的官场中先后于三次关键的时候出手相助，使得这位强差人意的"恩师"免于窘迫甚或危险。尤其是第一、第二次的救助，与当时的政治、法律等关系甚大，由此我们再次感受到了明代官场与社会潜在的政治风险。第一次风险始于蒯公的直言敢谏，得罪的是位高权重的大学士❷刘吉。而且，对方必欲置蒯公于死地。试想，若非在刑部任职的鲜于同鼎力相救，蒯公无疑是危矣。

第二次相助，则是因为蒯家与一豪门大户的坟地分界纠纷引起。这起案件之所以闹得不可开交，是因为这家豪户假借家中一个小厮离奇走失（失踪），意欲嫁祸于蒯家。此时的蒯公远在云南任上，估计也无能为力。在家的儿子蒯敬共见势不妙，也只是逃往云南蒯公任所暂时避祸而已。事情的发展和最终结局我们后来都知道了，使得转机出现的幕后推手依然是老门生鲜于同（为了此案顺利解决，主动要求出任台州知府）。

第三次相助，虽说与政治或者法律关系不大，但却是有益于蒯家第三代的学业与前程。至此，一位孜孜不倦于科举并在晚年仕途顺畅的老门生以德报怨的故事完美落幕。

---

❶ 请参见王家范、谢天佑主编《中华古文明史辞典》，浙江古籍出版社，1999年12月第1版，第133页。

❷ 大学士始设于唐天宝年间（713—741）。明初废丞相，以大学士充任顾问。明中叶，以大学士为内阁长官，实握宰相之权。请参见陈茂同著《中国历代职官沿革史》，百花文艺出版社，2005年1月第1版，第545页。

结　语

　　冯梦龙的这篇白话小说看似平淡，实则蕴含丰富的信息和诸多启示意义。例如，同样作为人情社会或者关系社会的明代，在科举过程中，存在着一些颇为微妙的需求关系。如何把握和处理好这些实则不容易处理的关系，无疑包含着一定的人生哲理和智慧。此外，作为一种从隋唐一直延续到清末一千多年的科举取士制度，到了明代有着极为生动的表现形式，其中的情、理、法的交融与碰撞，并非我们可以三言两语即可讨论清楚的。

　　当然，于人情世故之外，透视当时的政治与法律的运作，自然是笔者的主要兴趣之所在。例如，故事中讲到蒯公因为直言得罪了大学士刘吉，险遭诏狱之灾。根据我们的了解，"诏狱"一词指古代的特殊监狱，其另一层意思就是"奉皇帝诏令而审理的案件。明以锦衣卫典诏狱"❶。如果我们理解不错的话，这里的诏狱应当是第二层意思。

　　大学士刘吉其人并非虚构，而且，居内阁十八年，虽有御史汤鼎等多名言官弹劾，却奇迹般地不为所动，故有"刘绵花"的称号，意为官场不倒翁。而且，此人利用手中权力，屡兴大狱，打击政敌毫不手软，"朝野人士为之恐惧侧目"❷。至于蒯家与豪户查家的争执，原本只是坟地界限之争，属于民事纠纷而已。可恶的是，对方竟然诚心将此案翻扯成人命官司。如果不是鲜于同知府出面巧妙地审理这起案件，估计蒯家难逃厄运。这一次，除了感佩鲜于同的知恩图报，还得佩服其办案的眼光与沉稳扎实的风格。而这也很好地解释了蒯遇时无意中提携的人并非庸才，他的歪打正着不仅是给自己和自己的后人的一次较为成功的政治投资，也为明王朝选拔了一位德能兼备的官员。

---

　　❶　请参见王家范、谢天佑主编《中华古文明史辞典》，浙江古籍出版社，1999年12月第1版，第104页。

　　❷　请参见杨师群主编《三千年冤狱》，江西高校出版社，1996年4月第1版，第366页。

《计押番金鳗产祸》

天灾与人祸

北宋徽宗朝有个官人计安，在北司官厅做押番。某一日在家无事，到金明池垂钓，获金鳗一条。回家途中，篮中金鳗居然会说话，声称自己是金明池掌，"汝若放我，教汝富贵不可言尽；汝若害我，教你合家人口死于非命！"

因为太尉使人催促，计安匆忙而去。事毕回家，却见浑家（妻子）已经煮鱼上桌。计安讲述早间奇事，浑家不信，"你不吃，我一发吃了"。十月之后，妻子产下一女，取名庆奴。

十多年后，"时遇靖康丙午年间，士马离乱"。计安一家三口，流落在临安。没了官职的计安与妻子商量开一个酒店，雇用一个伙计周得（外号周三），就住在家中。没有想到的是，女儿庆奴与周三暗生情愫。不得已，计安夫妇只得招周三入赘。

计安夫妇本来就不喜欢周三，一年之后，寻找一个借口，通过打官司，迫使周三休妻出户。

半年后，计安夫妇通过媒人将庆奴嫁给戚青（在虎翼营有请受的官身）。但是，这桩老夫少妻的婚姻却没能维持多久："爹娘见不成模样，又与女夺休。"戚青被夺休（被迫离异）后，时常来闹。

如此又过了半年，计安夫妇托媒人将庆奴嫁给高邮军主簿李子由做"小娘子"。数月后，庆奴随李子由到家中，却不为李子由"恭人"（应当是其妻）所容，"自此罚在厨下，相及一月"。李子由设法通过手下虞候张彬安置庆奴在不远处，暗中往来。

李家小官人佛郎撞见庆奴与张彬并肩而坐喝酒，庆奴担心佛郎会告诉李子由，勒死佛郎，与张彬一同逃走，流落于镇江；李家告官，"出赏捉捕"。

再说周三，穷困潦倒，路过计安家。出于好心，计安请其喝酒，不想却使后者顿生盗窃之心，并惹来杀身之祸。次日清晨，邻里发现血泊中的计安夫妇，误以为是戚青所为，将其"解上临安府"。最终，戚青被枉杀。

周三逃往镇江，巧遇卖唱的庆奴。二人不顾生病在床的张彬，厮混在一起。后者连病带气，不久去世。

深冬的一天，外出的庆奴不巧遇见李子由"宅中当直的"三四人，束手就擒，连同生病在床的周三一起"解来府中"。"两个各自认了本身罪状，申奏朝廷"。二人被"押附市曹处斩"。

点　评

这是一个发生在北宋末年、南宋初年的悲情故事，有一定的时间跨度，空间上也有一些变化。当然，之所以选择冯梦龙的这篇小说进行分析，主要还是其涉及当时法律的程度较高。此外，故事中的几位主要人物在重要的人生节点所做的选择似乎也值得讨论。还有值得一提的就是这篇故事中提及的官职诸如押番、主簿、虞候等，多少反映了宋代职官制度的某些方面。

与法律相关的或许还包括夫妻关系、妻妾关系等的不平等。

这里，先从小说中提及的几个官职说起。首先，关于押番。估计，这个官职比较低。查百度汉语，称其为"宋代禁军中比兵高一级的兵士"❶。但是，阅读过《计押番金鳗产祸》之后，上述说法似乎难以成立：好像其不仅仅是比普通士兵高一级，但估计官阶不会太高。

主簿则有比较可信的相关研究。例如，有关学者认为，主簿始设于西汉甚至可能始设于秦代。而且，历代主簿可分为七类，其中第五类为将帅府主簿。❷ 如果我们估计不错的话，故事中的李子由应当属于上述第五类主簿。

至于虞候，估计一般的读者不会太陌生，因为《水浒传》中的一位虞候陆谦（原为林冲好友）为了卖友求荣，不惜坏事干尽，最终被林冲结果了性

---

❶ 请见百度汉语，访问日期：2017 - 03 - 22.

❷ 请参见王家范、谢天佑主编《中华古文明史辞典》，浙江古籍出版社，1999年12月第1版，第56页。

命。❶ 查阅国内相关专家的研究，我们得知：虞候一词初见于《左传》，宋代沿袭这一制度，在殿前司等机构均设置此官职。此外，还有将虞候、院虞候等低级武职。❷ 考虑到故事中张彬的年纪不大，属于低级武职的可能性更大。

至于故事中被冤杀的戚青，小说只交代了他是"虎翼营有请受的官身，占役在官员去处"。估计很可能也是一个低级武职——这一点，从故事后来讲述计安夫妇"又与女夺休""戚青无力势，被夺了休"来看，可以证明。

计安夫妇无疑是看中女婿的官身（官吏身份）的。所以，逼迫无依无靠的城市贫民周三休妻的举动也就不难理解。即便是"有请受的官身"，年纪偏大的戚青也未必是计安夫妇心目中理想的女婿，所以，也被夺了休。至于第三次嫁女，已经没有太多的资本或曰选择。换言之，在婚姻这个无形或有形的市场中，两度嫁人的庆奴业已贬值。

妻妾地位的不平等古已有之，在这篇故事发生的宋代也不例外。所以，假设李子由的"恭人"❸（正妻）能够宽容作为小娘子（妾）的庆奴，估计后来佛郎被杀的悲剧不会如此之快地发生。当然，在宋代婚姻家庭中，如同当代有的学者的相关研究显示的那样，"服从"远远不是形容夫妻关系的唯一要素。爱情、感情、仇恨、苦涩、不满和嫉妒都被列为婚姻关系里常见的因素。❹ 按照美国当代学者伊沛霞的观点来看，"嫉妒的妻子与放纵的丈夫两种形象镶嵌在一起，传递出强有力的夫妻关系的信息"。妻子在当时的社会尽管有一些地位，但在法律上却难以与丈夫拥有相同的权利。而且，她们很少会放弃婚姻或离开家庭。但是，"她们有办法——甚至说策略——在上述限度内使自己处于最好的情势之中"。❺ 从冯梦龙的这篇小说来看，这位李子由家中的"恭人"无疑是一位悍妇，李子由官人对她也无可奈何，只得听任其将庆奴罚在厨下，相及一月。李子由的"恭人"似乎很符合伊沛霞教授的上述描述，充分地利用了自己在家庭中的强势地位。

在当时的婚姻家庭中，"法律塑造了一个三层的等级体系：妻高于妾，妾

---

❶ 详见施耐庵著《水浒全传》第十回"林教头风雪山神庙　陆虞候火烧草料场"。

❷ 请参见陈茂同著《中国历代职官沿革史》，百花文艺出版社，2005 年 1 月第 1 版，第 631 页。

❸ 根据国内学者的相关研究，"恭人"为妇人名号，为宋徽宗所定。中散大夫至中大夫之妻为恭人。请参见王家范、谢天佑主编《中华古文明史辞典》，浙江古籍出版社，1999 年 12 月第 1 版，第 25 页。但是，查相关文献，我们得知，宋代中散大夫为正五品上，中大夫从四品。请参见陈茂同著《中国历代职官沿革史》，百花文艺出版社，2005 年 1 月第 1 版，第 347 页。所以，我们推断，冯梦龙这篇小说中的李子由不大可能官居正五品上，那么，他的妻子称"恭人"很可能名不副实。

❹ 请参见［美］伊沛霞著《内闱——宋代的婚姻和妇女生活》，胡志宏译，江苏人民出版社，2004 年 5 月第 1 版，第 135 页。

❺ 参见上书，第 151 页。

高于婢"。❶ 由此可见，李子由之妻实际上将庆奴作为婢女，并任由其处置。

庆奴的三次婚姻（包括第三次成为李子由之妾）并非其个人的主动选择，很大程度上由其父母计安夫妇一手包办促成。如果依照伊沛霞教授的相关分析，则属于当时某些女子成为他人之妾的一个主要的途径——通过中间人的介绍或买来，再转手给有钱人家做侍女赢利。这种"高度专业化的市场在京城，特别是南宋时期的杭州"❷。小说中的庆奴，便是经由这一种方式进入到高邮军主簿李子由的婚姻生活中。而且，买卖的性质无疑十分明显："三五年一程，却出来说亲也不迟"，"当日说定，商量择日，做了文字"❸。

庆奴的前两次婚姻多少有些儿戏的成分——两次先后几乎雷同的"夺休"，当然不会是她本人的主动选择，而是其父母的操纵。但是，无论如何，多少也反映了当时在婚姻关系中，女性一方所处的地位与之前的古代中国社会相比的一些变化。根据近年来国内相关专家的研究，在南宋的社会生活中，离婚的形式远远超出了传统的"七出"范围，而且妇女主动提出离婚的事例明显增多，在法律上也出现了不少新的规定。离婚后的妇女再嫁的主动权继北宋之后，在法律上有了新的规定，妇女的再嫁也较为盛行。❹ 从小说来看，这种情况似乎较为寻常。而且，我们注意到，尽管无论是周三还是戚青作为男方并不想离婚，但女方在父母的坚持下，与男方分手：庆奴的这两次离婚都是经过官府判离。虽然，第一次离婚并非女方本人的意愿；第二次离婚原因是"两个说不着"，估计是缺乏感情基础抑或是双方年龄相差太大等原因，婚后难以产生感情所致。

由于婚姻生活的不顺畅导致的两起故意杀人案自然是法律关注的重点。简言之，无论是杀死李家小官人佛郎的庆奴，还是穷困潦倒中谋财、杀死前岳父母的周三均是法律严厉惩处的对象。因此，小说在后面交代庆奴和周三二人被"押赴市曹处斩"❺。

至于被冤杀的戚青，小说中只是区区十个字做了处理："内有戚青屈死，

---

❶ 请参见［美］伊沛霞著《内闱——宋代的婚姻和妇女生活》，胡志宏译，江苏人民出版社，2004 年 5 月第 1 版，第 192 页。

❷ 同上注，第 193 页。

❸ 请参见（明）冯梦龙《警世通言》（《三言二拍.1》）第二十卷"计押番金鳗产祸"，线装书局，2007 年 8 月第 1 版，第 181 页。

❹ 请参见戴建国、郭东旭著《南宋法制史》，人民出版社，2011 年 12 月第 1 版，第 137—139 页。

❺ 根据相关学者的研究，南宋时期所谓的"处死""处斩"，一般指杖杀，属于死刑执行方法中的一种。请参见戴建国、郭东旭著《南宋法制史》，人民出版社，2011 年 12 月第 1 版，第 61 页。

别做施行。"我们知道，戚青是在计押番夫妇被周三杀害后，被临安府冤枉的。但在当时，不太可能沉冤昭雪。虞候张彬或许与庆奴有私情，但却没有参与杀害佛郎，罪不至死。而且，张彬是在逃亡途中生病外加生气而病逝的。所以，小说中说"庆奴不合因奸杀害两条性命"值得探究。

结　语

小说意在宣扬因果报应，强调"大凡物之异常者，便不可加害"。因此，故事发展到最后，先后有 7 条人命与之有关。

当然，撇去天灾的色彩，实则人祸的因素更为直接和关键。问题的主要起因或许在于计押番❶夫妇对于第一个女婿周三的矛盾——赶走周三或曰"夺休"正是后来冲突的一大根源。

作为女儿的庆奴的命运，可谓不由自主，基本上凭父母决定或掌握，第二、第三次婚嫁其实都难说幸福。假设计押番夫妇听凭庆奴与周三的想法（搬出去另立门户），也许不会发生后来的种种悲剧。

故事关乎特定的历史（如靖康丙午年（1126—1127）之变对于一些侥幸存活者诸如计押番一家的影响。如无这一重大历史事件，几乎可以肯定的是其不会离开汴梁开酒店，也就不会与周三这样的人打交道）、一些超乎寻常的事物（例如，会说话却不会自我解脱的金鳗）及一些不尽偶然的人物和事件（例如，不甘心的戚青以及不甘愿的庆奴；李子由恭人的不宽容、佛郎的少不经事、临安府主对于戚青的枉判）。

当然，这篇小说涉及当时的法律，这也是我们格外关注的重点。具体而言，其涉及宋代的婚姻家庭法以及刑法等。而在婚姻家庭法中，父母子女关系依然显得较为传统。例如，计安夫妇对于唯一的女儿庆奴的婚姻，"父母之命，媒妁之言"的特点自然是十分浓厚。再进一步，到离婚法方面，女方（包括其父母从中不可忽视的主导作用）的主动权以及女方的再嫁权构成宋代特别是南宋婚姻法的一种特色。

在这篇小说中，官府通过法律和相关机构对于社会的控制作用也比较突出，这种控制不仅仅是表现在婚姻家庭法方面，尤其是体现在对待杀人罪的处置上。当然，在具体实施法律的过程中，至少就这篇小说而言，临安府的司法

---

❶ 押番：宋朝时，专司捕盗的衙役。信息来源：百度百科，访问日期：2013 – 09 – 01.

水准多少有些令人质疑。戚青的被冤杀在小说的后面只是一笔带过，丝毫看不到对于铸成此冤案的官员的任何惩处，其家属（如果有家属的话）估计也不会获得官府任何的赔偿。

此外，李子由的小官人佛郎被杀后，似乎看不到官府的积极努力，而是更多地依靠李家"宅中当直的"来镇江捉拿庆奴。

《宋小官团圆破毡笠》

正德年间的悲欢离合

故事梗概

　　明朝正德年间（1506—1521），苏州府昆山县居民宋敦，原为宦家之后，夫妻二人靠出租祖遗田地，收租过活。宋敦年过四十，未得一男半女，与船户刘有才是"最契之友"。刘有才年长宋敦五岁，也是婚后多年未曾生育。一日，二人相约到新建的陈州娘娘庙（苏州阊门外）进香求子。告别刘有才之后，宋敦在途中花钱将一位陕西来此地的老僧安葬。当晚，逝去的老僧托梦给宋敦夫妻。十月后，宋妻卢氏生下一子，取名宋金；刘有才也生一女，小名宜春。宋金六岁时，父亲病逝，家道中落，只得赁屋而居。再过十年，母亲卢氏也病故。无依无靠的宋金因为会写会算，只得投靠新任浙江衢州府江山县知县范知县。

　　范知县身边的管家们撺掇家主逼迫宋金写一纸"靠身文书"。宋金不从，被赶在岸上，乞食为生。所幸的是，不久他巧遇刘有才，为后者收留，在船上"辛勤做活"。又因为宋金有文化，处事得体，外人和刘有才夫妇对他均另眼相看。

　　与妻子刘妪商议后，刘有才招宋金为婿。一年多之后，宜春产下一女，但不久夭亡。宋金因为悲伤过度，患上怪病，久不见痊愈。

　　刘有才夫妇设计在池州五溪一带，寻一个荒僻之处，骗宋金上岸砍柴，将其抛弃在荒岛上，幸遇一老僧搭救，并获对方赠送《金刚般若经》。朗诵经书的宋金居然奇迹般地痊愈，并意外地获得大盗埋藏的大箱八只（内装金玉珠宝之类）。在路过的一只大船的帮助下（送对方大箱一只，以表谢意），宋金在南京定居，俨然一巨富，对外称"钱员外"。

再说宜春，得知父亲荒岛上抛弃宋金的真情后，誓死不愿再嫁，岛上寻夫亦不见其人踪影。

一年多以后，宋金来昆山探访刘翁，后转至仪真，得知宜春"守节未嫁"，于是，请房东王公出面，以陕西钱员外的名义向刘翁（刘有才）求亲。刘翁知道女儿守志之坚，不敢答应。

"钱员外"求亲不成，但却以雇船名义，来到刘翁船上，最终与宜春相认。夫妻同诵《金刚经》，寿各九十余，无疾而终。子孙为南京世富之家，亦有发科第者。

点 评

毋庸讳言，这篇小说的传奇色彩颇为浓厚。结局也是皆大欢喜，符合冯梦龙"三言"的一贯风格，当然也符合一般读者的心理预期。

自然，笔者更为关注的是，这个故事与当时的法律之间的关联度。

婚姻家庭及其相关法律上的规定首先是我们讨论的对象。就宋金与宜春的婚姻而言，似乎并无违碍法律之处——尽管其父生前计较刘有才的船户身份，不愿接受旁人之撺掇，与对方定亲。所以，宋金后来成为刘家的赘婿，更多的无疑是现实的考虑。

至于婚后的宋金在荒岛上被其岳父刘翁有意遗弃，自然与法律、道德等有涉。但是，在当时的社会环境中，估计女婿告岳父母遗弃存在着较大的难度或者风险。因为，古代中国社会的法律不鼓励家庭中地位低下者告尊亲属。而且，一旦官府审理这样的案件，如何取证也会是一个不大不小的问题。

当然，问题的最终解决不是依靠法律，而是依靠宋金的运气、机智和宽容以及宜春的善良和坚守等。这也是小说一再宣扬的善恶因果报应各有不同的主题思想的体现。例如，即便是对于那位一时行善，但却在后来由于下人的挑唆弃宋金于不顾的范知县的惩罚也不可能来自法律，但却可以来自社会舆论的压力。

小说中提到的"靠身文书"与明代社会中的一部分身份特殊的人即奴隶相关。关于明朝的奴隶，著名历史学家吴晗先生有过较为精辟的研究[1]，在此不再展开讨论。小说里写到范知县在他的管家们的挑唆下，逼迫宋金写一纸靠

---

[1] 请参见吴晗著《明朝三百年》，国际文化出版公司，2011年10月第1版，第179—184页。

身文书，估计就是作为奴隶的文书或曰凭证。假设宋金屈从了，其极有可能陷入更为屈辱的境地。而按照吴晗先生的分析，奴隶在当时社会中的法律地位极为低下，对其的同罪异罚、良贱不得通婚等均是《明律》明文规定的内容。❶所以，在人生的紧要关头，宋金拒不屈从的选择无疑是正确的。

荒岛上神秘老僧的解救使得宋金沉疾顿消，而八只装满金玉珠宝的大箱子改变了宋金的人生轨迹，由此也使我们联想到现代影视作品中的某些探险与探宝结合在一起的题材。上述金银珠宝据推测系不知名的大盗藏匿至此，小说对于这笔巨额财产的来历寥寥数语进行了介绍："原来这伙强盗积之有年，不是取之一家，获之一时的。"❷我们知道，《大明律·刑律一》关于"贼盗"有十八条之多，其中，与侵财关系较为紧密的部分占比较大的比重。例如，关于"强盗"的规定"凡强盗已行，而不得财者，皆杖一百，流三千里。但得财者，不分首从，皆斩。……"所以，关于侵财案件，至少从《大明律》来看，打击的力度是极为严厉的。当然，囿于小说所表现的特定的年代和赃物隐藏的荒僻的地点以及盗贼的隐蔽性等，我们不大可能指望明朝的相关官府侦破此案。

对于宋金在荒岛上意外地获得的巨额财富，出于相对现实的考虑，我们于此或许要讨论的是其获得这笔财产的合法性的问题。对此，故事的作者倒不会做认真的讨论，毕竟，这是一个传奇性较强的小说。否则，去除这一传奇的色彩，故事的发展会显得平淡。所以，作者着力描写的是宋金凭借个人的谨慎与智慧，顺利获得这笔巨额财富，此后过上大富人家的生活。这一点，也顺应了普通读者的预期和想象。

结　语

这是一个一波三折的故事，读来耐人寻味，同样展现了人性的善恶、美丑，不乏因果报应的色彩。

宋金之父宋敦安葬素不相识的陕西老僧，体现了国人传统的与人为善但求有善报的思想观念。而且，与这种观念相对应的是，其确有善报——多年求

---

❶ 请参见上页注，第180页。

❷ 请参见（明）冯梦龙《警世通言》（《三言二拍·1》）第二十二卷"宋小官团圆破毡笠"，线装书局，2007年8月第1版，第206页。

子，一朝得成。

船户刘有才夫妇（宋金的岳父母）虽然一时糊涂，做出不法、不道德的抛弃生病女婿的行为，但也不乏行善之举。例如，收留孤身一人、乞食为生的故人之子宋金，并招其为女婿。

刘宜春立志不改嫁、要求发迹后的宋金"今后但记恩，莫记怨"，实则体现了其宽容、坚强的品格。

困厄之中老僧所传的《金刚经》成为宋金夫妇的精神支柱，使其高寿，无疾而终。

就涉法程度而言，这应当是一篇涉法程度较深的故事。例如，抛弃生病的上门女婿不仅不道德，而且，无疑违法。再如，埋藏巨额财富于荒岛的大盗如果被捕获，等待他们的必然是法律的严惩。

此外，"靠身文书"在故事中并无清楚的说明。根据目前的一种解释，指自愿投靠官宦人家充当奴仆而立的卖身文契（有的即使不要身价也要立文契）。❶ 宋金之所以不写此类文书，估计是清楚其性质，不愿堕入奴仆的地位。

还有，当时的社会，对于一般人的社会保障几乎很难说有。例如，宋金在父亲去世后，由于母亲不善经营，家道消乏，不出十年竟然一穷二白。

小说亦不乏幽默之处。譬如，与岳父母再度相认的宋金这样说："丈人丈母，不须恭敬。只是小婿他日有病痛时，莫再脱赚！"

所以，小说关乎善恶因果报应，关乎法律，还关乎生活以及当时的社会身份等级以及对待犯有过失的亲人的宽容精神等。

---

❶ http：//www. baike. com/wiki/% E9% 9D% A0% E8% BA% AB% E6% 96% 87% E4% B9% A6，访问日期：2013 – 09 – 05.

风流才子的另类追求

　　故事从唐寅（唐伯虎）的一首八句诗开始，讲述明代吴中著名才子唐寅颇有才华，但却"为人放荡不羁，有轻世傲物之志"。也正由于这个原因，"圣旨不许程詹事阅卷，与唐寅俱下诏狱，问革"。绝意功名的唐寅"益放浪诗酒，人都称唐解元。得唐解元诗文字画，并纸尺幅，如获重宝"。

　　某一日，唐寅在苏州阊门游船上，见到一只画舫从旁而过，"内有一青衣小鬟"美貌动人，"注视唐寅，掩口而笑。须臾船过，解元神荡魂摇"。唐寅在获知画舫为无锡华学士府上所有之后，假称康宣，新近丧妻，以伴读华府公子的身份混入华府，改名为"华安"。

　　华安的才华为华学士赏识，"乃留内书房掌书记"。不久，得知画舫上所见青衣小鬟名叫秋香，是华学士夫人的贴身伏侍，无缘接近。

　　华学士打算将华安"用为主管，嫌其孤身无室，难以重托"。于是，与夫人商议，请媒婆为其娶妇。华安在众多的丫鬟婢女中，独独中意秋香。

　　大喜当晚，唐伯虎向秋香吐露真情。二人于次日将华府三宗账目打理清楚，锁好之后，留下一首诗，在夜间雇船一只，回到苏州。

　　再说华学士，不见了华安，但府内财物、账目等并无任何损失。一心想明白此事的华学士"叫家童唤捕人来，出信赏钱，各处缉获康宣、秋香，杳无影响"。

　　一年多之后，华学士来苏州拜客，在阊门偶遇一读书的秀才酷似华安。

家童打探后，确认此人是唐伯虎。于是，华学士在次日，"写了名帖，特到吴趋坊拜唐解元"。经过一番近距离的接触，确认华安即唐伯虎。此后不久，华学士"厚其装奁，约值千金"，差人送到唐伯虎家里，两家遂为亲戚，往来不绝，成就一番佳话。

点　评

这无疑又是一篇才子佳人的故事。抛开故事的生动性、传奇性等不谈，其与法律的联系度也不算低。

首先是故事开始不久讲述的程詹事与唐伯虎遭遇的"诏狱"。前已述之，"诏狱"非同小可。如果小说中的程詹事❶作为参与典试的官员，有"颇开私径卖题"的嫌疑，则绝非小事一桩，而是违碍科举时代的考试公平。估计唐伯虎也就是因为恃才傲物或口出狂言，没有将会试当一回事，惹了众怒，所以才落得"还乡，绝意功名"的下场。否则，如果其与程詹事之间的交易属实的话，估计结果无疑会更加严重得多。

故事中唐伯虎与当时法律之间另外的联系主要是化名康宣（后被取名"华安"），进入华学士府，最终求娶秋香成功。这里，可能涉及几个方面的法律问题。

其一，唐伯虎化名康宣进入华府，目的在于接触心目中的意中人"青衣小鬟"（后来得知是秋香），而非非偷即盗。换言之，其行为不具备违法性。估计，当时的法律对他不会有太大的处理或惩处的可能性。而且，唐伯虎（"华安"）在华府工作期间（先为华府公子伴读，后为内书房掌书记），并无任何违法犯罪之举，华府并未因为他遭受任何损失。

其二，唐伯虎与秋香的婚姻当然关涉法律。但是，仅仅从《大明律》来看，这桩婚姻似乎并无不当。因为，故事中的秋香身为华府的丫鬟或婢女，在当时的社会中法律地位较为低下，其婚配似乎由主人家安排。况且，尽管没有经过定婚书等一般的形式❷，但也是由媒人从中撮合而成，符合古代中国社会

---

❶　詹事，官名，秦代始设。明代设詹事府詹事、少詹事，以文学侍从之臣任之，秩三、四品。请参见王家范、谢天佑主编《中华古文明史辞典》，浙江古籍出版社，1999 年 12 月第 1 版，第 55—56 页。

❷　国内学者的相关研究表明，明清时期与前代一样，律法明确规定婚姻成立的条件之一就是须写定婚书，依礼聘娶。请参见顾鉴塘、顾鸣塘著《中国历代婚姻与家庭》，商务印书馆，1996 年 12 月第 1 版，第 131 页。

关于婚姻关系成立的要件之一即"媒妁之言"。

其三，小说中提到唐伯虎（"华安"）与秋香成婚后，二人在夜里悄然离开华学士家，回到苏州。对此，华学士的反应是"叫家童唤捕人来，出信赏钱，各处缉获康宣、秋香，杳无影响"。从字面上来看，华学士俨然进入法律程序，同时还启动了私力救助的模式（"出信赏钱"）。但是，其目的更多的却是"只要明白了这桩事迹"。也就是说，这里华学士的行为并不是要将"华安"和秋香缉拿归案并使之受到法律的惩处（估计要使此二人受到法律的惩处还有一定的困难），而是在困惑之余，想弄清楚事情的真相。所以，就小说而言，华学士在清楚事情的真相后，并未深究，反而馈赠数额不菲的装奁，两家成为通家之好，不失为一段佳话，从而烘托出此人的心胸或包容精神。

结　语

这应该就是我们较为熟悉的唐伯虎点秋香的故事。我们知道，诸如香港故事片《三笑》和《唐伯虎点秋香》等均反映了这段历史上是否真的存在或存疑的传奇故事。

但是，仅就冯梦龙的这篇故事来看，还是在无意间给我们提供了诸多信息，如唐伯虎的恃才傲物甚至多少有几分的卖弄、考官的"颇开私径卖题"、言官的风闻动本、唐伯虎与考官下诏狱、之后侥幸脱罪的唐伯虎"绝意功名，益放浪诗酒"等。这些信息主要告诉我们：当时的科举依然是读书人入仕的主要途径或追求。只是对于像唐伯虎这样的人来说，由于比较了解其中的内幕或基于其他的原因或考虑，不再醉心于此。

唐伯虎为了得到秋香为妻，不惜挖空心思进入华府，此种行径貌似有欺骗之嫌，但其对于美好事物的追求却又令人赞赏。并且，离开华府，账目清晰、"丝毫不取"，所以，于情于理于法似乎并无违碍。因此，华学士悬赏捉拿唐伯虎、秋香，在法律上并无太大的依据：就唐伯虎与秋香二人的婚姻而言，是得到了华府主人夫妇的准许和主婚的，至少在形式上没有瑕疵。按照小说的说法，华学士悬赏捉拿上述二人，"只要明白了这桩事情"。

这篇故事的主题，或许可以在故事结尾的名为唐解元的《焚香默坐歌》这首诗歌中获得答案，这首诗歌或许能够表达唐伯虎的追求和真性情。

唐伯虎在历史上确有其人，其才华横溢（尤其是在诗词、书画等方面）、遭遇会试泄题案后的绝意仕途、不拘礼法等也属实。❶ 至于是否有进入华府求秋香为妻一事，则有待考证。仅就我们目前所知道的情况来看，唐伯虎点秋香可能更多的是流传于民间的逸闻趣事。

---

❶ 可参见王家范、谢天佑主编《中华古文明史典籍》，浙江古籍出版社，1999 年 12 月第 1 版，第 712—713 页。

37

神话中的法律

故事梗概

这篇故事从南宋人林升一首著名的四句诗"山外青山楼外楼，西湖歌舞几时休？暖风熏得游人醉，直把杭州作汴州。"❶ 开始。作者引用林升的这首诗，其意在于介绍杭州，尤其是杭州西湖美景，然后引出故事正文。

故事发生在南宋高宗绍兴年间（1131—1162），主人公许宣（排行小乙），自幼父母双亡，随姐姐一家生活，在表叔李蒋仕家生药铺做主管。

清明时节，许宣去追荐祖宗，回来坐船偶遇并因此结识一位美妇人（白娘子）和丫鬟青青。一来二去，到了谈婚论嫁的地步。苦于缺钱结婚的许宣却未料到白娘子赠银五十两，更未想到的是这锭元宝却是邵太尉库内失窃的五十锭大银之一（"与榜上字号不差"）。为了不殃及自身，姐夫李慕事"拿了这锭银，径到临安府出首"。

根据许宣的交代，赃银四十九锭被起获，但嫌疑人白娘子却在众人面前忽然消失。许宣照"不应得为而为之事"，"决杖免刺"，发配苏州牢城营做工。

半年后，白娘子和青青找到许宣，将盗银一事推到其先夫头上。不久，在房东王主人夫妇的撮合下，许宣与白娘子成亲。

又过了半年，许宣去承天寺闲逛时，遇到一位终南山来的道士，称许宣

---

*　故事全文请参见（明）冯梦龙《警世通言》（《三言二拍.1》）第二十八卷"白娘子永镇雷峰塔"，线装书局，2007 年 8 月第 1 版，第 270—287 页。

❶　关于林升及其这首诗的鉴赏等，请参见李家秀编著《唐宋诗鉴赏辞典》，内蒙古人民出版社，2001 年第一版，第 590—591 页。

有妖怪缠身。道士捉妖不成，反在众人面前出丑，只得落荒而去。

很快，又是四月初八日，释迦佛生日，许宣与人结伴来承天寺看佛会。不想，被一班公人拿下押到苏州府审问。但是，失主周将仕的失物金珠等物均神奇般地物归原处，"只不见了头巾、绦环、扇子并扇坠"。这一次，许宣的罪名是"不合不出首妖怪等事"，杖一百，配三百六十里，押发镇江府牢城营做工。因为有许宣姐夫结拜叔叔李克用的照顾，许宣被安排在李克用的店中做买卖。

赶巧的是，不久，许宣在回住所的途中，遇见白娘子，后者解释许宣在看佛会时穿的衣服是"先夫留下的"。于是，夫妻二人在镇江一同生活。不久，因为贪色的李克用居心不良，白娘子鼓动许宣自己开一家生药店。

许宣自己开店之后，生意逐渐兴隆。某日闲来无事，去金山寺，却因此目睹禅师法海识破白娘子和青青的本来面目。

不久，因为宋高宗策立孝宗，许宣遇赦，"央李员外衙门上下打点，使用了钱，见了大尹，给引还乡"。

回到杭州，不料白娘子先到。被请来的白马庙前的戴先生捉蛇不成，反倒几乎丧命。最后还是法海禅师降伏白蛇与青鱼。至于许宣，礼拜法海禅师为师，在雷峰塔出家，修行数年后，"一夕坐化去了"。

点　评

这是"三言"中的又一篇神话故事，自其问世以来，根据它改编的戏曲乃至影视作品甚多，这里无须赘述。

就这篇小说而言，除了其传奇色彩之外，它与古代中国社会的现实无疑有着诸多的联系。当然，笔者于此重点要探讨的是小说中的涉法部分。

首先，关于许宣与白娘子的婚恋算得上是一见钟情、自由恋爱和婚配。故事的主人公许宣因为自幼父母双亡，因而其婚姻的缔结不同于一般人。亦即"父母之命，媒妁之言"对于许宣来说，不太现实。所以，遇到一位自称丧偶的青年美貌寡妇的"女追男"，许宣虽然显得有点被动，但也乐于接受。此外，女方白娘子虽说是寡妇，但在故事发生的南宋，寡妇再嫁似乎也并无太大的制度障碍与当时社会上的观念障碍。例如，近年来国内相关学者的研究表明，宋代妇女丧夫改嫁或离婚再适已相当普遍。❶

---

❶　请参见戴建国、郭东旭著《南宋法制史》，人民出版社，2011年12月第1版，第140—141页。

其次，许宣两次遭遇的官司，属于"侵犯官私财产罪"。但是，严格地说起来，都不是他个人所为，因而对他的惩罚绝对算不上罚当其罪或者称得上公平。所以，盗窃邵太尉库内巨额银子五十锭固然是严重的犯罪，却无证据表明是许宣所为，因而许宣被罚去苏州牢城营做苦工是缺乏法律依据的，只能算是冤狱。

许宣的第二次官司（周将仕典当库内"不见了四五千贯金珠细软物件"）也是冤枉的。而且，这一次处罚许宣的罪名可谓荒唐，所谓"不合不出首妖怪等事"。

这里，我们发现，许宣的官司肯定是冤枉的。随之而来的问题就是：如果相关的官员在司法过程中出现了严重的过失，依据宋代的相关法律，是应当承担相应法律责任的。按照北京大学周密教授的相关研究，所谓"故意出入人罪、过失出入人罪的，各从其本犯之罪上减一等"。❶ 当然，法律规定是一回事，其在现实中执行的情况估计未必就都很理想。从冯梦龙的这篇小说来看，许宣遭受冤屈即便比较明显，而相关的官员也没有见到其受到任何处罚。而且，第二次给许宣安的罪名在宋代的相关法律中应当是不存在的。

"牢城营"在这篇故事中出现了两次，一次是苏州牢城营，第二次是镇江牢城营。但是，出乎我们的意料，作为读者，我们却几乎看不到作者对于上述两地牢城营的相关描述。原因是我们的主人公许宣先生因为姐夫"上下使钱"等缘故，使得他根本就不用真正到牢城营受苦或"做苦工"。根据郭东旭教授的研究，牢城营既是厢军中的一种军营，也是收禁罪犯服劳役的监狱，牢城营皆有禁军弹压防守。❷

故事中的许宣第一次冤狱是因为他人（白娘子？）盗窃五十锭大银（如果我们推断不错的话，应为官银）的行为，临安府对其的处罚是"礼重者决杖免刺，配牢城营做工，满日疏放"。故事后面的描写是许宣"痛哭一场，拜别姐夫姐姐，带上行枷"，在两个"防送人"的押解下，从杭州来到苏州。许宣的第二场冤枉官司发生在苏州，也是因为他人的盗窃行为（周将仕典当库内的巨额财物被盗），这一次也是经过了官府（苏州府大尹主审）的审讯，结果前面业已交代清楚，这里不再赘述。而且，我们注意到，即使是在这位失主周将仕意识到"明是屈了许宣，平白地害了一个人"的情况下（因为被盗物品几乎全部神奇地失而复得），苏州府大尹对于许宣的处罚仍然是"杖一百，配

---

❶ 请参见周密著《宋代刑法史》，法律出版社，2002 年 4 月第 1 版，第 415 页。
❷ 请参见郭东旭著《宋朝法律史论》，河北大学出版社，2001 年 8 月第 1 版，第 210 页。

三百六十里，押发镇江府牢城营做工"。既然是"押发"，那么，故事中也就再次出现了两个"公人"或"防送人"。对于这两位"防送人"，作者同样着墨不多："防送人讨了回文，自归苏州去了。"

因此，如果仅对许宣的这两场冤枉官司分析的话，至少我们可以获得这么几条信息或线索：1. 即便是冤枉的，但是，许宣无论是在杭州还是在苏州，都是经过了两地主管官员的审讯和判处，亦即经过了法定的"正当程序"。2. 给许宣安的罪名不无荒谬之处，但对其的刑事处罚却是不含糊的。3. 无论是从杭州到苏州，还是从苏州到镇江，许宣都是在"公人"或"防送人"的押解之下，这也符合近年来相关学者的研究。❶ 4. 宋代的刑罚在之前中国古代刑罚制度的基础上业已成熟，笞杖徒流死五刑相对固定。所以，仅就许宣的故事来看，他就经历了杖刑、徒刑和流刑。当然，考虑到故事发生在南宋，由于其北方大部分土地掌握在金或蒙元的手中，所以，南宋流刑的范围不会太远。也就是说，不可能从二千里到三千里。❷ 5. 宋代在前朝的基础上，在刑罚上还有所"创新"。例如，刺配刑，是对罪犯的杖脊、刺面、流配、徒役四刑兼用的刑罚方法。其中，刺面也就是在犯人脸上刺字或刺上记号，并涂上墨，是一种耻辱刑，又称"黥面"。❸ 所幸的是，许宣免于刺刑，其他三种刑罚则难免。

此外，值得注意的是，为了减轻处罚，罪犯（无论是否冤枉暂时不论）或其亲属只要"上下使钱"，似乎都可以行得通。故事中的许宣，无论是在苏州牢城营，还是在镇江牢城营，均因为姐夫李慕事的打点，获得了格外的关照，没有受太多的苦。具体而言，许宣在苏州，因为有押司范院长和开客店的王主人的"保领"，可以"不入牢中，就在王主人门前楼上歇了"。后来被押发镇江牢城营的许宣，也是因为姐夫有一个结拜的叔叔李克用，被后者"保领回家"，就留在李家的药铺做管事。以上这些情况或许无意中在告诉读者：南宋的官场和狱政均存在着比较严重的问题，执法明显松弛。

因为宋高宗策立孝宗，所以，历经磨难的许宣遇赦，由此回到杭州。而赦免在古代中国社会通常属于最高统治者的特权，与当时的政治、法律等相关，更多的可能是一种政治上的考虑。当然，赦免的过宽或过滥无疑会削弱法律的

---

❶ 例如，郭东旭教授认为，宋朝的刺配法，法条既繁，用刑亦重，这是公认的事实。请参见郭东旭著《宋朝法律史论》，河北大学出版社，2001 年 8 月第 1 版，第 213 页。

❷ 关于宋代五刑，请参见周密著《宋代刑法史》，法律出版社，2002 年 4 月第 1 版，第 40—43 页。

❸ 请参见郭东旭著《宋朝法律史论》，河北大学出版社，2001 年 8 月第 1 版，第 195—214 页。

权威性和严肃性。当时的学者例如洪迈即提出过批评意见。❶

结　语

　　这是一篇一般人颇为熟悉的神话故事，在理解上存在着不同的看法。例如，鲁迅先生曾经认为，故事中的法海和尚纯属无事干❷。但故事无疑宣扬的是佛家色即是空的思想。所以，故事后面讲述许宣跟从法海出家，几年后"坐化"。这种结局也算不上皆大欢喜，与一般的读者预期也不相符合。当然，法海的形象很难说可以代表"三言"中其他一些成人之美的僧尼的形象或地位。换言之，在"三言"中，法海与其他一些成人之美的僧尼（尼姑可能多一些）相比，确实是纯属无事干，抑或是一个较为另类的僧人。因为，白娘子虽然牵连许宣遭受牢狱之灾，但在故事的后来发展中却并没有侵害他人的行为。如果不是法海的出现，或许许宣与白娘子会平静地生活下去。

　　自然，我们关注更多的是宋代的法律在故事中的具体适用。关于当时的法律，这篇故事有几处与之相关。例如，许宣的两场官司，均与他人的行为（白娘子的行为？）如偷盗库银、周将仕典当库金银细软物件被盗有关，从中我们可以窥见当时的法律对此的严厉惩处，尤其是官府对于此类案件的审理过程。

　　这里的问题是：谁是真正的罪犯？白娘子似乎存在重大的嫌疑，但她每一次都可以为自己辩解。故而，如果我们仅仅从法律的角度（尤其是证据的角度）来看，她也是无辜的。许宣显然是被冤屈的对象，因此，两次对他的刑事处分都是错误的。但是，我们不可能指望犯下错误的相关官员对此负责，尽管当时的法律有明确和相对严厉的规定。

　　此外，许宣遇赦可以反映出古代社会的一种宽仁，这与统治者的统治理念等相关，尽管不无瑕疵。

　　因此，虽然这是一篇神话故事，但也反映了当时社会的一些现实，关涉法律（刑法、刑事审讯与审判、婚姻家庭等）及其他社会现象，如许宣等人的职业、生存状态、思想感情等。

---

❶　请参见戴建国、郭东旭著《南宋法制史》，人民出版社，2011 年 12 月第 1 版，第 224 页。

❷　请参见张盛如、康锦屏主编《鲁迅名篇分类鉴赏辞典》，中国妇女出版社，1991 年 10 月北京第一版，第 715—716 页（"论雷峰塔的倒掉"）。

也许是不太通人性，所以，从故事的发展来看，白娘子数次使得许宣陷入官司，遭受种种磨难，而她则总有理由为自己辩白。她之所以只是被永镇雷峰塔，在于其并未残害生灵，且法海念其千年修炼。❶ 从这一意义上，我们能否说体现了佛家的慈悲或宽大为怀？

---

❶ 所谓的"水漫金山"很可能是后来有人添加的或民间传说，与白娘子无关。冯梦龙的这篇故事中，白娘子为了守护自己的婚姻与爱情，曾经有过威胁性的言辞，但却并未付诸行动。

私定终身之后

西洛才子张浩，才貌双全，家境富裕，门第高贵，年已弱冠（二十岁）。虽不乏仰慕者和"媒妁日至"，但是，对于婚姻，张浩有自己的主张：希望女方有"出世娇姿"，自己"功名到手之日"。

尽管张浩所居堪称"华丽雄壮，与王侯之家相等"，然而他仍嫌不足，"又于所居之北，创置一园"。闲暇之时，"多与亲朋宴息其间"。

某一日，张浩与邻居、名儒廖山甫在落成不久的宿香亭饮酒，还未赋诗之时，瞥见不远处有一位绝色美女，"携一小青衣，倚栏而立"。经过交谈，得知对方是东邻李家的女儿莺莺，"与浩童稚时曾共扶栏之戏"。双方均有偕老之意，并交换信物，难舍难分。因为好友廖山甫出面制止，张浩只得与莺莺忍痛告别。

此后一段时间，张浩思念之情溢于言表。幸亏有老尼慧寂传信，如此这般，一年的时间很快过去。

一天，莺莺全家人参加亲族的婚宴，莺莺托病在家，张浩趁夜色与之在宿香亭幽会。"自此之后，虽音耗时通，而会遇无便。"

两年后的一天，张浩的叔父做主，为张浩主婚孙氏之女，此时，莺莺之父刚刚从外地（河朔守官）任满而归。闻知婚变的莺莺在告诉父母实情之后，决意"诉于官府"。受理此案的是河南府，主审法官为龙图阁待制陈公。在核实了相关的证据（"香罗并花笺上二诗，皆浩笔也"）之后，陈公"命追浩至公庭"。在充分了解双方的意愿之后，陈公在状尾寥寥数语判决张浩、莺莺为婚。

点 评

这是一篇篇幅不长的才子佳人私定终身的故事，不乏曲折，但最终皆大欢喜的结局还是令人愉悦的。

故事发生的时代不详，但根据河南府、西洛等名词，可以大致推断极有可能发生在北宋年间。也许正是因为故事发生在北宋年间，程朱理学不可能形成气候，因而才会有故事后来的皆大欢喜的结局。

故事中的主人公张浩，用今天的话来说，可谓高富帅，而且才华出众；女主人公李莺莺也可谓是白富美，且有才华尤其是颇有见识。

故事中涉及的人物并不太多，但有两人（主人公除外）不得不提。其一是张浩的近邻和好友名儒廖山甫，虽然出场次数不算多（仅一次。张浩梦中的那一次不算），但作为张浩好友，敢于直言，劝诫张浩在初次认识莺莺时，制止其过度行为：“岂可恋一时之乐，损终身之德。”廖山甫作为一名儒家人物，虽然体现的是颇为正统的思想观念，但还不至于如后来南宋的朱熹等人力倡“存天理，灭人欲”，亦即其还是一位食人间烟火的读书人，并不令人生厌。

另一值得一提的是老尼惠寂，其出场次数较多，充当的是传信之人的角色。在冯梦龙类似的作品中，尼姑不止一次地扮演了理应由月老扮演的角色。与其说她们有这方面的便利，还不如说她们有好生之德或成人之美的风范。

故事本来发展得较为顺利，但因为张浩叔父的出现，产生了曲折或变化。在其主婚之下，张浩屈服了，几乎与其叔父指定的孙氏议姻将成。

这个时候的莺莺，表现出非凡的勇气和智慧：得知张浩并不甘心其叔父的安排，莺莺在争取到起先不知实情的父母支持后，毅然状告于官府。莺莺的状纸有理有据，堪称一流。在并不十分有利的情况下，表达了自己“律设大法，礼顺人情”的见解。所幸的是，审理这桩较为奇特案件的龙图阁待制陈公应当算是一位较为开明的官员，在查清事情真相且询问张浩、莺莺二人真实的意思表示之后，做出了“宜从先约，可断后婚”的明智判决，从而避免了一个极有可能的悲剧的发生。因此，虽然这是一个才子佳人的故事，但由于莺莺出人意料地通过打官司的形式，维护了自己的爱情、婚姻，故而可以看出女主人公的智慧与超乎常人的见识与勇气。所以，故事的涉法程度不可谓不深。

这篇故事再次表现了在当时青年男女由于交往的诸多不便等原因，婚姻难以自由。

结　语

才子佳人以及他们的一见钟情和终成眷属的故事，可以说是古代中国社会理想的婚恋模式，更多的或许是寄予了普通读者的理想或期待。冯梦龙的这篇故事似乎在开始的时候也不例外：男女双方郎才女貌，门第相当且情投意合，私定终身，成婚之事似乎指日可待。

如果不是后来故事的发展出现了波折，那么，作为今天法律人的我们也不会对于这篇小说给予太多的关注。当然，值得钦佩的是，我们的女主人公表现出来的勇敢与智慧等方面的优良品行既是故事变得更为生动的主要因素，同时，也显示了她绝非任人宰割的女流之辈：一流的诉状、扎实的证据以及并不迂腐的主审法官陈公等，至此几乎完美地将剧情推向我们所能够想象的理想境地。相比之下，这个时候的男主人公张浩因为迫于叔父的压力，违心地屈从于他人的安排，不敢为自己的幸福而抗争，其先前的勇气荡然无存，表现出来的更多的是懦弱和顺从。

之所以"西厢不及宿香亭"，无疑是因为冯梦龙这篇故事中莺莺为权利而斗争的结果。当然，同样值得点赞的是主审此案的陈公，其明达、干练、扎实的作风给人的印象自然深刻。

悲剧之后的法律思考

故事梗概

　　故事从一首诗开始，该诗主要描述"我朝"（明朝）燕都（北京）之雄伟壮观。然后，笔锋一转，讲到故事发生的特定年代即明朝万历年间，尤其是抗倭援朝所引发的纳粟入监，由此引出两京太学生中的李甲（在京坐监）和同乡柳遇春监生"同游教坊司院内，与一个名媛相遇"。

　　李甲与杜十娘情意相通，但随着时间的推移，手头渐渐紧张，妓院老鸨的脸色也越来越难看，最终与杜十娘达成协议，情愿三百两银子让十娘赎身，十日为期。求告无门的李甲能够依靠的只有柳遇春，此人在确认十娘确有从良之意后，主动为李甲借到150两银子，另外的150两杜十娘已经筹到并交给李甲。

　　告别院中姊妹和柳遇春等人，十娘与李甲计划去李家。考虑到李甲的父亲不会接受十娘，二人计划先在苏杭胜地浮居，由李甲求告父亲。

　　船泊瓜州，在李甲的要求下，十娘放歌，不料却惊动邻舟少年富商孙富。在后者的蛊惑下，李甲居然同意接受对方千金，转让十娘。

　　遭受突然打击的杜十娘将自己的百宝箱中价值难以估量的宝物展示给旁观的众人，抨击孙富的不良居心及李甲的负心和有眼无珠，在众人的同情中纵身跳入江中。至于孙富和李甲，一个不久于人世，另一个则"终日愧悔，郁成狂疾，终身不痊"。

　　再说柳遇春，在回乡途中，停步瓜州，得小匣一只。夜梦十娘，方得知事情原委。

---

　　* 请参见（明）冯梦龙《警世通言》第三十二卷"杜十娘怒沉百宝箱"。

点　评

这又是一篇才子佳人的故事，但以悲剧结束。

造成这一悲剧的原因比较多，大致可以归纳为：

1. 古代中国社会，通常讲究婚姻的缔结"父母之命，媒妁之言"。尽管故事发生在经济、交通等较为发达的明代，但传统的观念及行为方式等并无太多的变化。

2. 婚姻一般讲究门当户对。因此，仅从这两条来看，李甲与杜十娘的婚姻即存在着极大的障碍。亦即，作为宦家子弟的李甲与名列贱籍的杜十娘，很难突破上述障碍。我们可以设想，即使是李甲求告其父，估计后者也很难同意他和十娘的婚事。

3. 杜十娘自身的性格或许是造成悲剧的一大原因。如果说，她事先告知李甲其描金文具中的金银珠宝足可让二人今后衣食无忧，很可能不会造成李甲内心的忧惧不安，因而不会如此容易堕入孙富的奸计。

4. 李甲的懦弱无能。这一点，从小说开始到最后，展现得淋漓尽致。因此，这一点或许就是造成悲剧的主要因素。

5. 孙富的老于世故、卑鄙无耻、阴险、居心叵测。此人的登场带有一定的偶然性，但却是故事发生巨大转折的主要推手。

故事也展示了当时社会的一些侧面。例如，万历年间因为抗倭援朝引发的所谓纳粟入监；妓女的生活信息，具体如杜十娘与其"妈妈"、与李甲离开北京还乡之前与众姊妹的离别；等等。

杜十娘无疑是一个值得人同情甚至尊重的女性。虽然不幸堕入风尘，但其从良之志甚坚，对于未来和自身的幸福敢于向往和追求。而且，其心智抑或智慧、从容、淡定，对于生活中的困难的妥当处置以及计划的周密、远见卓识等非凡的气质均给这位人物增添了超出一般人的品质和光彩。其在最后怒沉百宝箱并葬身江底的做法，可以被视为对于美好生活的向往和追求的破灭之后的极大幻灭和令人同情的宁可玉碎、不为瓦全的精神的体现。在委曲求全与毅然决然之间，她毫不犹豫地选择了后者。

故事与法律似乎也不无关系。例如，我们无从知道杜十娘是如何堕入娼妓之列的。但如果妓院"买良为娼"，则无疑至少在理论上会受到法律的制裁。

次如，杜十娘与"妈妈"达成的赎身契约，尽管并无严格的书面形式，但可以反映出妓女从良在当时并不像此前冯梦龙的一些同类小说中反映的需由官府决断（例如，《喻世明言》第十七卷"单符郎全州佳偶"中的春娘即后来堕入风尘的杨玉以及与春娘情同姐妹的李英要脱离贱籍，还需要有全州太守的批准）那样严格。或许，这说明明代官府对于这方面的事务似乎控制力有所松弛。

再如，杜十娘与孙富的一手钱一手人的所谓"交易"，与其说是体现了十娘的精明，倒不如说是追求交易的安全。

冯梦龙先生在这篇小说中用到了中国古语中的"逢人且说三分话，未可全抛一片心"。如果从今天我们的角度来看，似乎是在讲个人隐私权的重要。

故事末尾的简评抑或议论，无疑反映了冯梦龙的思想观念与感情。从这个意义上来说，他是一位令人尊敬的、有良知的文学家。

结　语

《杜十娘怒沉百宝箱》在冯梦龙的"三言"中，称得上是一个较为突出的悲剧故事，因而令读者印象深刻。

悲剧的形成自然有多方面的原因。笔者以为，门不当户不对几乎可以说是其中压倒性的原因。所以，同样是风尘女子，宋代的莘瑶琴（"王美""美娘"）这位"花魁娘子"可以从良嫁给那位苦苦追求她的卖油郎秦重先生。我们以为，秦重和莘瑶琴二人的地位相差无几，而且，就个人拥有的财富而言，莘瑶琴显然远超过秦重。❶

而在杜十娘与李甲的身份方面，二人有着巨大的悬殊：一个是当时的风尘女子，一位是宦家子弟。所以，此二人的婚恋存在着巨大的障碍。前面说到，相比于宋代，明代的妓女脱籍似乎不如宋代严格。但是，当时的社会对于这类人群的歧视无疑是存在的。仅仅从杜十娘脱离妓院后与李甲的打算来看，就可以知道他们担心的是李甲的父亲几乎肯定不会接受或很快接受二人的婚姻。如果勉强接受，估计杜十娘很可能像玉堂春（苏三）一样，以妾的身份进入李家。

不知实情的李甲与贪图美色的孙富之间达成的买卖杜十娘的交易在法律上

---

❶　请参见（明）冯梦龙《醒世恒言》第三卷"卖油郎独占花魁"。

似乎也不无问题。因为，此时的杜十娘业已从良，或许，这也是杜十娘怒沉百宝箱的重要原因之一。这一交易行为非但违法，其对于当事人而非第三人（或者物）的杜十娘来说更多的无疑是侮辱。所以，故事的最终结局并不太令人难以理解。

谁之过？

故事梗概

　　故事发生在大宋仁宗皇帝明道年间（1032—1033），地点在当时的浙江路宁海军，也就是今天的杭州。主人公是一名商人（行商，主要在长安、东京和杭州三地经商）乔彦杰（乔俊，字彦杰），此人"长而魁伟雄壮，好色贪淫"，一年有半年不在家。娶妻高氏，夫妻二人这时均已四十岁，只生一女，年十八岁，小名玉秀，只有一个仆人赛儿。

　　明道二年春，乔俊从东京回杭州途中，船到南京停泊，见到临船一美妇（周氏春香，已故巡检小娘子，二十五岁）。乔俊请艄公做媒，以一千贯文财礼娶春香为妾，五两银子谢了艄公。

　　乔俊携周氏还乡，不高兴的高氏提出两件事，与乔俊和周氏分家另过。半年后，乔俊再次出门经商，临走前，给妻妾两边交代，希望高氏对周氏有所照顾。

　　乔俊出门数月不见回来，高氏倒是时不时接济周氏。冬日的一个晚上，里长来家让乔俊做夫，因其本人不在，建议周氏雇用董小二代为做夫并兼做一些家务。

　　至于乔俊，因为在东京迷恋上厅行首沈瑞莲，"全不管家中妻妾"。

　　耐不住寂寞的周氏勾引董小二，几乎邻里皆知。高氏为顾全脸面，让周氏与董小二搬过来同住。不想，董小二在高氏这边，妄自托大，不仅欺压家中另一个长工周三，而且还奸骗玉秀。盛怒之下的高氏乘着中秋夜杀死董小二，洪大工（周三）帮忙抛尸于附近河中。

　　程氏五娘寻找因为夫妻失和而离家多日的其夫皮匠陈文，在新桥附近，恰好有一男尸浮出水面，程氏错认为其夫尸首，请人打捞并买棺木盛放，"就在河岸边存着"。泼皮王酒酒（王青）上门敲诈不成，反被高氏一顿痛骂。于是，王酒酒到海宁郡安抚司首告。

高氏、周氏、玉秀、周三四人被押到安抚司厅上，安抚司厅上黄正大相公审案。洪三（洪大工）严刑之下招供，"点指画押"；三个女人招供，押下牢监。次日，县尉押着一行人检尸。"可怜不到半个月日，四个都死于牢中"。不久，知府接到圣旨称"凶身俱已身死，将家私扎入官。小二尸首，又无苦主亲人来领，烧化了罢"。

乔俊在东京沈瑞莲家两年后一贫如洗，全然不知道家中变故。被虔婆几次驱赶，还是沈瑞莲给了三百文做路费，潦倒还乡。回来后，才得知家中遭此灭门之灾。心灰意冷的乔俊投西湖自尽，后附体王酒酒索命。

点 评

这无疑是一个悲剧色彩厚重的故事，涉法程度较深。

故事一开头介绍乔彦杰（乔俊）时，专门提到其"好色贪淫"，或许即暗示着悲剧的根源之所在。其实，乔俊不仅于此，其在东京两年，迷恋一个"上厅行首沈瑞莲"，"倒身在他家使钱"，全然不顾及自家妻妾及女儿的生存状况，反映出其不仅好色贪淫，而且，不负家庭责任。因此，最终悲剧的酿成，与其不无关系。

再说乔俊正妻高氏，其杀人动机较为复杂，主要可能在于顾及故事中一再提到的"门风"。

从故事情节来看，乔俊小妾周氏与董小二通奸，实际上已经触犯主仆通奸的严厉规定。而周氏为了达到自己与董小二继续私通的目的，建议高氏"将大姐（玉秀——本文注）招小二为婿"，不仅引发高氏的不快，而且也有悖于当时法律。❶

在故事中的杀人一案中，高氏无疑是主犯，周氏是从犯。洪大工（洪三）帮助上述二女抛尸，应当为从犯。至于玉秀，并不知情，也未参与上述案件，故而应为无辜者，与案件无涉。而且，根据其本人的陈述，她被董小二强奸，

---

❶ 凡与奴娶良人女为妻者，合处奴主徒一年半，女家减一等，徒一年，仍须离之。请参见周密著《宋代刑法史》，法律出版社，2002 年 4 月第 1 版，第 216 页。

是一位受害人。因此，以今人的眼光来看，玉秀本不应当被牵连入狱，更不应当惨死狱中。

区分首从，是古代中国社会对于刑事案件通常采取的一贯政策和做法。遗憾的是，在这篇故事里，我们没有见到这一区分，而是相关官员（安抚❶）的蛮横和专制。严刑拷打之下，上述四人竟然在未经最终宣判的情况下，在"不到半个月日，四个都死于牢中"。因此，我们可以理解冯梦龙对于四人的同情。❷

再说故事中杀人案的受害人董小二。其在故事中是一个雇工，尽管此类人的社会地位在当时有一定的提高，但从故事本身来看，还不能与较为富裕的乔家攀亲。故而，周氏别有用心的招婿提议受到高氏的严词拒绝是可以理解的。本来，依照雇佣合同，周氏或者高氏可以与董小二解除雇佣关系。❸ 或者干脆将其逐出家门。遗憾的是，周氏出于个人的私欲，高氏则过于自信或考虑不周，没有与之解约并将其逐出家门，以致后来灭门惨祸的发生。❹ 毫无疑问，作为杀人案被害人的董小二自身存在重大过错甚至犯罪。如果其强奸雇主女儿玉秀属实，则其无疑会受到法律严惩。

再说故事中的首告人王青（绰号"王酒酒"），实际上是一个小混混，其首告的动机出于敲诈勒索高氏不成，怀恨在心，才转而向官府告发，其行为本身并不值得赞许，其首告动机自然值得怀疑。

故事最终借乔俊之魂报仇，使得王青坠湖而死，实则反映出作者和普通读者的意愿。

草菅人命的安抚并未受到任何惩处，体现的恐怕是制度的缺陷乃至当时社会的一种悲剧。

---

❶　安抚：安抚使是中国古代官名，为由中央派遣处理地方事务的官员。隋代曾设安抚大使，为行军主帅兼职。唐代前期派大臣巡视经过战争或受灾地区，称安抚使。宋初沿之，为诸路灾伤及用兵的特遣专使。后渐成为各路负责军务治安的长官，以知州、知府兼任。信息来源：百度百科，访问日期：2013-09-20.

❷　关于宋代监狱的情况抑或危险，可参见［美］马伯良著《宋代的法律与秩序》，杨昂、胡文姬译，中国政法大学出版社，2010年10月第1版，第313—314页。

❸　有学者的专门研究表明，在宋代，基于自愿的市场交换的雇佣制，取代了从前的基于人身依附的奴婢制。请参见吴钩著《宋：现代的拂晓时辰》，广西师范大学出版社，2015年9月第1版，第170—171页。

❹　关于宋代婢仆的社会地位以及对于私杀婢仆的重法处罚等，请参见郭东旭著《宋朝法律史论》，河北大学出版社，2001年8月第1版，第265—280页。

结　语

《乔彦杰一妾破家》在"三言"中之所以受人关注，更多的自然是它关涉宋代的社会、家庭及相关的法律。

先从故事反映的社会大背景来看。故事发生在北宋仁宗明道年间（1032—1033），讲述的是行商乔俊一家的悲剧。至少从故事本身来看，这个时期乔俊经商活动的范围（杭州即小说中的宁海郡、东京和长安等地）是稳定、平静的。例如，仅就乔俊所在的宁海郡而言，算得上社会治安平稳，社会运行正常。小说中提到，需要乔家为官府出力的话（例如，去海宁砌江塘），基层有里长张罗。家庭需要雇工人的话，里长也是可以代为介绍的。

家庭方面，故事中的乔家在当时当地也算得上是一个殷实人家，有足够的经商本钱和能力：乔俊在外经商，家里开有酒店，雇有赛儿看管，另有长工洪三（洪大工）。其妻高氏，"掌管日逐出进钱钞一应事务"。

纳妾不违反当时的法律。但是，在当时的婚姻家庭中，妻妾在法律上的地位是不平等的。按照相关学者的研究，也就是说，"妾不仅受制于丈夫，而且受制于正妻，其地位近似于奴婢"❶。故事中的乔俊正妻高氏与乔俊的妾周氏的关系，就较为典型地体现了妻妾之间的不平等。

此外，乔俊纳妾虽然符合当时的法律，其妻高氏也未因此与之离婚，但是，高氏决意分家另过，实则是有限度地表达了自己的不满，二人之间的夫妻关系几乎到了名存实亡的地步。❷

再说乔俊纳妾，几乎可以肯定的是这纯属买卖，一千贯文财礼达成，当然不可能严格地遵循传统的"父母之命，媒妁之言"。至于新寡的周氏春香，先前是已故建康府周巡检的小娘子（也就是妾），由老夫人做主，中间通过艄公做媒，交给乔俊为妾。这一事例似乎再次印证了在故事发生的宋代，女性的改嫁再适并非个别现象。

周氏被迫搬去与高氏等人一起生活，出于个人私欲，竟然建议高氏招董小二为婿（如果我们的解读不错，应为赘婿）。这里姑且不谈周氏不遣散董小二

---

❶　请参见郭东旭著《宋朝法制研究》，河北大学出版社，2000 年 8 月第 2 版，第 448 页。

❷　之所以说二人的夫妻关系"几乎到了名存实亡的地步"，或许是高氏还顾及了乔家的脸面或尊严，不让耐不住寂寞的周氏肆无忌惮地毁损乔家的名声，故而才主动让周氏搬来同住，其意在于监控后者。

的一己之私和高氏的不够明智（完全可以请董小二出门），单就说这种提议在当时的法律上的可行性。赘婿当然并非宋代独有，在宋朝之前和之后，这种家中有女无子，招女婿上门的情况都是存在的。根据郭东旭教授的研究，宋代的赘婿不再是"以身为质"，而变成了"赘婿补代"。亦即其入赘后，不再改为女家之姓，而可充当家庭经济生活中的主角，甚至代表岳父履行国家的募役义务，在财产上有合法的继承权。❶ 故事中的董小二看来是一个孤儿，并非不可以作为一个赘婿的人选。但是，以他与周氏的不正常关系，遭到高氏的一口否决也是很正常的。

前面说过，故事后来发展到不可收拾的地步，或许更多的与高氏不够明智有关。请走董小二几乎可以说是最为明智的选择，而且，董小二本人也很难有不离开的理由。当然，更加令人遗憾的是，得知女儿被骗奸（如果玉秀后来所述属实，则董小二的行为可以认定为强奸）后，高氏竟然伙同他人杀人和抛尸，终于走上不归之路。

如果仅仅从表面上来看，审理案件的宁海郡安抚司的相关官员在法律程序上，似乎并无太大的过失。比如说，接到王酒酒的"首告"后，安抚司立即采取行动，拿获疑犯到堂讯问。当然，以现代人的眼光来看，古代社会囿于某些客观条件，故而格外注重嫌疑人的口供。而要获取口供，刑讯又显得不可缺少。故事中的周三起初是不承认自己协助抛尸的行为的，严刑之下，只得招供。所以，"安抚见洪三招状明白，点指画字"。也就是说，这段描述，尽管有刑讯逼供的存在，但在相关的程序上似乎并不违反当时法律的规定。

之后，故事的发展似乎也可以印证官府在获取玉秀、周氏、高氏三人的口供以及依照相关口供检验尸体方面并无不当。应当谴责的是，在尸体检验之后，"安抚叫左右将高氏等四人，各打二十下，都打得昏厥复醒"。以致这四人在半月之内，全部死于狱中。❷ 这里施用杖刑，看不到有任何的合法性和必要性，只能说是刑罚的滥用，反映的是官府的野蛮和专横。

如前所述，这里的问题还在于对于嫌犯，古代中国社会一般会区分主犯与从犯。遗憾的是，这篇故事于此没有给出令人满意的描述。此外，有罪与无罪的区分在这里也没有看到。具体而言，至少，没有参与杀人或抛尸、作为被骗奸的一方受害人的玉秀应当无罪释放。此外，如果说高氏为主犯的话，周氏应为从犯；帮助抛尸的周三并未参与杀人，也就只是一个从犯。四人死于狱中，

---

❶ 请参见郭东旭著《宋朝法制研究》，河北大学出版社，2000 年 8 月第 2 版，第 443—444 页。

❷ 对于这种杖刑的枉滥现象的揭露和批判，在近年来的学者的相关研究中有所体现。请参见郭东旭著《宋朝法制研究》，河北大学出版社，2000 年 8 月第 2 版，第 220—222 页。

只能说明冤狱的危害程度之深简直到了令人愤怒的地步。而且，在上述四人死于狱中不久，乔家主人乔俊不在的情况下，依照圣旨，安抚居然即差吏去，"打开乔俊家大门，将细软钱物，尽数入官……"至此，悲剧无可挽回地铸成。所以，如果要追究这起悲剧的主要祸首，恐怕具体审理此案的主要官员难逃其责。

最后，关于私杀婢仆，宋代的法律有较为严厉的处罚规定。大体而言，对于官员私杀婢仆的行为处罚较重，而对于富豪杀奴的行为的处罚又要重于官员。其目的在于保护婢仆的人身安全，也体现了当时社会的进步和开明。❶

---

❶ 请见郭东旭著《宋朝法律史论》，河北大学出版社，2001 年 8 月第 1 版，第 275—278 页。

不无瑕疵的审判

故事梗概

　　故事引言先讲到玉通禅师与柳宣教的故事，意在说明在男欢女爱方面当事人不容易把持，很可能受他人的"播弄"。作者认为，他下面要讲的故事可以与宋时玉通禅师的故事"做一对儿"。❶

　　故事正文讲述的是明朝宣德年间，南直隶扬州府仪真县民家丘元吉娶妻邵氏。邵氏姿容出众，兼有志节，相处 6 年未有生育。后来，元吉病逝，其时邵氏年仅 23 岁，但却立志守孤孀。"三年服满"父母这边的亲戚和亡夫家的叔公丘大胜等人均劝她趁着年少，改适他人，但邵氏立志不从，众人也不好再提此事。

　　邵氏身边只有侍婢秀姑作伴，另有一个年方十岁的小厮得贵，"一应薪水买办，都是得贵传递。仆童已冠者，皆遣出不用"。如此数年，风平浪静，众人信服。

　　不觉十年转眼逝去，邵氏打算追荐亡夫，委托叔公丘大胜主持道场。闲汉支助设计与教唆时年已十七岁的得贵，邵氏中计，并搭上秀姑。不久，邵氏居然有孕在身。为买堕胎药，得贵找到支助，后者使坏，以保胎药充作堕胎药。邵氏溺死男婴，支助以此要挟得贵，要求邵氏出一百两银私了，否则告官。邵氏愿出四十两银子了结，支助贪心不足，直入丘家中堂勒索。邵氏假意应允，怒杀得贵后自尽。丘大胜带秀姑出首，知县验尸，责令丘大胜殡

---

* 故事详情请参见（明）冯梦龙《警世通言》第三十五卷"况太守断死孩儿"。
❶ 玉通禅师的故事，请参见（明）冯梦龙《喻世明言》第二十九卷"月明和尚度柳翠"。

殓。秀姑知情，问杖官卖。

况钟赴任途中，于船上忽闻小儿啼声。仪真闸上夫头包九禀报是支助抛下包裹。况钟带上死孩，在仪真县衙与当地知县一同审讯支助。支助抵赖，二十大板外加夹棍侍候也不招。第二遍熬不住，只得招供。再审秀姑，案情大白。支助详细招供，况钟当堂针对支助提笔写下审单（判决书），最后一句为"宜坐致死之律，兼追所诈之赃"。

点 评

这是一个关乎社会、家庭尤其是法律的故事。

小说介绍邵氏年轻守孤孀，其实不易。以小说所反映的旁人的观点来看，对于邵氏的立志守寡，不免有猜疑或不太相信，从中可以体现出当时的人们对于守寡并不十分看重。换言之，当时的社会，对于年轻寡妇再嫁持一种较为宽容的或可以理解的态度。因此，邵氏的这一决绝的选择或许是出于与丈夫的情感深厚和自身贞洁观念的一种较为自然的体现。后来故事的发展，也就不太出乎读者的意料之外。

支助无疑是故事发展到不可收拾地步的推波助澜者或幕后黑手。在今天，他毫无疑问首先是一个教唆犯。而且，其险恶用心不止于此，可谓既想谋财还想谋色，是一个十足恶棍。其最终受到法律的严惩，可谓该当其罪，丝毫不值得人同情。

邵氏可以说是羞愤之下，激情犯罪（杀人），为自己的行为付出了惨痛的代价。

至于况钟，除了超乎常人的听力（一个死去多时的婴儿是不可能发出哭啼声的）不太令人信服之外，其对于案件的深入、认真的推敲与审理，使得他无愧于"青天"的称号。当然，由于在当时，限于刑侦手段的相对欠缺，因而对于口供较为依赖，甚至有时将其作为唯一的证据。所以，故事中无论是对于支助的用刑，还是对于再审秀姑时用刑的威胁，均有刑讯逼供之嫌疑。

况钟是明朝历史上一位真实的人物，还真的担任过苏州知府，并颇有政声。❶

结　语

现实社会中的人物及其行为的复杂性远远超过一般人的想象和理解。例如，冯梦龙的这篇白话小说给我们讲述的就是一个令人感叹的悲剧故事。

当然，除了故事的生动与曲折，笔者于此更为关注的是：针对这桩多少有些离奇的死孩案，主审官员况钟多少有些神奇的办案依据和该案得以成立、最终使得犯罪嫌疑人支助的犯罪行为成立的证据。

以21世纪的我们的专业眼光来看待故事发生的15世纪的明代中国，我们是会较为容易找到案件审理过程中的一些漏洞或值得质疑的地方的。譬如，其他人均不具备如此超人的听力，唯独况钟先生却可以听到已经死去多日且已被腌成肉干的死孩儿的啼哭之声。由此，这桩极有可能很快被人遗忘的案件就此烟消云散，不复被人提起。再如，故事中的这位十分邪恶的闲汉、恶棍支助如果熬过了酷刑（当然，这种可能性很小。我们估计，严刑之下，他要是咬紧牙关不说的话，他的性命恐怕不保。而下令严刑拷讯的况钟大人，打死这样一个有罪推定的嫌犯，几乎不会承担什么罪责），则这篇故事也就很难收到普通读者预期的效果。

---

❶　详情请参见王家范、谢天佑主编《中华古文明史辞典》，浙江古籍出版社，1999年12月第1版，第709页。此外，百度百科上记载：况钟（1383—1442），明代官员，字伯律，号龙岗，又号如愚，汉族，靖安（今江西省靖安县高湖镇崖口村）人。宣德五年出任苏州知府，是明代一位受百姓尊敬的清官，苏州人民称他"况青天"。昆剧《十五贯》，以歌颂况钟而使其妇孺皆知。其功绩《明史·况钟传》有较详细记述，著述有《况太守集》《况靖安集》等，其故里江西靖安建有"况钟园林"，况钟墓位于江西省宜春市靖安县高湖镇崖口村，工作地苏州建有况钟祠，为江苏省文物保护单位。信息来源：百度百科。访问日期：2013 - 09 - 23。

《钱秀才错占凤凰俦》*

歪打正着的婚配

故事梗概

　　这篇故事从宋人杨备游太湖诗引出关于太湖的简介，重点在其中分峙的洞庭两山：东洞庭曰东山，西洞庭曰西山。故事中提到，西山之人，善于货殖，江湖人称"钻天洞庭"，内中有一个富商高赞，生有一男一女，又以女儿秋芳品貌出众，故而高赞择婿标准为须人才出众者，以致媒人不敢轻易上门。

　　苏州府吴江县平望地方秀士钱青（字万选）才貌双全，家世书香。但不幸的是其身世坎坷：父母早亡，一贫如洗，只得寄宿在表兄颜俊家读书，无力娶妻；颜俊则奇丑无比，并无才学，但作为富家子却自视甚高。

　　颜俊远亲尤辰（曾借过颜俊本钱做生意）闻知高赞有意择婿，将此事告诉颜俊，颜俊请其作伐。尤辰夸大其词，高赞为之心动，要求先面见颜俊。颜俊则存心让人（表弟钱秀才）假冒相亲，女方家见面后满意并约定婚期。

　　迎亲出现意外，忽然遭遇风雪天气，难以行船，假冒颜俊的钱青只得就此（在女家）结亲。三日后女方送亲，恼怒之下的颜俊将"新郎"钱青一顿痛打。知道实情的高赞异常愤怒，由此引发一场厮打，惊动本县大尹，将相关人员带到公堂细审。夹棍伺候之下，尤辰只得实说。再问颜俊口供，形成印证。

　　县令审得实情，征求高赞意愿，写下奇妙判词，不乏谐趣，"高氏断归

---

　　* 请参见（明）冯梦龙《醒世恒言》第七卷"钱秀才错占凤凰俦"。

钱青，不须另作花烛"。判决之后，将尤辰重责三十。高赞自愿供钱青读书，后者一举成名，夫妻偕老。

点　评

这是一篇颇具偶然性的故事，估计发生在明代。

故事主要围绕一桩十分离奇的婚姻展开，其中当然少不了当时相关官员的主导作用。

之所以说这是一桩离奇的婚姻，是因为作为成功商人的高赞对于自己心爱的女儿秋芳的婚事，有着不同于常人的追求或想象："高赞见女儿人物齐整，且又聪明，不肯将他配个平等之人，定要拣个读书君子，才貌兼备的配他。"而这一追求或要求在当地并非十分容易达到，以致女儿的婚事一时难以办妥。

奇丑无比的富家子颜俊其实是配不上高家的秋芳的，他也有一点自知之明，故而利用寄居于家中的表弟钱青冒名前往高家求婚、亲迎等，其所作所为其实早就意在欺诈，不仅有违于道德，同时也违背法律的要求。再看钱青，因为失去父母、家贫如洗、寄人篱下等原因，不得不在表兄颜俊的授意下，冒名顶替，这一行为显然有与颜俊通谋之嫌疑，理应受到法律的惩处。但因为主审此案的县令的判词或判决（本人以为，主审县令因为个人偏向，对于应受处罚的钱青未作责罚）。

因为是曾经在经商方面受到颜俊照顾的尤辰做媒，所以，尤辰当然极力为颜俊遮掩。对他的惩罚，似乎也并不为过。挑起这场奇异婚变的当事人颜俊实际上也应受到官府的惩罚，但以县令的意思似乎是其业已在这场婚变中受到了惩罚（"事已不谐，姑免罪责。所费聘仪，合助钱青，以赎一击之罪"），故不予追究。

当然，这一并不十分复杂的故事还给我们在无意中披露出了其他一些信息。诸如故事发生地的西洞庭的人们对于经商活动的追求以及在致富后对于子女婚配的设想，故事中的高赞即为一例。而且，故事中表达出来的对于以高赞为代表的成功商人的经商乃至于为女儿择偶、给起先假冒的女婿钱青读书以经济支持的行为等，明显带有赞许的意味。至少在这篇故事中，商人的地位并不低下，经商活动也并不受到贬抑。

高秋芳与钱青的联姻即使放在今天，也可谓是各得其所或珠联璧合，结局也很不错。

故事中县令对于这起颇为离奇的婚姻纠纷的审理使得中国古代行政兼理司法的特色在此再一次得到印证。

当然，县令对于此案的判决可谓精妙、谐趣，反映出古代官员在审案过程中的自由裁量权抑或并不十分地拘泥于法律条文。这一点，在今天是不可能出现的。我们的专业法官岂敢玩法？

结　语

如果这桩案件放在今天我们来讲述，特别是作为一个法律人来讲述的话，恐怕不过寥寥数语或一带而过。对于这种素材，作为法律人的我们极有可能将其作为一起极为普通的婚姻纠纷案件来处理。

但是，在身为文学家的冯梦龙的生花妙笔之下，故事的生动性及曲折性以及人物的鲜明性或个性化的东西等则跃然纸上，这也是文学家与法学家面对同一素材时，由于专业等的不同极有可能产生的不同：文学家几乎毫无疑问地会极其详尽地交代事件的来龙去脉和最终的结局，法学家几乎毫无例外地会尽可能地删繁就简，竭力抓住事件的内核，因而给出的就会是一种非常专业的法律人的简短的分析。

当然，囿于本书的研究视野，我们还是得回到法律专业人的角度来看待这起案件。就这起案件的性质来说，属于婚姻类纠葛，但也牵涉到当时的刑事法律以及诉讼程序等方面的规定。此外，由于中国古代社会中行政兼理司法的特色，因而在故事中，主审案件的法官不可能像我们今天一样，由民庭的民事专业法官来审理，也不可能有专门的法院的存在。所以，知县依照其职权在公堂（县衙门）之上审理此案就是当时通行的做法。而且，知县大人的权力之大，毋庸置疑。其判词如此的诙谐或不拘一格，正是反映了其拥有的职权之广泛。

此外，如果还有什么值得一提的话，那就是，知县的判决似乎完美地体现了古代中国社会情理法三者的统一。

《乔太守乱点鸳鸯谱》*

古代中国的司法能动性

故事梗概

　　大宋景佑年间❶，杭州府医家刘秉义及其妻谈氏生育有一对儿女，儿子刘璞年当弱冠，一表非俗，聘下孙寡妇女儿珠姨为妻。女儿慧娘年方十五岁，非常标致，与开生药铺的裴久老之子有婚聘。刘公立意，儿子先娶，女儿之后出嫁。希望自己儿子早点结婚的裴九老虽然有些不快，但也无可奈何。

　　孙寡妇及一对儿女也均有聘定，女儿珠姨许了刘家，儿子玉郎从小聘定善丹青徐雅的女儿文哥为妇。孙家的儿女也是一表人才。

　　刘璞生病，刘家计划为之娶亲冲喜。奸邻李都管（曾在人家管过解库）因为想强买刘家房子不成，"为此两下面和意不和"。孙寡妇从李都管那里得知未来女婿患病在身，让自家的养娘随同媒人张六嫂来打探刘家。

　　孙寡妇的对策是：让儿子玉郎假冒其姐珠姨出嫁，第三朝接回。没有想到的是，刘家女儿慧娘相迎，二人同居一室，生米煮成熟饭，三朝过后，玉郎与养娘逃回孙家。

　　得知内情的李都管挑唆裴九老来刘家大闹，并与刘公发生肢体冲突。一怒之下的刘公状告孙寡妇，"正值乔太守早堂放告"。

　　乔太守见过当事人，有意成全，其绝妙判词使得三对新人在官府主婚。

＊　请参见（明）冯梦龙《醒世恒言》第八卷"乔太守乱点鸳鸯谱"。

❶　景祐（1034—1038）是宋仁宗赵祯的年号，北宋使用该年号共计 5 年。信息来源：百度百科，访问日期：2013 – 11 – 30。

其结果是整个杭州府"人人诵德，个个称贤"。

故事的结局与"三言"中的很多故事一样，也是皆大欢喜：刘、孙、裴三子进入仕途。那位"为人不善"的李都管"自知惭愧，安身不牢，反躲避乡居"。

点 评

这是一篇脍炙人口的故事，其中不乏诙谐的成分，同时反映出古代官府对于民事纠纷的裁决大权。

故事主要围绕刘、孙、裴三家（都是寻常人家，讲究的也是门当户对，同样也遵循"父母之命，媒妁之言"的传统）的婚聘展开，冲突主要始于刘璞生病后，其父刘公想通过所谓冲喜的方式来缓解儿子的病情，因而不免有隐瞒的故意。再看孙寡妇，独自一人拉扯一对儿女成长，内中的辛酸自不必说，其对于儿女的未来生活自然不敢含糊，这也是人之常情。所以，将儿子玉郎假冒到刘家也算是一种对于自家利益的保护吧。当然，事态的发展并非如两位家长（刘公、孙寡妇）设想的那样。由于两位年轻人玉郎和陪伴"新娘"的刘家女儿慧娘将生米煮成熟饭，事情变得不好收拾。而由于奸邻李都管的鼓动、第三方裴九老的心有不甘，终于闹上法庭（官府）。于是，一场民间的民事纠纷，最终落入官府的干预范围。

在古代中国，对于婚姻的缔结，自然谈不上当事人的自主自愿。这一点，从三家儿女的婚聘来看，再次清楚地反映了这一点是毋庸置疑的。传统的"父母之命，媒妁之言"于此再次得到印证。而且，婚约对于当事人双方的约束力是很强的。因此，作为违约方的刘公自然会受到婚约的另一方裴九老的当面羞辱。事情的结局或许会通过当事人的协商得以解决。但是，冲动之下的刘公将事情闹到官府，因而引来官府（杭州府太守）的管辖，即落入法律的治理。❶

如果是一个庸常的官员来审理此案，估计效果不会令三方皆大欢喜。而且，保不齐还会闹出人命（最有可能的是刘慧娘——因为已经婚前失身，扬

---

❶ 笔者以为，故事中的刘、裴、孙三家很难私下达成协议。而且，某些外在的因素也很难使之达成协议，例如隐藏在暗处的李都管。因此，经过官府的强力干预或许是为较好的选择。当然，风险也是存在的：如果案件的主审官员不是乔太守这样的"青天"，而是一位庸常甚至昏聩的官员的话，则事情的结局殊难预料。

言非孙润不嫁，否则自杀）。但是，遇到有"乔青天"之称的杭州府乔太守，则此案的结局不至于如此糟糕，甚而可以说不仅出人意外，而且完全称得上皆大欢喜。

与前面的《钱秀才错占凤凰俦》中的县令的判词相映成趣的是，这个故事中的乔太守对于三方当事人婚事的判决词亦不乏诙谐的成分，甚至读后不禁令人称绝、发笑。❶ 当然，这里代表官府的乔太守做出的判词，不光是幽默、风趣，同时，也具有权威性，自然也得到了当事人的尊重和遵守。所以，在情理法三者之间，乔太守的这一判决取得了绝好的效果。我想，这也是故事中提到的整个杭州府对于乔太守如此称道的一个重要原因吧。

故事情节似乎并不很复杂，人物关系有点乱，冲突时有发生，但结局总体不错。如此结局的掌控者自然是贵为一方太守的乔青天。从这个意义上来讲，其不拘泥于法律条文或世俗的通常做法，思维方式不同于常人，将看似颇为复杂的关系理顺，做出异乎寻常的判决，在情理法三者的空间里游刃有余，不仅再度体现出中国古代社会行政兼理司法的特色，表现出一个官员对于情理法的高妙理解和操作，而且，其具备的特殊身份和掌握的权力也是今日的司法人员不具备的。简言之，在专业分工业已颇为精细的今天，我们的法官能够具有的司法能动性与故事中的乔太守是不可同日而语的。

乔太守真的是乱点鸳鸯谱吗？答案似乎可以肯定：非也。

结　语

以往我们提到冯梦龙的这篇知名度颇高的故事时，总会强调或注重其中的"乱点鸳鸯谱"。当然，笔者以为，在看似纷繁复杂的剧情下，故事中的主导性人物乔太守却是有着足够的清醒和理智。他无疑是故事的男一号，决定着事件的最终走向，所以，我们的这位乔太守其实并没有乱点鸳鸯谱。在当时的法律赋予的较为广泛的权限范围内，乔太守较为圆满地处理了这一起甚为纠结的

---

❶ 这里，不妨将故事中乔太守的判决词抄录于此：弟代姊嫁，姑伴嫂眠。爱女爱子，情在理中。一雌一雄，变出意外。移干柴近烈火，无怪其燃；以美玉配明珠，适获其偶。孙氏子因姊而得妇，搂处子不用踰墙；刘氏女因嫂而得夫，怀吉士初非衔玉。相悦为婚，礼以义起。所厚者薄，事可权宜。使徐雅别婿裴九之儿，许裴政改娶孙郎之配。夺人妇人亦夺其妇，两家恩怨，总息风波。独乐乐不若与人乐，三对夫妻，各谐鱼水。人虽兑换，十六两原只一斤；亲事交门，五百年决非错配。以爱及爱，伊父母自作冰人；非亲是亲，我官府权为月老。已经明断，各赴良期。

婚姻纠纷案件，在情理法三者的空间内，稳妥而高明地审结了这桩涉及三户人家的婚姻大事，再次体现了古代中国社会行政兼理司法的特色，❶ 称得上是中国古代司法能动性的理想境界。

婚姻家庭对于一个社会的稳定的意义不言而喻，古往今来的相关法律对此无疑是极为重视的。所以，"父母之命，媒妁之言"再次清楚地体现在故事中的三户人家对于儿女婚姻的缔结方面。在婚姻的缔结方面，作为当事人的儿女自身来说，几乎没有什么决定权。此外，因为强调婚约，所以，如果有人对此违反（故意还是无意似乎并不重要），是要受到舆论的谴责和法律的制裁的。

---

❶ 顺便说一句，根据笔者了解的情况，"行政兼理司法"似乎并非中国古代社会所特有或独有。当然，限于篇幅，不拟在此展开讨论。

《刘小官雌雄兄弟》*

传奇背后的法律

故事梗概

故事引言讲述明朝（国朝）成化年间，❶ 山东一富家子桑茂，偶遇一"老妪"（实则男扮女装之奸淫之徒，专门迷奸良家女子），拜师，改名"郑二娘"，后与"师父"分手，"各处行游哄骗，也走过一京四省，所奸妇女，不计其数"。

三十二岁上，桑茂游至江西一村镇，在一大户人家，迷恋不舍，住了二十余日不走，遭遇该户女婿赵监生❷的纠缠，因而露出破绽，被送官，凌迟处死。

故事正文发生在本朝（明朝）宣德年间，❸ 地点为河西务镇，老者刘德，只有夫妻二人，年已六旬以上，温饱之家，乐于助人，"刘公平昔好善，极肯周济人的缓急"，所以人称"刘长者"。

某一年隆冬天气中，刘德救助老军方勇父子："老汉方勇，是京师龙虎卫❹军士，原籍山东济宁。今要回去取讨军庄盘缠，不想下起雪来。"

刘德为方勇请医，但后者不幸病逝，于是，助其就地入土为安。

刘德将孤苦伶仃的方勇之子认为义子，改为刘方（实则收养，12 岁）。

---

* 请参见（明）冯梦龙《醒世恒言》第十卷"刘小官雌雄兄弟"。
❶ 成化：（1465—1487）是明宪宗的年号。明朝使用"成化"这个年号一共 23 年。
❷ 自唐至清，国子监学生的统称。详见《中华古文明史辞典》，第 129 页。
❸ 宣德为明宣宗朱瞻基年号，应用于 1426 年至 1435 年，前后共十年。
❹ 卫所：明代初期建立的军事制度，明代中叶后，逐渐废弛，后为募兵制取代。详见《中华古文明史辞典》第 119 页。

二年后，刘德再救助刘奇（山东张秋人氏，不足二十岁，随父三考在京，父母因为时疫双亡，携父母骨灰竹箱回乡，遭遇大水）。

刘奇、刘方结为兄弟，刘方读书。

半年后，因为刘奇急欲"负先人骸骨归葬"，刘德厚赠刘奇还乡。

故乡遭灾，刘奇回来再见刘公，二人拜为父子，刘奇父母骸骨葬于河西务镇当地。

又过了一年多，刘公夫妇俱亡，刘奇、刘方兄弟为二老大办丧事，将刘公夫妇葬于居中位置，刘奇父母骸骨葬于左边，刘方将母亲灵柩从京中迎来，与父亲合葬在右边。于是，"三坟拱列，如连珠相似"。

因为两兄弟"少年志诚，物价公道"，其开的布店生意兴隆，镇上几家富户有意与之结亲。

关于婚配，刘奇"心上已是欲得"，只是刘方无意于此。二人于壁上各题词一首，刘奇参破词意。

刘奇好友钦大郎大娘（正妻）出面玉成此事。"……河西务一镇，无不称为异事。赞叹刘家一门孝义忠烈。"

故事结局甚好：至今"子孙蕃盛，遂为巨族"，人皆称为"刘方三义村"云。

点 评

前后两个故事，具有醒世意味，但均与法律、人情、社会、风俗等有关。

先看第一个故事，显然具有猎奇成分，属于一桩奇案。桑茂及其所谓"师父"的行为，不仅违反法律，同时也与道德相背。按照现代语言来说，可谓"迷奸"，实则可定性为强奸。因为这篇小说中反映出来的信息告诉我们：桑茂及其"师父"不仅假冒女性专门性侵良家妇女，而且还使用了所谓"媚药方儿"，估计是想起到受害妇女无力反抗的效果。

而且，小说中称桑茂"各处行游哄骗，也走过一京四省，所奸妇女，不计其数"。这一信息足以证明桑茂作案时间长，作案数量多，实属作恶多端之徒。

具有讽刺意味的是，桑茂的最终落网不是因为众多被害女性的告发，而是因为另一位好色之徒赵监生对"她"的图谋不轨而败露。

当然，在这篇小说，我们再次看到，为了取证，官府"用刑严讯"。

因为是如此一桩奇案，所以，"府县申报上司，都道是从来未有之变。俱疏奏闻，刑部以为人妖败俗，律所不载，拟成凌迟重辟，决不待时"。

至于桑茂的"师父"，如果案发时还活着，则死罪难逃。因为，根据《大明律·刑律七·诈伪》中的"诈教诱人犯法"条，"……皆与犯法之人同罪"。按照我们今天的法律，这位诱导桑茂走上邪路的"师父"实际上是一位教唆犯。

但是，这篇小说对于此人并无下文。这样的话，我们只好推测这位最初出场时年已四十七岁的教唆犯在多年以后已经不知所终，或其行踪难觅，或者他已经自然死亡。按照当时的人均寿命，在桑茂案发之时，这位可恶的"师父"很有可能已经一命呜呼。当然，还有另外的可能：在骗奸过程中，被人除掉。或者，他也落得与桑茂一样的下场，为官府处死。

第二个故事自然是冯梦龙讲述和歌颂的重点。这篇故事情节较为生动，先后描述了刘公夫妇二人急公仗义的善举，传达出来的是一种主流社会肯定的正能量和优良品德。

这个故事传递出来的信息不乏当时社会的生活画面：至少就故事的发生地河西务镇而言，寻常百姓的生活还是过得去的。刘公算不上十分富裕，但也是"自己有几间房屋，数十亩田地，门首又开一个小酒店儿"。这样看来，刘公夫妇可以说是一户当时的小康之家。

明代的卫所制度在小说中通过方勇与刘公的对话有所反映，尽管信息十分有限。仅从方勇自身来看，身为多年军士的生活较为窘迫，"……今要回去取讨军庄盘缠"这句话足以体现其生活状态。

当然，吴晗先生的研究，为我们较为清楚地了解明代的军与兵、卫所制度等提供了帮助❶。

除了值得赞扬的道德品质，这篇故事与法律也有关系。本人以为，可以归纳为以下四个方面：

1. 关于收养。在这篇小说里，没有子女的刘公（这也是促使他行善的一大动因）先后收养了刘方、刘奇，并将夫妻的共同财产传给了上述二位养子女（因为不知刘方实际上是位女子）。当然，这种收养并没有经过相应的严格的现代意义上的法律程序，但应视同为收养。

2. 关于丧葬。这一点，在冯梦龙的另一篇颇为知名的小说《蒋兴哥重会珍珠衫》中已有所论述，此处不再赘述。笔者要说的是，无论是刘公还是作为被收养者的刘方、刘奇，对于丧葬一事均十分慎重。特别是刘奇，不远千里背负父母骨灰还乡，因故再次回到河西务镇，最终使得死者入土为安。小说中

---

❶ 请参见吴晗著《明朝三百年》，国际文化出版公司。2011年11月第1版，第54—92页。

的"三坟拱列"令人印象深刻，甚至为之动容，其表达的意蕴不光是孝道、人伦，也不乏法律、制度、风俗等的投射或影响。❶

3. 婚姻。这一点，无须多言，自古以来即为人所重视，关涉伦理、道德与法律等。当然，刘奇与刘方二人的婚姻之奇特处主要可能在于起先二人为法律上拟制的兄弟关系（基于收养和结拜）。后来，随着刘方真实性别的隐晦显示，二人最终成为夫妻。

因为双方后来都是孤儿，且均在他乡，故而传统中国社会要求的"父母之命"是做不到的。但"媒妁之言"却并不缺乏：他们的媒人是朋友钦大郎的大娘（正妻）。笔者以为，之所以请钦大郎的大娘（正妻）为媒，或许在于其身份。从这一点也可以看出，古代社会是一个身份社会。

4. 此外，值得探讨的还有古代中国社会的救助问题。在中世纪的西欧，承担救助一职的多为基督教会，后来才逐渐转入世俗国家之手。而在中国古代社会，私人的抑或民间的救助则较为常见。❷ 在这篇小说中，我们见不到官府的救助：无论是作为陷入困境的方勇父子（父女）、刘奇，还是区域性地陷入灾荒的山东张秋。因此，出自民间的救助就显得更加重要，这也是冯梦龙这篇小说赞扬刘公夫妇的一个主要原因吧。

结　语

仅就正文而言，这是"三言"中读来令人为之动容的一篇故事。这篇故事无疑具有一定的传奇色彩，但更多地传递出了在一个并不十分理想的现实社会中，普通人们之间的那种令人称道的相互扶持的友情以及由此而产生亲情。因此，我们可以毫不犹豫地将它归纳为颂扬社会正能量的小说。

法律在这篇小说中并没有隐身而去，而是时隐时现，有着较为清晰的轮廓。或许，在故事的引言部分，法律对于冒充女性行奸的桑茂之流的严惩给人的印象更为深刻，而在故事的正文，则不够凸显。但是，即便如此，在友情、亲情与爱情之中，我们还是可以觅得法律的踪影。

---

❶　相关学者的研究表明：中国在唐宋之后，厚葬是一个最大的主流。请参见陈华文著《丧葬史》，上海文艺出版社，1999年11月第1版，第37—50页。

❷　有学者认为，中国的国家福利化出现在11世纪的宋朝，当时的政府自觉承担了向贫民提供福利救济的责任，逐步建立起了一个非常完备的社会救济体系。请参见吴钩著《宋：现代的拂晓时辰》，广西师范大学出版社，2015年9月第1版，第182页。

正德年间的一个缩影

故事梗概

故事从一首诗开始，然后展开对于不良继母的谴责，进而引出故事正文。

这是一篇给人印象深刻的小说，其承载的信息量较大，反映出来的问题比较多，大致涉及故事发生时的社会背景、婚姻家庭继承、军事活动、政治、法律（主要是司法）、民情、邻里关系等。因此，我们冠之以"正德年间的一个缩影"似乎并不为过。

当然，冯梦龙主要想通过这篇小说反映继母（晚母）对于继子女尤其是十岁左右的继子女的虐待甚或摧残，并区分了富贵之家、中户之家、肩担之家三种情况的狠心继母对于继子女的虐待，其中又以第三种（小户人家）的子女的状况最为悲惨。

首先，关于故事发生时的社会背景。故事发生在明朝正德年间（1505—1521），北京顺天府旗手卫，阴籍百户❶李雄"一个文武兼备的将官"，因功升为锦衣卫千户，娶妻何氏，生有三女一男。不幸的是，何氏产下幼女月英后不久病逝，故事即由此展开。

这里，说说故事所涉及的婚姻家庭继承问题以及相关的军事活动、政治、法律（主要是司法）、民情、邻里关系等。

李雄在正妻去世后不久，再娶焦氏。小说中交代焦氏"年方十六岁，

---

* 请参见请参见（明）冯梦龙《醒世恒言》第二十七卷"李玉英狱中讼冤"。

❶ 百户，元代官职，可以世袭，明代卫所制度沿袭之，领兵一百一十二人，隶千户。请参见王家范、谢天佑主编《中华古明文明辞典》，浙江古籍出版社，1999年第1版，第79页。小说中讲"阴籍百户"应该就是世袭而来的官职。

父母双亡，哥嫂做主。那哥哥叫做焦榕，专在各衙门打干，是一个油里滑的光棍。李雄一时没眼色，成了这头亲事，……"这就为故事的发展埋下了伏笔。

对于焦氏，小说并未一味贬损，只是说她"心肠有些狠毒"，对于家中的孩子没有爱心，尤其是借故殴打李雄唯一的儿子承祖，因而激起后者的愤怒。后经焦榕授意，有所改变，并如愿生下一子，取名亚奴。

故事当然并非线性发展，而是再起波澜：正德十四年，"陕西反贼杨九儿据皋兰山作乱。屡败官军，地方告急"。李雄作为先锋官，随总兵官赵忠（都指挥）前去征讨。七月十四，杨军挑战，赵忠令李雄出阵，后者率部下精兵乘胜追击，不想被对方伏击，援兵难以杀入重围，竟然与所部全军覆灭。

得知噩耗的焦氏与焦榕设计，派年幼的承祖与家人苗全于隆冬时节远去寻觅李雄尸骸。半道上，事先接受主人授意的苗全将病重的承祖抛弃，独自一人折回。贫病交加的承祖幸得好心的老妪相助，才恢复健康，继续前行。并在父亲原部下曾虎二（掩埋了李雄尸体，因为惧怕军法处置，不得已出家）帮助下，找到父亲遗骸，挑行回京，与和尚拜别。

再说苗全，独自回来后，假称承祖患病身亡。焦氏得知朝廷可能要优恤阵亡将士，希望亚奴能"谋升个指挥之职"。

承祖回家，焦氏兄妹指使苗全买来砒霜下在酒中，就此毒杀了承祖。

此后的情况就是玉英姐妹三人饱受焦氏欺凌：次女桃英被卖给他人为婢，月英被迫行乞，玉英经常无辜被殴打，焦氏暴行引得邻里一致谴责。

玉英自杀未遂，焦氏兄妹以奸淫忤逆罪名，蒋玉英告进官府下狱。玉英"可怜受刑不过，只得屈招，拟成剐罪，发下狱中"。

玉英闻得朝廷有宽恤之例，"遂草起辨冤奏章，将合家受冤始末，细细详述，教月英赍奏"。

后面的结局较为理想：天子看过奏章，责令三法司严加鞫审。最终，焦氏、焦榕被判处死罪，玉英、月英、亚奴发落宁家；又变卖焦榕家产，赎回桃英。天子一怒之下，有意将亚奴也处死，但为玉英恳求得免，但"终身不许袭职，另择嫡枝此房，以继李雄之嗣。玉英、月英、桃英俱择士人配婚"。

点 评

这原本是一个家庭故事，后来，因为多种因素的交织，变得颇为复杂、曲折。

故事再次告诉我们：在古代中国，父母子女之间，绝无平等可言。继父母与继子女之间，也是如此，甚至更为极端。例如，我们看到的这篇小说，继母焦氏，仅凭一纸诉状，就可以将养女玉英以奸淫忤逆的罪名告到官府，并问成死罪。其对于四个继子女的处分权力可谓极大：殴打、谩骂、侮辱等自不必提，卖给他人为婢、赶出家门行乞等亦不足为奇。因为忤逆在古代社会是重罪（十恶之内，应属于不孝）。所以，玉英陷入绝境实则是当时法律的规定。我们知道，至少从隋朝《开皇律》以来，十恶即被确立为重罪，且所谓"十恶不赦"。

家庭暴力这一名词显然是现代社会的名词，也是现代社会和法律极力反对和禁止的。因此，我们不能奢望在小说反映的当时会有这样的禁止性的法律规定。所以，用法律来规制家庭暴力，无疑是文明发展到今天的一种进步，也是对于所有社会成员的要求和福祉，充分体现了对于基本人权的保护。古代社会，由于看重"亲亲""尊尊"，是不可能有这样的观念和法律出现的。

吏治在古代社会历来是个较为严重的问题。反映在这篇小说中，我们可以看到，光棍焦榕与官府的勾结，玉英的下狱及其被问成死罪与他相关，还有狱中不良禁子对于玉英的非法企图，等等。这些均可以说明，吏治（包括狱政等）在当时未必理想，有时甚至比较糟糕。

皇权在这篇小说有所反映，而且主要是正面的。玉英之所以最终获得重生，与朝廷的宽恤有关。当然，最高统治者对于司法的干预未必就都是坏事，某种程度上，也可能会缓解法律的僵硬。美中不足的是，如果干预过度，则有可能造成另一种结果。还是以这篇小说为例：对于亚奴的处置未免过当，尤其是在愤怒的情绪之下，欲将其一同处死，则不免有随意之嫌或草菅人命（故事中的未成年人亚奴并无任何过失，不能因为其母焦氏的罪行受到如此的牵累）。幸亏玉英极力恳求，这一恶果才不至于出现。

因为李雄等人是军人，且战死沙场，因而使得我们对于小说中反映出来的烈属的优抚工作较为关注。遗憾的是，仅从小说来看，朝廷的工作不仅滞后，而且很难说令人满意。查询《大明律·卷第十四·兵律二》"优恤军属"条，我们发现只有非常简单的文字规定：凡阵亡病故军官回乡，家属行粮脚力，有司不即应付者，迟一日，笞二十，每三日，加一等，罪止笞五十。如此，则我们可以理解为：朝廷对于上述阵亡病故军官的"回乡"，实际上没有承担什么责任。更多的责任，实际上甩给了家属。所以，我们才会看到年幼的承祖的一路艰辛困苦。

而且，在与杨军作战牺牲的明军中，并非只是李雄一人，更多的是无名将士，对于他们的抚恤，在故事中并无明确的体现。因此，如果说身为千户的李雄一家因为他的战死陷入困境，则与他一同战死的军人家庭还有许多，这些军人遗属的生活未必会比李雄的遗属过得更好。所以，从这个故事来看，明王朝对于军烈属的优抚工作未必尽到了自己的责任。此外，吴晗先生的研究显示：明成祖以后的明朝军队总数在 280 万左右。❶ 这在当时无疑是一个惊人的数字，因此，我们很难想象，在当时的经济条件下，明廷对于军人的优抚工作会做得很好。至少就这篇小说而言，明王朝对于战死的军人及其家属的优抚工作缺乏制度性的规定和关怀。

至于说承祖以年幼之躯不远千里寻找父亲遗骸，主要还是因为古人对于直系尊亲属丧葬的极端重视。《大明律·礼律·仪制》"丧葬"规定：凡有丧之家，必须依礼安葬。若惑于风水及托故停枢在家，经年暴露不葬者，杖八十。及从尊长遗言，将尸烧化及弃置水中者，杖一百。卑幼并减二等。若亡殁远方，子孙不能归葬而烧化者，听从其便。若居丧之家，修斋设醮，若男女混杂，饮酒食肉者，家长杖八十。僧道同罪，还俗。依照《大明律》的上述规定，其实，承祖是不必一定要将父亲尸骸不远千里挑回家的。当然，我们知道，故事中的焦氏，原本就是以此为由，希望就此置年幼的承祖于死地，而自己和为其设下毒计的焦榕以及帮凶苗全可以巧妙地逃脱法律的制裁。至于其他的阵亡将士，小说中提到赵忠在杀退杨军后，"看见尸横遍野，心中不忍，即于战场上设祭阵亡将士，收拾尸骸焚化，因此没有全尸遗存"。李雄尸骸之所以完整，全是因为部下曾虎二的掩埋。

焦氏等人后来对于侥幸生还的承祖痛下杀手，除了说明其丧心病狂，很难可以用其他语言表达。因此，在查明事实真相后，对于谋杀者的严惩，不仅是法律的明确规定，也是对于这一恶行的否定。如果说这一结局还有什么遗憾的话，那就是前后两次参与杀人阴谋的帮凶苗全逃脱了法律的制裁。

当时社会的动乱也在这篇小说中得到了一定的反映，比较典型的就是杨九儿的反叛。对于杨九儿反叛的原因，小说并未交代。但是，其对于社会的影响，小说中有所描写，如"屡败官军，地方告急"。

明代的官制以及吴晗先生所谓的"特种组织"在这篇小说中也有所反映。例如，故事中的李雄起先是一位因袭父职的百户，后来因功升为锦衣卫千户。关于百户、千户，我们前面已经谈到了，这里无须赘述，主要讨论一下大家相对熟悉的锦衣卫。按照吴晗先生的研究来看，锦衣卫初设于明太祖朱元璋时期，是内廷亲军，皇帝的私人卫队，不隶属都督府，其下有南北镇抚司，南镇

---

❶ 详情请参见吴晗著《明朝三百年》，国际文化出版公司，2011 年 10 月第 1 版，第 60 页。

抚司掌本卫刑名，北镇抚司专治诏狱，可以直接取诏行事，不必经过外廷法司的法律手续，甚至本卫长官亦不得干预。锦衣卫最主要的任务就是侦察"不轨妖言"。不轨是指政治上的反动者或党派，妖言就是指宗教的集团如弥勒教、白莲教、明教等。❶ 所以，我们可以很好地理解身为锦衣卫千户的李雄为何随军远征杨九儿领导的反叛。

小说中说到，因为杨九儿在皋兰山一代据险叛乱，"朝廷遣都指挥赵忠充总兵官，统领兵马前去征讨"。吴晗先生的相关研究表明，各省都指挥使是地方的最高军政长官，统辖省内各卫所军丁，威权最重。在对内或对外的战事中，政府照例派都督府官或公侯伯出为总兵官，事后还任。总兵是由朝廷派出的，官爵较高，职权较专，都指挥使是地方长官，逐渐成为总兵官的下属。❷ 从小说来看，赵忠应当是身兼二职。

军事法律对于军人而言，应当是颇为严厉或具有极强的威慑力的。这一点，从李雄告别家人，及时参战到兵败潜逃后只得隐姓埋名的曾虎二的遭遇来看，均可以清楚地表现出来。看一看《大明律》"兵律"所占的比重，我们就不难发现明王朝对于军队治理的严密与细致。❸ 当然，后来出家的和尚曾虎二似乎还是可以继续在军中服务的，他的出家更多的可能是对于红尘的看破。

嫡长子在继承方面无疑拥有极大的有时甚至是排他的优势，这也是焦氏兄妹刻意加害承祖的重要原因。因为，如果承祖健在，则李雄官职的世袭者当为长子承祖，而非焦氏亲生的次子亚奴。

皇权的体现不仅在于对司法的积极干预等，还在于嘉靖登基不久的"下速诏遍选嫔妃"，我们故事的主人公玉英初选通过，"府司选到无数女子，推他为第一"，"但只年纪幼小，恐不谙侍御，发回宁家"。❹

---

❶ 请参见吴晗著《明朝三百年》，国际文化出版公司，2011 年 10 月第 1 版，第 172 页。

❷ 参见上书，第 59 页。

❸ 《大明律》中的"兵律"分五个部分，依次为兵律一．宫卫计十九条、兵律二．军政计二十条、兵律三．关津计十七条、兵律四．厩牧计十一条．兵律五．邮驿计十八条。详情请参见（明）雷梦麟撰《读律琐言》，怀效锋、李俊点校，法律出版社，2000 年 1 月第 1 版。

❹ 关于明代的选秀，请参见刘巨才著《选美史》，上海文艺出版社，1997 年 11 月第 1 版，第 218—225 页。冯梦龙的这篇小说对于选秀本身以及玉英被动地参加选秀活动，着墨不多，但对于焦氏希望借此跻身于皇亲国戚的想法以及"因用了不少银子"玉英依然落选的懊恼还是有所涉及。根据刘巨才先生的研究，仅以明熹宗天启元年（1621）的选秀为例：明熹宗这年将举行新婚大喜，此前，就派遣太监到全国各地挑选 13～16 岁的良家女子五千人，经过层层严格选拔，到后来，仅有五十人有机会成为妃嫔，最后，天下第一美女张嫣被立为皇后。请参见刘巨才著《选美史》，上海文艺出版社，1997 年 11 月第 1 版，第 220—221 页。《选美史》一书没有涉及参加选秀者或者其家庭为了成功入宫，是如何花费银两的，但冯梦龙的这篇小说对此却有不多的交代，虽然小说中的焦氏银两给了谁并无清楚的说明。

总而言之，冯梦龙的这篇小说主旨无疑是谴责狠毒的继母对于继子女的凌辱甚至杀害，但其所涉及的社会、法律等方面的信息颇为丰富，对于我们从中了解当时的社会与历史等，提供了另一个渠道或窗口。

结　语

冯梦龙的这篇白话小说给我们展现的图景是极为生动和多层面的，主要关涉到明朝正德年间的社会、军事、经济、家庭、皇权等多个领域。当然，我们主要关注的对象是当时的相关法律。

就法律而言，这篇故事涉及军事法律及其严峻性。尽管小说并没有具体地展现军事法律是如何规定的，但是，根据我们的了解，《大明律》关于"兵律"的条文并不少见。例如，关于"宫卫"有十九条、"军政"二十条、"厩牧"十一条、"邮驿"十八条。❶ 以当时的立法水准来看，应该说近乎完备。但是，以今天我们的眼光来看，则不无缺陷。譬如，对于阵亡军人的安葬及其遗属等的优恤工作就没有什么规定。这种制度上的缺失，极有可能反映的是当时现实条件的限制以及立法之初的考虑不周等。

因为继续遵循"亲亲""尊尊"的原则，父母子女关系在当时的家庭中是不可能平等的。所以，李玉英的冤狱主要是继母焦氏的诬告，罪名就是"奸淫忤逆"。

焦氏设计谋害承祖，最大的原因可能就是当时盛行的嫡长子继承制度（千户是可以世袭的）。

至于家庭暴力，在当时的社会不可能有如此超前的观念和制度上的规定。

尽管模糊，但是，皇权在这篇故事中也有所反映，而且主要是以正面形象出现的。并且，正是因为皇权的强力干预，玉英的冤狱才得以平反，作恶多端的焦氏及其兄焦榕才受到严惩。当然，还是因为当时的客观条件所限以及观念等的不足，即便是"三法司严加鞫审"，但为了取得焦氏等人的口供，还是乞灵于刑讯："焦氏、焦榕初时抵赖。动起刑法，方才吐露实情。"

---

❶ 请参见（明）雷梦麟撰《读律琐言》，怀效锋、李俊点校，法律出版社，2000年1月第1版。

《十五贯戏言成巧祸》*

慎言的重要性

故事梗概

　　这是一个中国读者相对熟悉的故事，据此改编的戏曲（昆曲、潮剧、秦腔、豫剧等）以及电视剧等不胜枚举。

　　在这篇小说里，冯梦龙的立意极有可能是告诫读者祸从口出，戏言也需要谨慎。在这一卷，他讲了两个故事：一个是故宋（宋朝）的魏生，金榜题名，"除授一甲第二名榜眼及第"。没有想到的是，年轻的魏生（年方十八）与其妻子之间的戏言（一说自己在京已经讨了小老婆，"专候夫人到京，同享荣华"；其妻则回复"我在家中也嫁了一个小老公，早晚同赴京师也"）。以上不过是夫妻之间的戏言或者玩笑话，却不料被人传播并加以利用，成为嫉妒者攻击魏生的口实，使得其仕途暗淡。

　　如果说冯梦龙在这个故事中讲的第一个故事，亦即魏生与其妻子之间的戏言，成为日后魏生官场不得志的导火索，那么，冯梦龙讲的第二个故事（正文，也是其重点），亦即我们熟悉的十五贯的故事，则不仅给当事人带来了杀身之祸，也因此枉送了其他几个人的性命。

　　第二个故事同样发生在宋代（南宋），地点为南宋都城临安，故事的主人公刘贵，"祖上原是有根基的人家"。但到了刘贵这一代，则"时乖运蹇"，读书不成，做生意也不是那个料，只落得个租房过日，与大娘子王氏、小妾陈二姐勉强度日。

　　故事的转折在刘贵的丈人王员外因为不忍女婿、女儿沉沦困苦，主动资

---

　　* 请参见请参见（明）冯梦龙《醒世恒言》第三十三卷"十五贯戏言成巧祸"。

助十五贯给刘贵，指望他"胡乱去开个柴米店，撰得些利息来过日子"。

独自一人离开丈人家的刘贵在自家附近遇到一个相识（"那人也要做经纪的人"），有意请对方相帮，后者在家中请刘贵喝酒，刘贵不胜酒力，醉意甚浓地回到家中。刘贵或许因为兴奋，戏言自己已经将小妾陈二姐"典与一个客人"，因此获得十五贯。

信以为真的陈二姐连夜掩门离家，借宿在邻居朱三妈家，打算次日回娘家告知被典卖一事。

惨剧由此发生：一个赌输了钱的家伙碰巧来到刘家，在偷拿十五贯时，与刘贵发生冲突，被那贼斧劈致死，十五贯也不见踪影。

再说刘贵邻居，因为不见刘贵起床，直到里屋才发现凶杀现场，随即报信给刘贵的丈人及大娘子。陈二姐在行走途中，巧遇一位刚卖了丝帐的后生，二人被追赶而来的邻居及傍观者扭送到临安府。

因为同行的后生崔宁身上携带的恰好也是十五贯，所以，临安府尹并不听崔宁与陈二姐的辩白，重刑之下，崔、陈二人只得屈打成招，被处以极刑（崔宁斩刑，陈二姐剐刑）。

再说大娘子王氏，在家守孝不足一年，其父请家人老王接她回娘家，半道老王被杀，她只好假意顺从静山大王。

一日，闲聊中，王氏才知道真正的凶手就是这位静山大王。于是，乘其不备，"一径到临安府前，叫起屈来"。最终，真凶落网并伏法。

点 评

十五贯是今天的我们耳熟能详的故事，根据这一故事改编的戏曲、影视作品不胜枚举，相关的评论也不少见。按照我们的理解，冯梦龙编写这个故事的针对性比较明显，主要就是强调祸从口出，"戏言"也需谨慎。

当然，这个故事中，偶然性的或曰碰巧的成分比较多，因而构成了故事的冲突抑或张力。例如，被害人之一的刘贵戏言欲将小妾陈二姐典与他人，不明虚实的陈二姐连夜出门，房门虚掩，使得赌博输光的盗贼（后来的那位静山大王）刚好就此潜入；护财心切的刘贵与盗贼相拼，斧头刚好被后者抢在手，刘贵因而殉命；与陈二姐同行的后生崔宁随身携带的钱财恰好是十五贯，使得他后来有口难辩，含冤而死。

惨剧的发生有一定的偶然性，而崔宁与陈二姐的冤死却本来应该是可以避免的。故事中，主审此案的临安府尹没有仔细推敲案情就先入为主，重刑之下，崔、陈二人被屈打成招，冤案终于不可挽回。因此，冯梦龙在这篇故事中的一段话十分沉重且发人深省：……这段冤枉，其实可以推详出来。谁想问官糊涂，只图了事，不想捶楚之下，何求不得。冥冥之中，积了阴骘，远在儿孙近在身。他两个冤魂，也须放你不过。所以做官的，切不可率意断狱，任情用刑，也要求个公平明允，断者不可复续，可胜叹哉！

真凶最终被缉拿归案也具有一定的偶然或巧合：静山大王在杀掉刘大娘子的娘家人老王、迫使刘大娘子与之成亲后，心存悔意，讲出了"枉杀了两个人，又冤陷了两个人"的往事，被后者告发到临安府。

从冯梦龙的这篇小说，细心的读者还可以发现古代官府办案的程序或通常的流程。例如，审理崔宁与陈二姐时，"府尹叠成文案，奏过朝廷，部覆申详，倒下圣旨，……"再如，刘大娘子到临安府叫屈，新任府尹对案件进行审理，其中提到：待六十日限满，倒下圣旨来勘得……这一次，对于真凶的审判（斩加等，决不待时），对于原问官的昏庸的处置（削职为民），对于被冤死者崔、陈二人（有司访其家，谅行优恤），对于王氏（刘大娘子）的处理（着将贼人家产，一半没入官，一半给与王氏养赡终身），圣旨最终体现了其圣明。

小说再次显示：在当时的环境下，很可能是限于刑侦技术的不够发达，官府对于口供依然具有极大的依赖性。所以，即便是新任临安府尹在捉到静山大王之后，为了获取口供，还是会"用刑拷讯"。但是，与其昏庸前任不同的是，新任府尹没有完全依靠被告的口供，还将其口供与刘大娘子的口词核对。在"一些不差"之后，方"即时问成死罪，奏过官里"。

结　语

谨言慎行是中国人在成长过程中经常会受到的教诲之一，其意义自不待言。

小说引言中的魏生因为与妻子之间的戏言（书信往来）成为其日后仕途不畅的主要原因，故事的正文还是因为一句戏言，造成的灾难性后果则是当事人以及因此受连累的其他人都难以预料的。

当然，之所以错斩崔宁、错剐了陈二姐，主要原因无疑是前任临安知府这位主审官员的疏漏。

这篇人们相对熟悉的故事给我们展现了宋代司法的一些流程方面的信息。例如，知府有权审理重大的刑事案件。❶ 例如，这篇故事中的临安府前后两任知府对于十五贯案的不同审理，由此也体现了这两位知府相去甚远的审案风格和能力。

作为当时社会中最高统治者的皇帝对于司法审判的控制权无疑是极大的。例如，死刑复奏制、大案奏裁制。❷ 在我们读到的这篇故事中，"圣旨"就出现了两次。

当然，冤案的形成与主审官员的审案认真、负责与否有着重大的联系。就这篇故事而言，崔宁、陈二姐之所以被冤枉，主要还是前任府尹的主观入罪。其实，即便是证据方面有诸多的巧合，但只要本着客观的态度，还是可以鉴别真伪的。遗憾的是，这位前任临安府尹"巴不得了结这桩公案"。从这个意义上来讲，这位草菅人命的官员最终削职为民既体现了当时的错案追责，也是其咎由自取。

---

❶ 近年来，有学者经过专门研究，认为在宋代州（府、军、监）一级是宋朝对方最重要的司法审判级别，是宋朝维持地方统治秩序的关键环节。请参见贾文龙著《卑职与高峰：宋朝州级属官司法职能研究》，人民出版社，2014 年 11 月第 1 版，第 1 页。

❷ 请参见陈玉忠著《宋代刑事审判权制约机制研究》，人民出版社，2013 年 8 月第 1 版，第 165 页。

后　记

如果说文学家关注的世界更为全面的话，则法学家的视野抑或关注的目光要相对专注一些，亦即极有可能的是法学家会从法律专业尤其是司法的角度来思考社会问题。但是，无论如何，文学家的视野及其人文关怀等均值得我们深入地探讨与研究。例如，国外文学家如荷马、巴尔扎克、雨果、狄更斯、卡夫卡、列夫·托尔斯泰、陀思妥耶夫斯基，国内文学家诸如施耐庵、冯梦龙、曹雪芹、鲁迅、茅盾等人的作品中，均不乏上述的开阔视野及丰富的人文关怀。

就冯梦龙而言，其不朽之作"三言"业已流传数百年之久，构成了一个丰富多彩、蔚为壮观的文学画卷或文学长廊，内中有无数动人的传奇故事与人物，反映了千百年来古代中国人的生活、情感与追求，其深刻的思想内涵及价值观念等已为越来越多的人所认识和探究。如果说生活在 19 世纪维多利亚时期的英国著名文学家狄更斯是一位法律史学家，则我们完全可以不夸张地说冯梦龙是生活在 16 世纪末至 17 世纪早期的中国的法律史学家、社会学家、历史学家，因为，仅从冯梦龙编撰的作品"三言"中，我们即不难触摸几千年以来尤其是明朝社会的发展脉络。他的笔触不仅涉及明朝，而且更在明朝之前。他的作品不仅涉及政治，也涉及军事、社会、风俗习惯等，特别是涉及了本书作者极为感兴趣的法律，这也是笔者不揣浅陋竭力推出本书的主要原因。

当然，因为本书的着重点在于法学与文学的交叉研究，因而冯梦龙的"三言"故事不大可能尽收录其中加以评述。出于研究的兴趣，笔者在书中选择了一些与法律联系较为紧密抑或涉法程度较深的作品。又因为篇幅所限，本书作者不可能将"三言"中所有的涉法程度较高的作品均一一收录并予以点评。

法学与文学或者文学与法学的交叉研究无疑需要写作者具备法学与文学领域的功底和视野，要求不可谓不高。虽然本书作者是一个自幼即痴迷于文学、历史，大学毕业后复又跻身于法学领域，对于"三言"也不乏阅读和了解之人，但是，真正开始做相关研究的时候，却又不免心中发虚，错漏谬误之处肯定难免。所以，这里绝非故作谦逊的是，恳请读者诸君在耐心地阅读了本书之后，给予批评和指正。

致　谢

在法学与文学的交叉地带做一番努力或研究，可谓是笔者多年以来某种挥之不去的梦想与追求。尽管这种努力或追求极有可能并不被人看好甚至令人质疑。

首先，要感谢的当然是远在明朝的冯梦龙先生，流传至今的一部"三言"即足以使他为后人所铭记。从某种意义上来说，这部史诗般的巨著包含了极为丰富的内容，从中我们可以窥见古代中国社会的多重面相或多彩的生活画卷。

其次，要感谢的是知识产权出版社，尤其是该社的两位极其负责的编辑石红华女士、罗斯琪女士。能够在知识产权出版社再度提出自己的拙作，无疑是笔者的荣幸。

本书获得2016年度华中科技大学自主创新研究基金（人文社科）项目的资助。课题组成员曹茂君副教授、陈敬刚副教授、李蕾副教授以及华中科技大学法学院的研究生王洁茹、仲赐福、王滨波提供了诸多学术建议和帮助，在此一并表示感谢。

最后，但绝非例行公事的是，笔者要感谢自己的亲人、同事、朋友、同学和学生等对于自己的鼓励和支持。他们中的很多人未必都清楚地知道和理解本书作者的研究及其意义之所在，但是，他们都以某种方式表达了对于笔者的关心和精神上的支持。仅此一点，即令人感动。